国际发展影响评估

International Development Impact Evaluation

黄梅波　牛东芳　蔡洁　编著

CONTENTS 目 录

Chapter 01 第一章 影响评估概述 | 001
引言 | 001
第一节 影响评估的目的和本质 | 002
  一、影响评估的目的 | 002
  二、影响评估的本质 | 003
  三、影响评估、监测和评估、经济分析的区别 | 004
第二节 影响评估的作用 | 006
  一、影响评估回答的第一代问题 | 006
  二、影响评估回答的第二代问题 | 008
  三、反事实分析与背景分析相结合的影响评估的效果 | 009
  四、影响评估可用于创新发展项目试点测试 | 010
  五、影响评估与国际发展知识的提炼 | 011
第三节 影响评估的应用 | 012
  一、多边发展银行及影响评估 | 012
  二、与影响评估相关的学术机构 | 013
本章小结 | 016

Chapter 02 第二章 影响评估的理论机制：变革理论 | 021
引言 | 021
第一节 变革理论概述 | 022
  一、变革理论的产生与推广 | 022
  二、变革理论的概念及形式 | 023
  三、变革理论的作用及影响因素 | 024
  四、变革理论的质量控制标准 | 026
第二节 变革理论建构过程 | 027
  一、变革理论的建构要点 | 027
  二、变革理论建构十步法 | 028
第三节 变革理论的应用 | 032
  一、变革理论与影响评估 | 032

二、变革理论的应用：案例分析 | 032
　　本章小结 | 036

Chapter 03　第三章　影响评估方案的确定 | 039
引言 | 039
第一节　影响评估的设计 | 040
　　一、确定对照组与实验组 | 040
　　二、影响评估的项目单位 | 041
第二节　影响评估的方法 | 042
　　一、影响评估方法概述 | 042
　　二、随机对照试验 | 044
　　三、非实验设计方法 | 046
第三节　因果推论的偏误与挑战 | 049
　　一、选组偏误 | 049
　　二、污染或传染 | 051
　　三、溢出效应 | 053
第四节　影响评估的效应 | 056
　　一、影响指数 | 056
　　二、内部效度和外部效度 | 059
本章小结 | 063

Chapter 04　第四章　影响评估的规划与管理 | 067
引言 | 067
第一节　影响评估的规划 | 068
　　一、影响评估规划的内容 | 068
　　二、选择影响评估的方法 | 072
第二节　影响评估的管理 | 074
　　一、影响评估的时间安排 | 074
　　二、影响评估的预算及资金来源 | 078
　　三、影响评估团队的选择 | 080
　　四、影响评估涉及的伦理道德问题 | 083
　　五、影响评估的监督 | 084
本章小结 | 085

Chapter 05

第五章　数据收集与抽样 | 091

引言 | 091

第一节　数据与变量 | 092
一、确定需要收集的数据 | 092
二、变量的类型 | 094
三、数据来源 | 096

第二节　数据管理 | 099
一、调查数据的收集、录入和备份 | 100
二、调查数据的检查与清理 | 102
三、调查数据的存档 | 103

第三节　抽样调查 | 103
一、抽样调查的特点 | 103
二、抽样调查常用术语 | 104
三、代表性样本 | 105
四、抽样调查的步骤 | 106

第四节　抽样方法 | 106
一、简单随机抽样 | 106
二、系统抽样 | 107
三、分层抽样 | 107
四、整群抽样 | 108
五、分群抽样 | 109

第五节　抽样涉及的其他问题 | 110
一、溢出效应 | 111
二、整群随机对照试验 | 111
三、亚组分析 | 112

本章小结 | 113

Chapter 06

第六章　实地调查 | 119

引言 | 119

第一节　调查前的准备 | 120
一、制订分析计划 | 120
二、确定影响评估要研究的问题 | 121
三、把握影响评估的数据及数据来源 | 121
四、设定多重假设 | 123

第二节　制订调查计划 | 124

一、确定调查板块　　　　　　　　　　　　　　　| 125
　　二、设计调查问卷　　　　　　　　　　　　　　　| 126
　　三、编制问卷的基本步骤　　　　　　　　　　　　| 129
　　四、确定调查时间　　　　　　　　　　　　　　　| 134
　第三节　调查的实施　　　　　　　　　　　　　　　| 134
　　一、调查前期工作　　　　　　　　　　　　　　　| 134
　　二、调查的组织与协调　　　　　　　　　　　　　| 136
　本章小结　　　　　　　　　　　　　　　　　　　　| 140

Chapter 07　第七章　随机对照试验　| 145

　引言　　　　　　　　　　　　　　　　　　　　　　| 145
　第一节　随机对照试验的概念　　　　　　　　　　　| 146
　　一、随机对照试验的重要性　　　　　　　　　　　| 146
　　二、随机对照试验及其逻辑　　　　　　　　　　　| 146
　第二节　随机对照试验的设计类型　　　　　　　　　| 148
　　一、依据分配层级划分　　　　　　　　　　　　　| 148
　　二、依据随机分配方法划分　　　　　　　　　　　| 151
　　三、随机对照试验的处理方案　　　　　　　　　　| 153
　第三节　随机对照试验的步骤　　　　　　　　　　　| 154
　　一、随机对照试验的设计　　　　　　　　　　　　| 154
　　二、随机对照试验的执行　　　　　　　　　　　　| 157
　第四节　随机对照试验的应用　　　　　　　　　　　| 159
　　一、随机对照试验的优势　　　　　　　　　　　　| 159
　　二、随机对照试验的设计和完成注意事项　　　　　| 160
　　三、随机对照试验可能出错的十种情况　　　　　　| 165
　本章小结　　　　　　　　　　　　　　　　　　　　| 169

Chapter 08　第八章　非实验方法　| 173

　引言　　　　　　　　　　　　　　　　　　　　　　| 173
　第一节　双重差分法　　　　　　　　　　　　　　　| 174
　　一、双重差分法原理　　　　　　　　　　　　　　| 174
　　二、双重差分法的优势和劣势　　　　　　　　　　| 176
　　三、双重差分法在影响评估中的应用　　　　　　　| 177
　第二节　合成控制法　　　　　　　　　　　　　　　| 179
　　一、合成控制法原理　　　　　　　　　　　　　　| 179

二、合成控制法的优缺点　　| 180
　　三、合成控制法在影响评估中的应用　　| 181
第三节　倾向得分匹配法　　| 182
　　一、倾向得分匹配法原理　　| 182
　　二、倾向得分匹配的优缺点　　| 185
　　三、倾向得分匹配法在影响评估中的应用　　| 186
第四节　双重稳健估计　　| 188
　　一、双重稳健估计的原理　　| 188
　　二、双重稳健回归的优缺点　　| 189
　　三、双重稳健估计的应用　　| 189
第五节　断点回归法　　| 191
　　一、断点回归法的前提条件　　| 191
　　二、断点回归法描述　　| 192
　　三、断点回归法的优缺点　　| 196
　　四、断点回归法在影响评估中的应用　　| 196
第六节　工具变量法　　| 198
　　一、工具变量法原理　　| 199
　　二、工具变量法的优缺点　　| 200
　　三、工具变量法在影响评估中的应用　　| 201
第七节　非实验影响评估方法总结　　| 202
本章小结　　| 204

参考文献　　| 207

第一章

影响评估概述

引言

近年来,国际发展研究机构及发展政策制定者越来越重视使用影响评估方法来评估国际发展项目的经济社会环境影响。著名的贾米尔贫困行动实验室(The Abdul Latif Jameel Poverty Action Lab,J-PAL)、贫困行动创新组织(Innovations for Poverty Action,IPA)和世界银行发展影响评估项目(Development Impact Evaluation,DIME)等均对此开展了系列研究。2006年之前可能只有寥寥数个国际发展影响评估研究,现在每年都有上百篇影响评估的研究论文出炉。影响评估(Impact Evaluation,IE)在国际发展中的重要性日益提高。它不仅成为发展项目设计的一部分,而且贯穿于整个发展项目的实施过程。严谨的影响评估可以帮助发展项目制定者把握发展项目的实施效果,构建发展项目与其产生的效果之间的因果关系,同时利用该结论为发展决策提供依据,并由此提高发展资源的配置效率。本章首先介绍发展项目影响评估的目的和本质,之后探讨影响评估的作用,最后分析发展项目周期内如何安排影响评估的实施。

学习目标:

1. 了解发展项目影响评估的目的和本质
2. 掌握发展项目影响评估的作用
3. 明确发展项目影响评估与监测和评估、经济分析之间的区别

第一节　影响评估的目的和本质

发展中国家每年都可以通过双边或多边发展援助机构获得数十亿美元的发展援助资金,以发展国内经济、改善民生。从援助方视角来看,这些有限的资源应该分配给哪些国家、哪些领域?如何实施才能产生预期的效果?这些通常是发展项目的政策制定者要认真思考的问题。发展项目影响评估关注发展援助项目的效果,并通过科学严谨的定性和定量分析的方法比较项目的成本收益,不仅有助于提高有限的发展援助资源的使用效率,而且可以增强援助方公共资源配置决策的科学性,因此近年来越来越受到国际发展援助机构和发展中受援国的重视。

一、影响评估的目的

发展援助的目的在于促进受援国的经济、社会与环境的发展,诸如增加民众收入、提高劳动生产率、鼓励学习、改善健康和保护环境等。这些援助目标能否真正实现是一个至关重要的公共政策问题,但这个问题在实际工作中常常被忽略。发展项目的援助方往往更关注项目的输入和输出。比如在就业培训发展项目中,可能更关注该发展项目投入了多少钱、分发了多少培训用书、有多少人参与了就业培训项目等,却没有评估这些发展项目是否达到了改善民众就业的预期目标。

当前全球发展援助趋势正在从关注发展项目的输入输出转向关注援助结果,并重塑公共政策的制定。影响评估作为广义的循证政策(evidence-based policy)制定的一部分,其重点是设定和追踪发展项目的国内和国际目标是否达成,以加强项目问责制,而且其结果越来越多地被发展项目管理人员用以指导项目设计和政策实施。因此,发展项目影响评估具有两个主要目的。一是问责,向援助国、受援国和公众汇报并解释发展援助的投入、活动、产出、成效及影响,确保发展项目真正能促进当地可持续发展;二是学习,即通过总结经验和教训,为未来发展项目的设计提供证据支持,以有效促进当地经济社会环境的发展。有效的影响评估一方面需准确评估受援方对发展项目作出反应的机制,这些机制包括受援国国内市场机制的完善、社会网络的改进,以及其他国内政策的调整等;另一方面,影响评估可以帮助发展项目的制定者了解此发展项目的实施效果,在评估现有发展项目的同时,为未来发展项目的制定提供依据。

二、影响评估的本质

影响评估是对一项发展干预所产生的变化和影响进行系统性检验的实证研究。影响评估不限于"是什么"的问题,更重要的是探求"为什么"。也就是说,影响评估不仅寻求确定一项发展干预的实施是否对当地的发展产生了影响,还包括确定这些影响多大程度上归因于发展干预的实施。国际影响评估基金强调:"影响评估不仅要清楚地说明干预措施(投入)是如何影响最终结果的,而且要对从投入到最终结果之间的因果链(假设)进行检验。评估应当包含从投入到结果之间整个因果关系链的分析。"[1]

所谓影响,是指发展政策(或者发展干预)的作用对象与它在未接受政策(或干预)的情况下在结果上的差别。影响程度的大小也随时间变化而改变(图1-1)。影响评估的核心问题是归因,即在控制其他因素作用的情况下,分解出哪些影响和变化是由于发展干预的实施所引起的。此类归因要借助于反事实分析(counterfactual analysis),将在没有受到发展干预影响的情况下产生的结果与受到发展干预影响后产生的实际结果进行比较。

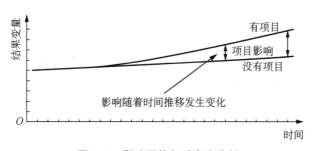

图1-1 影响评估与反事实分析

反事实分析首先需要找到有说服力的对照组(即不接受干预的组,也称控制组)与实验组(即接受干预的组,也称处理组)进行对比。其次,对于同一个主体,比较其在某一时点实施发展干预与不实施发展干预两种状态下的结果的差异。但这在现实中并不可行,因为某一主体在任一给定的时点只能处于一种状态,即要么是实施了发展干预,要么没实施。一旦实施了发展干预,我们就只能观察到其实施发展干预后的结果,不能再观察到其没有实施发展干预时的结果。换句话说,真正的反事实,即受发展干预的个体在未受发展干预情况下的表现,是不可能被观测到的。如果只是简单比较此主体在发展干预实施前后的差异,通常得到的

---

[1] White H. Theory-based Evaluation: Principles and Practice. International Initiative on Impact Evaluation Publications[M]. 2009.

结果也并不可靠。因为某个发展干预实施后产生的结果，往往受到多方面因素的综合影响，不仅受发展干预本身的可行性与合理性等影响，也与当地政治、经济和文化等因素有关。例如，A国实施了某发展干预后，国内经济增长了，此时我们并不能得出发展干预提升了A国经济增长的结论，因为也可能是该国之前实施的经济政策恰好在那段时期发挥了作用。反事实分析有一个非常严格的假设，即与结果变量相关的其他任何因素在发展干预实施时期内不能发生变化。由于在现实中这一假设通常不能成立，因此只能尽力降低这些因素对结果变化的影响。在此基础上，通过设法将一组实施发展干预的组别与另一组与之类似（统计意义上）但未实施发展干预的组别进行对比，来评估发展干预的真实影响，这就是反事实分析的逻辑所在。例如，一些非洲国家在发展干预项目实施之后，尽管当地的免疫覆盖率和获得安全饮用水的机会有所增加，但是五岁以下由艾滋病导致的儿童死亡率仍然在不断上升，前后对比的方法会高估或低估发展干预的作用，但我们不知道是哪一个。解决反事实问题的更好办法就是选择一个对照组，即在各方面都像实验组的个人、家庭、公司或其他主体，但没有受到发展干预的一组。

三、影响评估、监测和评估、经济分析的区别

影响评估要解决的主要问题之一是归因，即控制其他因素和潜在的选择偏差分析发展干预的影响。在缺乏反事实结果的情况下，影响评估可在为研究对象构建对照组的基础上，应用不同的模型和方法严格地识别项目实施后产生的效果。影响评估不同于监测和评估、经济分析等。

（一）影响评估与监测和评估

监测和评估（monitoring and evaluation）主要根据发展项目管理办公室提供的预期目标、影响指标及与发展项目相关的数据评估发展项目如何随着时间的推移而变化。监测和评估通常不关注因果问题，且不能说明影响指标是否是发展干预的结果。其包含两个相关的概念，一是项目监测（program monitoring），指在发展项目执行期间一直持续的一种职能，需要系统性地收集一些具体指标的数据，向项目的管理层和利益相关方报告项目进展程度、目标实现情况以及资金使用情况等。二是过程评估（process evaluation），评估发展项目在实施过程中是否按照项目预先的设计在进行，以便及时地、持续地修正和改进项目的执行过程。将影响评估与项目监测及过程评估相结合，可以避免重复调查，改善项目监测和评价，更有效地利用有限的调查资源。

影响评估是指可以将特定影响归因于项目本身的评估，需要判断发展项目本身是否与观察到的结果存在因果关系。影响评估数据资料收集比监测和评估更

全面,并提供了一个分析发展项目的框架,往往需要了解发展项目是如何设计的,预测它将如何帮助目标受众,预计它如何实施,并了解受援国是否真正从发展项目中受益。学者们之所以在肯定了原来倡导的监测与评估在项目实施中起到的重要作用的同时,支持开展更加科学的影响评估,就是因为影响评估不但要找出哪些发展干预或政策是有效的,还要解释这些发展干预或政策为什么有效或为什么无效。这不是凭借单纯的项目监测与过程评估所能解决的。例如,有人观察到在实施了一个提供教科书的发展项目后,学生考试成绩上升了。尽管该结果可以通过监测和评估观察到,但由于人们不知道在没有该发展项目的情况下学生考试成绩会如何变化,因此就不能得出结论认为学生考试成绩是因该发展项目的实施导致的。可能存在一种情形是,无论学生们的班级是否收到教科书,每个人的考试成绩都会提高。

(二)影响评估与经济分析

经济分析(economic analysis)包括事前的经济分析和事后的经济分析。当前国际发展援助机构的经济分析主要集中在项目准备期的事前分析,以假设或预测项目的效果。影响评估侧重于在发展项目实施后分析其产生的影响并提供严格的循证证明。从严格意义上讲,尽管影响评估可能始于项目的早期阶段,但它只能在发展项目实施到某种程度后才有可能出现。在项目准备过程中,可以从先前类似项目的影响评估获取证据,以帮助证明发展项目的合理性并为项目的完善提供信息。

(三)影响评估与政策效用的其他评估方法的比较

除了严格的影响评估之外,实践中经常使用一些简单的比较方法来分析政策效用。然而,这些简单的比较方法存在严重缺陷。

1. 反身比较(reflexive comparison)

即反身比较政策前后影响的可能性。例如,对接受小额信贷的群体的收入先进行一次调查。一年后,再进行一次收入调查,然后比较前后的平均收入。由于发展项目之外的许多因素都可能会对收入产生影响,这种方法很难说明问题。无论是否实施发展项目,结果通常都会随时间变化,因此,观察结果如何随时间变化能够提供有关变量随时间变化的信息,但这种比较的方法存在可能混淆因果关系的问题。

2. 横截面比较(cross-sectional comparison)

即把干预后群体结果与未被干预的群体结果进行比较。比如,将接受小额信贷的群体的收入与同一个村落其他未接受小额信贷的群体的收入进行横向比较。但是,这两组群体可能有不同的特征,收入的增加可能是由于发展项目外的其他因素。因此,大多数的简单横截面比较的方法可能将其他因素混淆其中,难以识别出发展项目的影响。

第二节　影响评估的作用

影响评估的作用,首先要确定发展项目是否有效(how the type of intervention can be effective),这是影响评估回答的第一代问题。一旦确定了发展项目的有效性,随后就要研究如何进一步提高有效性(how effectiveness can be further advanced),这是影响评估回答的第二代问题。实践证明,反事实分析与背景分析相结合的影响评估效果更好。

一、影响评估回答的第一代问题

影响评估是量化分析某地区实施发展项目与假设没有实施发展项目(反事实分析)的情况下结果差异的唯一方法。监测发展项目的实施过程可以揭示项目领域发生了什么变化,但这些都是事实数据,并没有回答"这个项目发挥了什么作用,是否有效?"以及"观察到的变化在多大程度上归因于发展项目的实施?"等问题。只有影响评估可以回答这些问题。某地区的发展成果是否可归因于一个发展项目,核心的问题是"项目是否有效?""项目起了什么作用?",因此这些可以称为影响评估的第一代问题。

案例 1-1

第比利斯地铁扩建项目影响评估的第一代问题[1]

第比利斯是格鲁吉亚的首都,面临着严重的城市发展问题。第比利斯地铁系统由第比利斯交通公司(第比利斯市政厅 100% 拥有)运营,于 1966 年投入使用。随后的二十年逐步进行了扩建,其网络目前包括覆盖城市中心区的 22 个车站,平均每天载客 450 000 人次。地铁在包括私家车在内的第比利斯城市交通模式中的份额为 13%,增长潜力巨大。但是过去数十年城市对该地铁的投资不足,系统迫切需要修复和升级。第比利斯地铁扩建项目会为当地的经济、社会和环境带来什么影响呢?对该地铁项目影响评估的第一代问题包括:

---

[1] White H, Raitzer D A. Impact Evaluation of Development Interventions—A Practical Guide[M]. Asian Development Bank (ADB). 2017. p. 5.

（1）地铁扩建将在多大程度上促进当地经济发展，包括增加商业活动、增加居民收入和创造就业机会？

（2）地铁扩建将在多大程度上影响往返第比利斯国立大学的大学生？例如何影响大学生使用地铁的时间、支出方式、出勤率和考试成绩？

（3）地铁扩建将在多大程度上改善第比利斯的空气质量，并减少污染？

影响评估可以揭示发展项目实施后给当地带来了哪些变化，可能其中有些变化是项目实施者未曾考虑过的，而且影响评估可以帮助改善项目的设计和实施方式。

案例1-2

电力基础设施项目影响评估的发现[1]

虽然能源领域的影响评估项目数量增长缓慢，但该领域的影响评估依然为电力供应项目提供了一些发现，显示了通电对教育、健康、收入和性别平等等一系列结果的影响。要注意这些发现来自某些特定背景的发展项目，因此其普遍适用性还需要更多的研究。

（1）通电可导致人们活动的变化，特别是可增加儿童的学习时间，延长上班族的工作时间以及增加人们在非农业创收活动上的时间。

（2）因通电而增加的学习时间可以提高儿童的学习成绩，但也可能导致童工的增加。

（3）通电会带来更多小微型企业的出现。

（4）通电带来的就业增加会增加收入、消费和支出。

（5）通电可能会改善健康状况，例如随着家庭用电力替代煤油，室内空气质量会有所提高，减少呼吸道感染和其他相关疾病。

（6）通电可以促进性别平等，有利于女孩接受教育，促进女性就业。

案例1-3

交通基础设施项目影响评估的发现[2]

当前关于交通领域发展项目的影响评估较少，但增长迅速。以下是对交通领域发展项目实施影响评估后的普遍发现，但还需要更多的研究来探索这些影响是如何发生的，以及其是否仅发生在特定的背景之下。

---

［1］ White H, Raitzer D A. Impact Evaluation of Development Interventions—A Practical Guide［M］. Asian Development Bank (ADB). 2017. p. 6.
［2］ Ibid. , p. 7.

(1) 交通发展项目会影响房地产市场。一项关于城市街道铺路的随机对照试验发现,道路铺设对房地产市场和地价产生了显著影响。

(2) 交通发展项目可以减少城市移民。人们发现农村公路改善可以减少农村地区的人口流向城市。

(3) 交通基础设施的改善会降低出行成本,从而提高学生的入学率,尤其是中学阶段的入学率。在某些情况下,这种效应在女孩身上比在男孩身上表现得更明显。

(4) 交通发展项目对健康有重要影响。道路安全措施加强可大大减少事故和伤害的发生,更好的道路状况也便于人们更好地利用和使用卫生设施。

(5) 更好的交通可以刺激市场发展。改善后的公路网可以降低交通成本,增加当地贸易,有利于提高企业生产率、促进企业发展。

(6) 交通改善可以增加经济活动。在实施交通发展项目的地区,国内生产总值增长显著。

(7) 交通运输的改善可能导致劳动力的需求增加和工资增加,再加上劳动力市场的流动性提高,可以对就业和收入产生重大积极影响。

(8) 交通发展项目对减贫的影响显著。在贫困地区,道路发展对当地公司的业绩和就业率贡献很大,从而对减贫产生积极影响。

二、影响评估回答的第二代问题

影响评估回答的第二代问题是发展项目的有效性及其如何提高有效性的问题。通常,项目实施者在实施前并不能确定最好的设计方案。如果一个项目有两个或更多的设计方案供选择时,那么影响评估可以用来研究和预测哪个项目设计最为有效。这个问题可以称为发展项目影响评估第二代问题。有效性的判断对项目实施者很重要,因为有限的资金如何能够发挥最大的效用,发展项目如何能够最大化促进当地的发展、提高当地民众的福祉,这是项目实施者在规划发展项目时要考虑的关键问题。

通过案例1-4,在世界银行对墨西哥的有条件现金转移支付项目对教育成果的影响评估中,可分析得出有条件现金转移支付对提高学生出勤率的有效性。(1)有条件现金转移支付在中学阶段比在小学阶段更有效;(2)有条件现金转移支付在支付频率低、金额大的情况下比支付频率高、金额小的情况下更有效;(3)项目资金投入数额很重要,资金投入数额越高,效果就越好;(4)监督和执行严苛的项目比监督和执行薄弱的项目的效果更好,生活在监督和执行机制较强的社区儿童上学的概率比生活在没有监督和执行机制的社区儿童高出60%。

案例 1-4

影响评估的结果促进墨西哥有条件现金转移支付项目的推广[1]

20 世纪 90 年代,墨西哥政府启动了一项创新性的有条件现金转移支付项目 Progresa(现在称为 Oportunidades)。这个项目主要是向贫困家庭的母亲提供短期现金资助,其金额与家庭人口结构相关,大约相当于家庭每月计划支出的 20%。但受益家庭必须遵守一系列条件,包括保证子女接受教育、医疗保健和其他社会福利。墨西哥政府认为有必要对该项目进行监测和评估,项目负责人遂与评估人员签约,将影响评估纳入该项目的实施中。2000 年墨西哥总统换届选举,新的执政党上台,需要回答该项目是否要继续的问题。2001 年,该项目的影响评估人员向新组建的政府提交了他们的影响评估结果。结果显示该项目有助于永久性地提高贫困家庭的收入,并对提升家庭人力资本水平发挥重要作用。对教育的影响方面,该项目显著提高了入学率,平均增加了 0.7 年的学校教育。对健康的影响方面,儿童的发病率下降了 23%,而成年人发病或致残的天数也下降了 19%。对营养的影响方面,该项目使 1—3 岁儿童发育迟缓的可能性降低。影响评估结果首先为政策的制定提供了支持,促使新政府决定继续实施该项目,并且政府扩大了该方案的覆盖面,引入了高中奖学金并加强青少年健康方案。其次,该影响评估的结果也被用于其他社会援助项目的改革,比如缩减规模庞大但效果不那么显著的玉米饼补贴项目。最后,Progresa 项目推动了墨西哥对所有社会项目进行评估的立法,后来该立法内容也逐渐被巴西、哥伦比亚等 60 多个亚非拉的发展中国家引入。

三、反事实分析与背景分析相结合的影响评估的效果

反事实分析是影响评估的核心,但影响评估中的背景分析也很重要。在不同地区以相同方式实施的发展项目往往会产生不同的发展结果,这是因为当地的一些背景因素如经济、政治、制度、自然环境、安全、社会心理因素和社会文化环境等均会影响发展项目的实施和结果。进行背景分析可以解释为什么两个相同的发展项目会产生完全不同的发展结果,进而提高从影响评估中获得信息的质量,从而为发展项目的制定者提供有用的经验依据。相反,在影响评估中不考虑背景分析可能导致对发展项目的错误估计。例如,由亚洲开发银行支持的巴基斯坦节能灯使用项目的影响评估表明,绝大多数目标群体低估了节能灯相较于传统白炽灯的节能效果。

---

[1] Gertler P J, Martinez S, Rawlings L B, et al. Impact Evaluation in Practice, 2nd ed. [M]. Inter-American Development Bank and World Bank:Washington DC. 2016.

影响评估与背景分析:巴基斯坦的节能灯项目[1]

巴基斯坦政府启动了一项耗资6 000万美元的发展项目,将3 000万个居民住宅的白炽灯替换为节能灯。亚洲开发银行为该项目提供了4 000万美元的贷款。对该贷款项目的影响评估发现了以下情况:

(1) 相当一部分家庭(11%)不知道存在节能灯。

(2) 绝大多数家庭对节能灯的节能效果没有正确的认识。节能灯的寿命至少是白炽灯的10倍。然而,1/3的受访者回答说,他们不知道其中的区别;1/4的人说,节能灯的使用寿命只有白炽灯的两倍。只有不到10%的受访者知道节能灯的使用寿命是白炽灯的10倍。

(3) 从使用情况来看,使用节能灯的益处被打了折扣。当家庭使用节能灯而不是白炽灯时,会产生"反弹效应",因为人们认为节能灯可以节能而使用时间更长,并没有出现如预测中那么大程度的节能结果。

前两个发现凸显了将背景信息纳入影响评估的重要性,第三个发现来自影响评估经济层面的分析。

四、影响评估可用于创新发展项目试点测试

试点测试(pilot testing)是一项小型初步研究,旨在全面实施相关发展政策前测试该政策的可行性,从而及早发现漏洞,完善相关政策。影响评估可在一些创新性的发展项目中用作试点测试类的研究。这些试点测试小型且快速,时限短且预算较低,带有明确的反馈路径,其评估结果往往可以有效指导发展项目的完善和推广。

影响评估用于私营部门的试点测试:雅虎公司案例[2]

试点测试是快速影响评估的一种方法,也可以认为是在更短的时间和更少的预算框

---

[1] Austin J R, Bartunek J M. Theories and Practices of Organizational Development[M]. John Wiley & Sons, Inc. 2003.
[2] Ibid., p.10.

架下进行的随机对照试验。当前这种较短时间跨度的随机对照试验已被私营部门广泛采用,为其管理方法和产品设计提供信息。领先的科技巨头公司,如微软、谷歌、亚马逊等每年例行进行超过一万次的随机对照试验。这些研究通常是使用 A 和 B 两个不同的处理方案进行的快速影响评估,例如比较不同的产品设计。搜索引擎公司雅虎即会采用此方法验证,通过重新设计其主页,是否会增加网络用户从此页面跳转到其他网页的点击率,通过使用更优方案来提高公司的营业收入。具体方法是在 1 小时内将十万名访问者随机分配到重新设计的网页(处理方案 A),将其他十万名访问者引导到现有站点(处理方案 B),1 个小时后比较 A 和 B 的点击率来完成研究。

五、影响评估与国际发展知识的提炼

影响评估最重要的作用在于其结果可以提供更直接的证据来捍卫和扩大有益的干预措施,并在其他地方再次应用。它们可以展示如何更好地完成特定类型的项目,并为相应的创新提供证明。简言之,影响评估可以让发展从业者经历一个产品测试、学习和持续改进的过程。例如,与许多低收入国家一样,尼泊尔公立中小学的学生学习成绩很差,政府为了改变这种现状,特地出台了一个《尼泊尔学校部门发展计划》(School Sector Development Programme in Nepal),以此提高学生的成绩。国际影响评估倡议组织(International Initiative for Impact Evaluation, 3ie)评估了《尼泊尔学校部门发展计划》下的中学教师培训项目对学生成绩的影响。结果发现:没有任何证据表明对中学数学和科学教师的培训提高了学生的考试成绩。此外,评估结果还指出了该培训方案设计和实施方面的潜在弱点,为其他低收入和中等收入国家的教育决策者解决这些不足提供了借鉴。[1]

对于诸多国际发展项目来说,影响评估是一项有价值的投资。其融合了监测和其他形式的评估,增进了对特定政策有效性的了解,有助于提高项目管理者、政府、资助者和公众的问责制建设,为决定如何更加有效地分配稀缺的发展资源提供强有力的信息支持。因此,影响评估在一定程度上是一项全球公益性事业,通过影响评估得出的证据增加了关于这一主题的全球知识储备。在适当注意外部有效性的情况下,该知识储备也可以为其他国家政策决策提供有用的信息。世界银行(World Bank, WB)和美洲开发银行(Inter-American Development Bank, IDB)等多边机构以及越来越多的双边发展机构、捐助国政府和慈善机构均要求通过影响评估提供更多、更好的证据,证明如何有效利用发展资源促进受援国的经济社会

---

[1] International Initiative for Impact Evaluation (3ie), Evaluation of Secondary School Teacher Training under the School Sector Development Programme in Nepal, https://www.3ieimpact.org/evidence-hub/publications/impact-evaluations/evaluation-secondary-school-teacher-training-under.

发展。

影响评估的其他作用还包括：第一，影响评估可以加强发展问题的理论研究，从而引起学术界和公众的广泛关注。通过影响评估可以催生出一批发表在顶级期刊上的论文，其学术观点可以为多层面的决策提供有效信息，从而渗透到全球范围内的一系列发展政策和发展计划改进中。第二，影响评估过程本身可以成为研究人员和国际发展从业人员之间互动的支点。影响评估使得国际发展从业者可以接触到他们工作中可能没有考虑过的相关理论和概念及其所不了解的其他发展干预经验。同样，影响评估过程也让研究人员接触到了现场事实，以便他们能够思考如何将理论转化为可操作的政策或项目。

第三节　影响评估的应用

近年来，以发展项目为对象的影响评估研究非常活跃，影响评估已经成为发展项目或政策设计及执行的重要部分，为全球发展与减贫实践提供了有益的借鉴。从2006年全球发展中心（The Center for Global Development, CGD）发表的《发展中国家社会发展领域影响评估综述报告》可知，截至2004年仅有92项教育领域的影响评估项目，而10年后这个数字增长到512项。国际影响评估倡议组织2015年对1990—2015年发表的全球中低收入国家开展的教育领域的发展干预研究（包括随机对照试验和准实验方法）做了系统的文献综述，该综述关注的238项研究大多集中在拉丁美洲和加勒比海、撒哈拉以南非洲和南亚，其影响评估主要回答发展项目实施后的如下问题：有限的资源是如何使用的？有限资源的利用有没有改善的空间？是否有必要进一步推广或者增加投入？回答这3个问题，就需要进行科学、定量的影响评估，评定项目是否有效地达成了预期目标。

一、多边发展银行及影响评估

项目评估一直是讨论现有多边发展银行（Multilateral Development Bank, MDB）"最佳实践"的重要议题。多边发展银行的项目评估一般由其内部和外部的各个部门和组织共同参与。多边发展银行的项目评估体系可以理解为一个经典的"金字塔"结构，包括项目自评（self-evaluated）、项目校验（validation）、项目深度评估（in-depth evaluation）、专业评估（major evaluation）及影响评估（见图1-2）。每一种评估方法除了评估目的不同，所需要的资金资源、专业知识、专门技术人员等投入要素也有所差异。多边发展银行对其大部分(并非所有)项目都开展了项目自评,因此在所有类型中,项目自评的覆盖率最高,最终目标一般都设定在100%。项目深度评估和专业评估都是资源密集型的,多边发展银行大多根据自身情况只针对部分项目开展项目深度评估工作。而相对项目深度评估而言,专业评估由于可以向多边发展银行提供更高层次的、更为广泛的建议,因此,更有可能对多边发展银行业务产生影响。

图 1-2 项目评估体系

影响评估位于多边发展银行项目评估"金字塔"的顶端。多边发展银行,尤其是世界银行、亚洲开发银行(Asian Development Bank, ADB)和美洲开发银行(Inter-American Development Bank, IDB),在影响评估的运用和推广中扮演了重要角色。多边发展机构一方面积极展示其发展项目的早期影响评估发现,另一方面将影响评估作为一种系统的新型评估方式进行推广。由于影响评估旨在研究项目的因果效应,需要广泛的资源和特定的专业知识,因此 WB、ADB、IDB 等都设置了专门的部门、政策以及资金等来支持影响评估。

另外,为更好地衡量多边发展银行的运作业绩,世界银行、非洲开发银行(African Development Bank, AfDB)、亚洲开发银行、欧洲复兴开发银行(European Bank for Reconstruction and Development, EBRD)、美洲开发银行以及伊斯兰开发银行(Islamic Development Bank, IsDB)等 MDB 组成发展结果管理工作组(Working Group on Managing for Development Results, WG-MfDR),并于2005年建立了 MDB 的通用业绩评估体系(Common Performance Assessment System, COMPAS),用于跟踪 MDB 对发展结果的管理能力。WG-MfDR 成员每年按 COMPAS 体系就各 MDB 公共业务和私人业务的一系列"发展影响指标"提供报告,并按照对发展结果的影响程度定期更新。[1] 目前 COMPAS 已成为公认的 MDB 进行发展结果管理以及 MDB 之间就此进行建设性对话的体系。

二、与影响评估相关的学术机构

随着政府部门、发展机构对影响评估重要性认识的逐步提高,有关发展项目影响评估的研究活动越来越多,国际上有很多组织支持影响评估新方法的探索并鼓励将其用于发展项目的效果及影响评估,典型的机构包括:贾米尔贫困行动实验室(The Abdul Latif Jameel Poverty Action Lab, J-PAL)、贫困行动创新组织

---

[1] http://www.mfdr.org/Compas/index.html.

(Innovations for Poverty Action, IPA)、世界银行发展影响评估项目(Development Impact Evaluation, DIME)、国际影响评估倡议组织(International Initiative for Impact Evaluation, 3ie)、战略影响评估基金(The Strategic Impact Evaluation Fund, SIEF)以及由各国政府设立或资助的影响评估机构等。它们都在影响评估领域进行了大量有益的工作,并取得了积极的成果。

(一)贾米尔贫困行动实验室

贾米尔贫困行动实验室(J-PAL)是由美国麻省理工学院的教授阿比吉特·班纳吉(Abhijit Banerjee)和埃斯特·迪弗洛(Esther Duflo)在2003年联合创立的一个全球研究中心,其目标是改变世界应对全球贫困挑战的方式。迄今为止,由262名教授组成的J-PAL团队已在81个国家和地区进行了1 000多项影响评估。这些影响评估包括眼镜在提高中国学生考试成绩方面的有效性分析、驱虫对提高肯尼亚学生出勤率和学习成绩的价值研究等。J-PAL进行的影响评估积极回答了与贫困相关的关键问题,并与政府、非政府组织、捐助者和其他人建立伙伴关系,以进行各种相关研究、分享知识并扩大有效发展活动。J-PAL创始人阿比吉特·班纳吉和埃斯特·迪弗洛因开创性的反贫困研究而获得2019年诺贝尔经济学奖。[1]

(二)贫困行动创新组织

贫困行动创新组织(IPA)是由美国经济学家迪恩·卡兰(Dean Karlan)于2002年创立的非营利性研究机构,其主要通过开展随机对照试验(randomized controlled trial, RCT)衡量发展措施对小额信贷、教育、健康、农业等部门的影响。IPA专注随机对照试验是因为这种严谨的实验方法可以将发展项目产生的影响与其他影响因素隔离开来。IPA的主要贡献是:(1)进行高质量的影响评估研究。IPA与不同国家的研究人员和战略伙伴合作,设计并实施随机对照试验,以衡量减贫项目的有效性。迄今为止,IPA已在51个国家和地区进行了900多次影响评估。(2)分享影响评估研究成果。政府、非政府组织和资助者需要可靠的证据来证明哪些发展项目有效、哪些无效,以及为什么有效。IPA帮助项目决策者将试验获得的证据应用到他们的发展项目中,通过与政策制定者分享证据,确保将其用于改善贫困人口的生活。作为一个非营利性组织,IPA的比较优势在于其在不同的国家和地区设立办事处。他们与地方政府、非政府组织、营利组织和民间团体合作,确保找到合适的人员参与项目研究,且收集到的数据较为真实。当前IPA的研究结果已被政府和非政府组织用于改善覆盖数亿人的计划。例如,墨西哥城

---

[1] https://www.povertyactionlab.org.

的警察部队在当地执法缺乏合法性和公民信任,限制了他们在处理犯罪和暴力方面的有效性。为了"建立有效、有弹性和可信赖的警察部队",IPA 在一项随机评估中发现程序正义培训改善了墨西哥城警察的行为,之后警察局决定将培训规模扩大至覆盖该市的所有警察。[1]

(三)世界银行发展影响评估项目

世界银行发展影响评估项目(DIME)隶属于世界银行发展研究小组,其通过开展高质量且与业务相关的影响评估研究,以改变发展政策,帮助减少极端贫困以达到共同繁荣。DIME 的首要目标是在发展项目的设计和实施中增加对影响评估的使用,提高世界银行的业务质量,加强国家机构的循证决策,并在发展领域积累经验。DIME 开发了定制数据和证据生态系统以获得信息,并设计了具体的政策途径来最大限度地发挥项目效用。这项工作基于一种联合生产模式,旨在向合作伙伴转移能力和专业知识,进行中期修正并扩大成功的项目政策以实现项目成果。这些修正大大提高了基础投资的回报率,远远超过了研究成本。其次 DIME 向全球提供公共产品,提高全球发展研究的质量和可重复性。从 DIME Wiki[2] 到工具包、培训和暑期学校,DIME 正在为全球研究人员社区提供服务,并以此提高全球政策建议的质量。[3] 当前 DIME 在 60 个国家与 200 个机构开展联合研究,还为全球 30 个多边和双边发展机构提供咨询服务。

(四)国际影响评估倡议组织

国际影响评估倡议组织(International Initiative for Impact Evaluation, 3ie)旨在通过支持对客观事实的主体、时间、原因及影响程度的分析和使用来改善发展中国家的人民生活水平。3ie 成立于 2009 年,可以满足对客观事实的深度分析的需求,并由此制定更具针对性的政策来提升发展的有效性。3ie 资助高质量的影响评估,以向发展中国家建议更好的政策和项目设计,为未来发展项目提供有用的信息并提炼多方面的影响结果。WB、AfDB 和 ADB 在其研究、培训和学习中,都与国际影响评估倡议组织合作。截至 2021 年,国际影响评估倡议组织发展项目影响评估数据库已包含 9 900 多个影响评估案例分析,且每年还以 500 项新研究的数量增加。这些项目大多聚焦在社会发展层面,但也有越来越多的对小额信贷和农业等领域的影响评估。[4]

---

[1] https://www.poverty-action.org.
[2] 由 DIME 分析公司开发和维护的免费开放资源,包含影响评估资源和最佳实践线上集合,提供影响评估具体的实现细节、详细的代码示例以及每个主题的更详尽的参考资料集。
[3] https://www.worldbank.org/en/research/dime.
[4] https://www.3ieimpact.org.

(五)战略影响评估基金

世界银行的战略影响评估基金(The Strategic Impact Evaluation Fund, SIEF)是一个多方捐助信托基金,2012年在英国国际发展部的支持下创建,主要在四个人类发展领域改善世界上最贫困和最弱势群体的生活:幼儿发展和营养、基础教育、卫生系统和服务提供,以及供水、环境卫生和个人卫生。SIEF不仅投资于中低收入国家人类发展领域的影响评估,还直接与决策者和其他主要利益相关者合作,利用评估结果制定更好的政策项目,以改善人们的生活。

本章小结

本章主要对发展项目影响评估的目的、本质、作用及其与监测和评估、经济分析等概念的区别进行了讨论。影响评估旨在回答发展项目是否实现了项目的预期目标以及多大程度上实现了目标。

影响评估要解决的核心问题是归因,即在控制其他因素作用的情况下,分解出哪些影响和变化是由于发展干预的实施所引起的,即把可完全归因于产生此影响的因素与其他干扰因素分离出来。这也是影响评估面临的最大挑战。要做到这一点,通常需要用实验或非实验方法进行反事实分析。一般影响评估包括评估方案设计、数据采集、建立经济模型,以及计量分析等环节,从而得出有关干预项目产生影响的可靠估计。

影响评估首先是从问责的角度进行的,问责制驱动的评估注重所取得的成果和相关政策间的因果关系,而不是简单地检查预期的影响是否已经实现。其次,影响评估能说明什么是有效的,通过经验和教训的总结,以帮助指导未来政策设计和制定以及发展资源的配置。影响评估不仅可以告诉我们发展项目是否有效,而且当存在多种选择时,还可以比较哪种发展方案更有效,甚至还能说明在什么样的情景下发展措施有效或者无效。影响评估是一种估计干预措施因果效应的经验性方法。扩大影响评估的使用范围,对于从发展项目中获取经验依据以及使发展投资和政策变得更加有理有据至关重要。

影响评估与监测和评估的区别在于前者是运用严谨的分析将特定影响归因于项目本身的评估,需要判断发展项目本身是否与观察到的结果存在因果关系,但后者通常不关注因果问题,并不能说明影响指标是发展干预的结果。而当前国际发展援助机构的经济分析主要集中在项目准备期的事前分析,以假设或预测项目的效果。但是,影响评估侧重于分析发展项目实施后产生的影响并提供严格的循证证明。

多边发展银行在影响评估的运用和推广中扮演着重要角色,而国际上也有不少组织积极支持将影响评估用于发展项目效果的分析。当前活跃开展影响评估相关研究的学术机构主要有贾米尔贫困行动实验室(J-PAL)、贫困行动创新组织(IPA)、国际影响评估倡议组织(3ie)、世界银行发展影响评估项目(DIME)、战略影响评估基金(SIEF)等。

关键词

影响评估　反事实分析　监督和评估　项目监测　经济分析　过程评估　试点测试

复习思考题

1. 对发展项目开展影响评估的目的是什么？
2. 发展项目影响评估要解决的核心问题是什么？通过什么方法？其背后的逻辑是什么？
3. 发展项目影响评估的作用主要包括哪些？
4. 多边发展银行在国际发展影响评估的运用和推广中发挥的作用和角色是什么？

案例分析题 1-1

智利执法人员对鱼市的检查次数和消费者信息宣传活动对非法销售无须鳕鱼的影响评估

在智利，对鱼肉的需求和国内市场监管的不到位导致了对鱼类的过度捕捞,特别是太平洋无须鳕鱼——一种深受中低收入智利人欢迎的蛋白质来源。为保护无须鳕鱼群,智利政府颁布了限制性捕捞配额和在9个月繁殖周期内进行为期1个月的禁捕。鳕鱼的数量仍在继续减少,部分是由于政府监管和执行法规的能力有限。非法捕鱼在小规模渔民中尤为常见。这些小规模渔民,通常以非正规方式经营,地理分布上较为分散,使政府在生产端难以监管。相比较而言,在销售端执行法规可能更可行。鳕鱼最常在由市政部门组织的户外市场上出售,供应商通常每周在同一地点售卖两次。研究人员与智利国家渔业服务局合作,进行了一项随机对照试验,以测试执法人员对鱼市的检查次数和消费者信息宣传活动对非法销售无须鳕鱼的影响。研究人员将106组渔民(在当地市场活动的供应商组)随机分配到以下4个组之一。第一组为执法组。执法人员定期对组内的鱼市进行执法检查。当小贩被发现贩卖非法鳕鱼时,执法人员没收所有无须鳕鱼,并处以200美元的罚款。第二组为信息宣传组。智利国家渔业服务局对组内鱼市周围的居民区派发宣传单和悬挂海报,向消费者传达无须鳕鱼数量减少和禁止销售无须鳕鱼的信息。第三组为执法和信息宣传组。执法人员定期对组内的鱼市进行执法检查,同时对组内鱼市周围的居民区派发宣传单和悬挂海报。第四组为对照组。组内的渔民没有收到宣传单,没有看到海报,也没有受到执法检查。

问题:研究人员这样设计试验的逻辑是什么?有什么优点?

案例分析题 1-2

在中国农村学校采取激励措施降低贫血症患病率的效果[1]

在中国西部贫困地区,大约30%的小学学龄儿童患有缺铁性贫血,这可能会导致身体疲乏,损害脑神经系统发展,并削弱免疫系统。通过强化主食如面粉,或通过补充维生素,可以很容易地治疗缺铁性贫血。虽然通过公共部门有效地分配这些食品仍然是一个挑战,但有证据表明,学校的营养计划是向发展中国家的儿童提供健康和营养服务的最具成本效益的方式之一。中国小学入学教育已经普及,小学的营养项目可能特别有效。

研究人员与中国西部的青海、甘肃和陕西省政府合作,测试向学校管理人员提供奖励对实施营养计划的影响。研究中的170所学校被随机分为3组,每所学校的校长会因降低学校的贫血患病率而获得小额绩效奖励、大额绩效奖励或没有奖励。接受小额绩效奖励的40所学校中,每一个在营养项目开始时贫血的学生,如在项目结束时不再贫血,校长就会得到12.5元人民币。接受大额绩效奖励的65所学校中,每一个在营养项目开始时贫血的学生,如在营养项目结束时不再贫血,校长就会得到125元的奖励。在这种激励结构下,该组的校长有可能获得相当于两个月工资的奖励。在对照组的65所学校中,对校长们没有任何激励措施。所有的学校会被随机分配到2个接受绩效奖励的组中的1个,以考察不同的激励对贫血患病率的影响。虽然这些资金是由营养项目提供的,但校长可以自由地将其重新分配给学校的其他职能部门,而且其他职能部门获得这些资金并不取决于降低贫血症患病率的程度。

小额整笔补助:每个小组中有一半的学校会获得每个学生每天0.3元的小额补助,足以为每个学生购买每天的铁质补充剂。平均而言,小额补助的学校共收到7 452元。

大额整笔补助:其余的学校获得了更多的补助,每个学生每天0.7元,这使得校长可以在铁质补充剂之外购买食物,或以其他方式增加宣传。大额补助的学校平均获得17 388元。

---

[1] https://www.povertyactionlab.org/evaluation/effectiveness-provider-incentives-anemia-reduction-rural-china.

将3种类型的绩效激励措施和2种类型的整笔补助相结合,产生了6个不同的实验组,每个实验组都得到了不同的绩效奖励和补助组合。所有实验组的校长在了解他们将获得哪些激励之前,都接受了关于缺铁性贫血的培训。培训内容包括贫血的普遍性和原因、贫血的后果,以及补充营养的方法。

单独来看,大额绩效奖励和大额整笔拨款导致贫血率的大幅下降,但向那些获得大额整笔拨款的校长提供大额激励措施,对降低贫血率没有额外的影响。在没有获得绩效奖励的学校和获得小额整笔补助的学校,贫血率平均为36%;获得125元的大额绩效奖励使贫血患病率降低到22.2%。校长接受大额绩效奖励后,该校学生在家里也消费了更多的肉类和蔬菜,这表明绩效奖励措施鼓励校长让家庭参与进来,以改善儿童的饮食状况。然而,较小的绩效奖励并没有导致贫血的明显减少。在整笔补助方面,增加该营养项目的学生补助金额也导致了贫血症患病率的大幅减少。将每个学生的补助金从0.3元增加到0.7元,学生贫血症的平均患病率为21.5%,而在没有绩效奖励措施和获得小额补助的学校,这一比例平均为36%。这表明,即使没有明确的绩效奖励措施,校长们也有动力将资源分配给营养项目。这些学校的孩子们报告说,他们在学校吃了更多的水果和蔬菜,在家里也吃了更多的肉类和蔬菜。这表明校长们既在学校的食品上花了更多的钱,也鼓励家庭改善他们孩子的饮食状况。再看绩效奖励措施和整笔补助结合的效果:虽然大额绩效奖励措施和大额整笔补助单独导致了贫血的显著减少,但它们结合起来的效果并不明显。向已经接受大额整笔补助的学校的校长提供更高的绩效奖励措施,并没有带来额外的好处。

问题: 本评估试验设计的逻辑是什么?可以得出什么结论?

第二章

影响评估的理论机制：变革理论

引 言

　　变革理论是一种用于规划、参与和评估的方法论。变革理论定义了长期目标，然后向后映射以确定必要的先决条件；解释了干预（如项目、计划或政策）所进行的活动如何促成一系列结果及其导致的预期或观察到的影响。变革理论常被用于识别项目中存在的因果链条以及可能发生的结果，并通过影响评估展开测试和量化分析。好的变革理论可以帮助研究者设定关键的影响评估问题，确定监测的关键指标，明晰可用数据的不足，事先考虑额外的数据收集，并为数据分析和报告提供结构。

　　把握变革理论有助于确定发展项目当前的、计划的及预期的情况，以及从一种情况转移到另一种情况需要开展的工作。基于变革理论的影响评估设计有助于识别、分析、报告要收集的数据，同时也有助于研究从"是什么"向"为什么""怎么办"转变。本章将主要讨论作为影响评估理论机制的变革理论，以及如何建构变革理论进行影响评估。

学习目标：

1. 了解变革理论的由来与发展
2. 熟悉变革理论的建构方法
3. 掌握变革理论的应用

第一节 变革理论概述

影响评估除了需要理解发展干预的影响程度以外,还需要分析这一影响是如何产生的。基于理论的影响评估(theory-based impact evaluation, TBIE)利用变革理论,强调通过对发展干预措施和评估结果之间因果关系链的探索,以检验反映投入与最终结果间的因果关系的假设。

一、变革理论的产生与推广

变革理论可以追溯到彼得·德鲁克(Peter Drucker)于1954年提出的目标管理(Management by Objectives, MBO)。目标管理需要确定较高的目标和较低的目标,如果实施相关措施,则预期会实现目标。变革理论超越了目标管理,内涵包括实现既定目标的预期结果及其影响。

变革理论作为一个概念,在许多学科中(如环境和组织心理学)都有很深的渊源,也越来越与社会学和政治学相关联。奥斯丁和巴顿克指出,组织发展研究经常,其中包括组织变更的过程以及进行变更所需的干预措施。[1] 1990年代中期,程序评估(evaluation of program)作为一种理论分析的新方法开始在社会和政治变革纲领和倡议中被广泛应用。这里,变革理论不仅用于分析程序是否有效,而且还着眼于探讨程序所采用的有效方法。

在评估实践中,1990年代在阿斯彭研究所(The Aspen Institute)主办的一个关于社区变革的圆桌会议上,变革理论以一种评估社区倡议的理论和方法被提出。1990年代早期圆桌会议的工作重点是如何评估复杂的社区计划。变革理论最终在1995年的出版物《评估综合社区倡议的新方法》(*Principles For Evaluating Comprehensive Community Initiatives*)中被提出并受到关注。圆桌会议评估指导委员会成员卡罗尔·韦斯(Carol Weiss)认为,社区计划之所以难以评估,一个关键原因是对项目假设的表述不清,同时,复杂的利益相关者导致变革的作用机制难以厘清,因此很难关注实现长期目标所需的变革。韦斯认为变革理论是设定一组假设的一种方法,这些假设既可以解释实现长期关注目标的各个小步骤,又可以说明发展活动与结果的关联。她要求社区规划设计师具体说明指导他们工作的变革理论,并建议由此改善他们的总体评估计划。在韦斯的倡导下,许多基金

---

[1] Austin J R, Bartunek J M. Theories and Practices of Organizational Development[M]. John Wiley & Sons, Inc. 2003.

会开始支持在社区变革计划评估中使用变革理论。随后,许多评估都采用变革理论作为指导,由此激发了人们对该理论的价值和潜在应用的兴趣。

2000—2002年,阿斯彭社区变革圆桌会议主导变革理论方法的传播和案例研究,但该方法此时期仍主要应用于社区倡议领域。该圆桌会议在结束了其在社区倡议领域的领导地位后,继续将变革理论应用于其他话题,同时其他人开始将变革理论应用到国际发展、公共卫生、人权等领域。2002年变革理论网站(www.theoryofchange.org)创立,人们对变革理论的了解和认知进一步提高。英国国际发展部及一些非政府组织对变革理论的评论使人们对变革理论的兴趣迅速增长。2013年第一个致力于促进和阐明变革理论标准的非营利组织变革理论中心(Center for Theory of Change)[1]成立。

二、变革理论的概念及形式

(一)变革理论的概念

变革理论指按预期设立基本假设,确定因果链中的步骤,并讨论如何提供投入(如资金、人员),改变监管或政策环境以得到预期结果和影响。根据经济合作与发展组织的定义:变革理论是一种灵活的方法,旨在鼓励发展活动的设计、实施和评估中的批判性思维。[2]

逻辑上,变革理论是人们关于变革如何发生的一组假设和想法的思考路径。这些假设和想法建立在人们有意识或无意识的个人信念、假定以及对社会现实认知的基础之上,需要得到理性验证。

行为上,变革理论是指通过改变和调整目标系统包括政策、惯例、关系、资源、权力结构和价值观等的形式和功能来改变现状的过程。

方法上,变革理论往往通过一个逻辑严密的因果关系链条来体现。通过该因果关系链条可以更加清晰地理解变革如何发生、基于什么方法验证假设并设计干预方式,以及如何设立指标进行评估。

(二)变革理论的表现形式

变革理论必须建立明确的假设和因果联系。变革理论本质上是一种逻辑推演,即从期望实现的长期目标出发,通过构思和推演,回答组织应该如何实现长期目标的问题。变革理论依次回答:目标对象面临的问题是什么?期待目标对象发

---

[1] https://www.theoryofchange.org/about-us/.
[2] OECD, Understanding and Evaluating Theories of Change, https://www.oecd-ilibrary.org/development/evaluating-peacebuilding-activities-in-settings-of-conflict-and-fragility/understanding-and-evaluating-theories-of-change_9789264106802-10-en.

生什么变化？为了实现这些变化,需要做什么？项目实现这些目标和策略在什么环境下运作,基于什么假设？发展机构需通过与利益相关方共同梳理这些问题,有针对性地逐步形成目标路径图。

首先,建立假设。所有的变革理论都是基于假设的,因此需要明确这些假设。

其次,确定因果关系。变革理论的因果关系可以用图形做可视化分析,也可采用图形与叙述相结合的形式呈现。变革理论的预期结果需要通过一项或多项干预活动来实现,每项干预活动均与框架中的某个目标因果相连,图形化的表达方式能够清晰地识别因果关系。但是,与传统的工作流程不同,变革理论不是反映单一的因果链,而是许多因果链。为了使变革理论因果关系尽可能清晰,每个干预活动都应该区分开来。变革理论应该避免将所有输入、产出和结果简单堆砌在一起。不同的干预活动应当与具体产出相联系,具体产出应与具体结果相联系。通常情况下,从左到右,从上到下,从开始输入到结果都有过程。这种详细的因果关系说明有助于评估发展项目的设计。项目的反馈机制也可以以变革理论的图形呈现。甚至意外结果和对非干预组的溢出效应也可以包括在内。

最后,确立时间维度。根据干预时间轴和结果发生所需的时间,在变革理论中需要添加时间维度。

三、变革理论的作用及影响因素

(一) 变革理论的作用机制

变革理论的作用就是通过全面描述在特定情况下如何以及为什么能够带来预期变化,从而引导社会复杂变化的过程。通过发展项目设计中的问题树可以清晰地定义变革理论。变革理论往往从长期目标出发反向思考,系统地阐述变革路径及各环节需要满足的条件、变革背后的假设或依据,完整地构建从社会问题出发最终指向愿景的路径图。这既便于发展项目逻辑梳理、寻求各利益相关方的共识,也便于搭建面向结果的项目管理体系。具体来看,变革理论的作用表现为:

第一,明确问题。变革理论可以帮助我们确定发展干预框架应优先处理的问题。

第二,做出假设。变革理论通过阐明假设从而发现潜在的挑战。变革理论通过对发展干预如何产生预期的结果做出明确的假设,并对这些假设与证据进行测试,确保变革实现的合理逻辑。如果发展干预不起作用或预期的风险变成现实,变革理论也有助于修正发展干预行动并及时作出调整。

第三,分析发展干预的效应及影响。变革理论还可以帮助分析发展干预的溢出效应及其对实验组以外的影响,从而帮助确定可能发生的意外后果。外部性的例子包括减少污染或减少传染病病例。负外部性可能包括与之相反的情况,如非熟练劳动力需求的减少。

第四,阐明战略目标。变革理论阐明哪些发展干预活动可以达成共同的战略目标,有利于机构内各工作团队清晰地了解目标与活动,使合作沟通更加有效。

第五,鼓励利益相关方的参与与合作。变革理论可以让利益相关方在发展项目规划初期就参与进来,并向他们展示其工作如何对未来的变革作出贡献,有利于激励利益相关方积极参与变革。变革理论还能促进与其他组织的合作,从而建立更强大或新的伙伴关系,更好地实现协调和互补。

(二)变革理论作用的扩展

变革理论可以区分结果的影响力(outcome in influence)、结果的杠杆作用(results in leverage)等。变革理论首先可用于评估可衡量的成就。使用变革理论指导监测和评估有助于将项目小组的注意力集中在成果上,识别出成果后,即可令人信服地将其归因于小组的工作或项目上。其次,除了与发展项目相关的直接结果(影响)之外,变革理论实际上还可用于分析结果的影响力和结果的杠杆作用。结果的影响力及杠杆作用结果符合预期,但很难监控,也很难归因于任何一个发展项目。

解决这类归因问题的一项改进被称为结果映射(outcome mapping)。该过程将状态变化与行为变化区分开来,状态变化是指整个城市、地区、国家或工业、经济部门等的变化。测量状态变化可能会超出任何一个参与者的监控能力。政府收集有关状态变化的数据,却无法对数据进行校准以衡量变革理论预期的变化类型。状态变化很难归因于任何一种原因。相反,行为变化更容易监测,并且更容易与项目小组自己的工作相关。结果映射关注行为变化,会倾向于将变革理论引向变革推动者最关心的内容,并且可以相对容易地进行监测和评估。

(三)影响变革理论作用效应的因素

流失漏斗(funnel of attrition)指变革理论因果链条上的障碍和促进因素。漏斗产生的原因是参与率会随着因果链的延伸而减少,因此最终效应并不像项目设计时预期的那么大。这对影响评估很重要,因为高估预期参与率和效应规模可能导致研究无法获得显著的结果。流失漏斗通常用于回答"在100个预期受益者中,有多少人真正从项目中受益"这个问题。因为可能只是部分人员参与项目,预期受益人的行为改变不是总会发生且产生影响,项目的效果会大打折扣。在流失漏斗中,常见的损耗因素包括:

(1)预期受益人是否了解该计划?

干预是否通过适当的媒介或当地语言向预期受益人进行了有效传播?如果

预期受益者不了解这个计划,他们就不太可能参与。

(2) 预期受益人是否愿意参与该计划?

预期受益人不愿意参与计划,通常有两个原因:他们对发展干预本身及其效果持怀疑态度;他们对自己所要付出的成本和获得的收益评估对比后,觉得参与价值不大。

(3) 预期受益人参与该计划的可行性如何?

项目活动在时间、地点和成本(包括机会成本)上是否允许预期受益人能够参与?预期受益人是否会觉得参与该项目在社会上会被排斥和不受欢迎,或其是否对发展项目活动的环境感到害怕?

(4) 知识转移是否有效?

大多数发展项目都会向项目或机构的工作人员、中介机构和预期受益人转移某种知识。一般均假定知识转移是有效的,或者假定参与者学到了他们希望学习的内容,但事实不一定如此。

(5) 行为是否如预期的那样改变了?

大多数发展干预都要求政府官员、中介机构或预期受益人改变行为,但项目参与者实际行为的变化可能与项目方的期望有本质的不同。

(6) 项目运行是否还存在其他未解决的制约因素?

限制项目参与者行为改变的可能是其他制约因素。例如,即使公路项目降低了运输成本,企业在扩大产能时仍可能面临信贷约束。

(7) 发展干预是否有持续的效果?

即使所有条件都已到位,项目也有可能不发生作用。例如,改善住宅供水减少了水传播疾病的平均频率,但这种疾病仍可能在家庭以外或通过其他渠道传播,对健康状况的影响可能难以观察到。同样,保险干预的直接作用可能只在发生损失的年份中才会被观察到。

四、变革理论的质量控制标准

安妮·库比施等人提出了衡量变革理论的三个质量控制标准,即合理性、可行性和可测性。[1]

合理性指结果路径的逻辑。发展项目是否有意义?结果是否正确?前提条件是否全部必要且足够实现长期结果和最终影响?逻辑上是否有问题?

可行性指该发展项目是否可以切实地实现其长期结果和影响?该项目单位是否有足够的资源?需要合作伙伴吗?理论的范围、期望或时间表是否需要

---

[1] Kubisch A. Voices from the Field: Learning from the Early Work of Comprehensive Community Initiatives [R]. Aspen Institute, 2010.

调整?

可测性指评估指标是否可靠且可衡量?能提供足够的信息来评估该项目的成果吗?能说服听众吗?

除了这三个基本的质量控制标准外,行为知识库(Act Knowledge)还增加了另一个关键标准——适当的范围,指范围广泛,不在评估中留下任何空白,但应聚焦眼前的机会和资源。适当的范围还包含了"问责制"的概念。变革理论的结果应有"问责制上限"(ceiling of accountability),将需要监测的结果和其能力无法达到的上一级结果区分开来。

第二节 变革理论建构过程

建构变革理论的过程也是一个咨询过程,需要提供一个逻辑框架作为因果联系的基础。变革理论是在最初设计干预计划时建构的,但影响评估通常在这之后进行规划。因此,影响评估设计的第一步是检查变革理论的逻辑框架,咨询利益相关者的意见,并与项目人员和管理人员进行必要的沟通,以获得其对用以评估的变革理论的认可,以及对拟议的影响评估设计的认同。同时,影响评估设计阶段还需要融合多个学科的理论与方法。如许多项目依赖传统的微观经济假设来确定变革理论。但当涉及行为改变时,也可以从行为心理学和其他学科中找到模型应用,比如信息不对称和交易成本等问题。

一、变革理论的建构要点

(一) 聚焦重点

变革理论关注发展项目(在做什么)及其影响(希望这些发展项目实现什么目标)之间的"黑匣子"。不需要将过多信息纳入变革理论,变革理论的建构首先需要聚焦变革理论中最重要的内容,即发展项目中的最重要要素——经济社会影响。

(二) 关注过程

影响评估应放在变革理论建构之后考虑。变革理论描述了对发展项目的期望和实现路径,影响评估则是测评发展项目的实际影响。常看到有人在项目一开始就思考希望发展项目让某种现象降低百分之几,或影响多少人。但无论影响

1个人还是100人,其发展干预路径都是一样的,因此要先建构变革理论,再看发展项目的影响程度。此外,常看到人们在建构变革理论时讨论"影响是否可测量",这也不应是这一阶段要考虑的问题。如果一件事足够重要,无论是否可测量都应包含在变革理论中。

(三)系统思考

变革理论是一个对发展项目运行所有基本要素进行系统思考的过程。常见的一种构建方法是"倒推法"。通过分析"问题",决定"目标群体",再从"影响"开始,推导"结果",然后推导"活动"。最后思考这些发展活动是如何工作的,即"机制",以及计划开展的发展项目的工作"质量"。

(四)图示识别

可通过图标和图表画出变革理论,即明确"影响因子"和"假设",区分优先度、识别内容,并在图示中努力识别出构建的变革理论的弱点和风险,及时做出调整,或找到最重要的研究问题,然后通过收集数据测试这些问题。

(五)使用更新

构建好变革理论后,还需要及时使用、更新并广泛分享,使其成为进一步讨论发展工作进展和制定策略的起点。变革理论应是一个"活的文件",需要通过收集数据、学习、讨论,不断重新审视并更新,同时尽量保持变革理论的高度/广度。因为社会的复杂性和多变性,我们无法预计发展项目实际运作时的变化,因此变革理论建构中不要试图准确预测会发生什么,而应描述我们希望发生什么,哪些机制或努力可能有助于实现发展项目的预期结果。

二、变革理论建构十步法

构建变革理论的过程应建立在对已有证据分析的基础上,在与潜在受益人和其他利益相关方访谈的基础上,通过研究者提出的问题,反思、挑战利益相关方的变革理论。这个过程可分为十步。

(一)情境分析

情境分析要先充分理解和定义需要解决的问题,思考可能的解决方案,并确定工作的基本原理。

1. 定义问题

即明确发展项目想要解决的问题。不要试图解决所有问题,要聚焦一个要素,如特定的人口或地域。首先,尝试专注问题本身。谁正在被这个问题影响?谁特别脆弱?他们有什么特征?这个问题可能导致什么后果?问题背后的原因是什么?变革的障碍是什么?哪些机会有助于克服这些障碍?还有谁在努力解决这个问题?其他利益相关方有谁?还有哪些事没有做到?服务缺口是什么?其次,应运用多种方法回答以上问题,包括搜索有关这个问题的数据、前人的研究,与受该问题影响的人访谈等。

2. 思考可能的解决方案

即思考解决这个问题的资源和方案(如名望、专家、经验、合作关系、网络和资金)。基于拥有的资源,我们可以做什么?我们有可能做出最大改变的方面是什么?我们最大的优势在哪里?我们的角色/定位应该是什么?我们需要和谁一起工作?我们排除了哪些选项、策略或方法?为什么?

3. 确定工作的基本原理

在前两个问题基础上,确定情境分析的基本原理。

(二)确定目标群体

根据第一步情境分析的内容及希望直接与之合作的人或机构的类型,确定目标群体,即确定发展项目最大程度上帮助或影响的人是谁。

目标群体是发展项目直接作用的人或机构。例如,如果你计划培训卫生工作者来更好地服务患者,那么卫生工作者是你的目标群体,而患者不是。

可以选择与一个或多个目标群体合作。在描述目标群体时,应尽可能地精确。例如:年龄为11—16岁,来自环境不利的家庭,学习成绩落后,上学期有不良行为的青少年;B类或以上级别监狱的监狱长,其工作人员士气低于其他监狱,且囚犯再犯率高;负责某农村地区决策的官员等。

明确目标群体的特征,描述出发展项目能最大程度帮助或影响的人。尝试找到与定义的问题最相关的因素。考虑客观因素如年龄、地域、受教育程度、个人经历等,以及主观因素如知识、态度、行为等。

(三)定义影响

定义影响时,需要明确项目希望达成的长期目标,即希望项目为个体、家庭、社区或环境带来的持续性影响是什么。

(1) 如果有多个目标群体,每次只需思考对其中一类目标群体的预期影响。

(2) 影响应该是长久持续的,可能在项目完成后才出现。需要思考目标群体在未来一年甚至五年内可能发生怎样的正向改变。

(3) 影响应该是重要且有意义的,如减少犯罪、增加就业、改善福利、改变政策等。

（4）影响应该是目标群体在生活中可以通过自己的努力实现的。不是发展项目的服务和活动让人们改变，而是项目成果有助于推动人们自己实现长期持续的改变，即影响。

（四）预期成果

成果发生在影响之前。时间是区分成果和影响的有效维度，如果影响的实现预期是几年以后，则对成果的实现预期可以是几周或几个月。关于成果，可以以头脑风暴的方式考虑以下内容：人们将获得哪些有用的东西？人们如何在几天或几周内发生改变？这些改变如何能在一段时间后，持续推动人们发生改变？目标群体在知识、技能、态度、行为方面有何改变？可以尽可能多地列出预期成果，仔细思考这些内容能否被归类，之后找出哪些是必要的成果。

（五）设定活动

这一步主要是确定能够推动第四步设想的成果的计划或措施。可以思考以下内容：活动有哪些主要特点？这些特点的具体表现是什么？活动为群体或个人提供服务的频次高低？每次持续多久？谁来提供这些服务？如何让人们知道活动的发生并让他们参与进来？

（六）阐明机制

阐明机制，即阐明你的工作是如何塑造变革的。在传统的变革理论构建中，机制通常被放在假设环节分析，阐明机制是最难的，但也是最有用的。可以思考的内容有：当目标群体体验你的服务或活动时，你希望他们思考、感受或做什么？项目进行时，如何判断发展项目是否正按计划开展？每次思考一个成果，考虑这个成果如果要发生需要满足什么前提？希望人们在活动中感受到什么，才能触发这个成果？以下都可以是机制内容：人们感到安全、信任、玩得开心、感觉被倾听、感觉被支持、开始以不同的方式思考问题、感觉被激励。

除了机制，还可以考虑服务或活动的质量。机制是希望目标群体如何体验活动或服务，质量可定义为如何提供服务或开展活动以便让人们获得预想的体验。这可使我们最大限度地提高变革发生并取得成果的机会。可以从以下角度思考质量：什么能让活动特别有效？服务或活动有什么与众不同之处？员工和志愿者在活动中需要具备和表现出什么样的素质？

（七）确定排序

有时候需要考虑成果和影响的先后顺序，尤其是影响需要分阶段实现的时候，考虑先后顺序有助于设定中间目标和早期成果指标。此过程有助于发现原有推理中的漏洞,或发现某些活动也许更适合于其他阶段。此时需要更深入地思考,变化将如何发生。需要注意的是,虽然我们可以描述一个可能的顺序,但并不是说这是唯一可行的方式。现实中的事务可能直接跳过某些阶段,或几件事同时完成。重要的是确认排序的基本逻辑。专注于结果和机制,从影响开始倒推,反问一下每件事情发生的逻辑顺序是什么?试着站在更高的层次概括出你的逻辑,逻辑顺序最好只有 2—3 个阶段。

(八)策划路线图

确定路线图中要包含哪些重要内容。通常内容越少越好,最重要的信息包括活动、机制、成果、影响,可以在此基础上附加关于背景和假设的信息。

(九)明确外部环境

第一步考虑了很多外部因素,第二至八步我们将注意力集中在自己的工作上。现在需要重新考虑外部环境将如何影响目标和计划,即需要第三方如何支持你的变革理论?哪些因素会帮助或阻碍你的成功?需要考虑的问题有:变革理论的建构需要其他利益相关方或机构做什么,或者不做什么?哪些其他人或机构会影响变革理论落地?需要他们做什么?他们能怎样帮助?如何鼓励他们这样做?哪些你无法控制的环境因素可能会影响你的变革理论?

有些因素是无法控制的,比如政府政策、经济或社会环境、公众舆论和机构行为。这时需要考虑的问题可能是:哪些超出直接控制的因素可能对活动有帮助?哪些超出直接控制的因素可能会阻碍活动?还有哪些其他个体环境因素会影响变革理论?

最后还应考虑任何可能影响变革理论的环境因素。例如,生活中正在发生的可能影响人们参与你的服务或活动的事情,以及导致参与者实现预期成果或影响的因素。可以考虑:什么因素会支持或阻碍你的目标群体与你接触并实现改变?他们生活中还会发生哪些影响成功的事情?

(十)设定假设

假设是变革理论的重要部分。在步骤一、六、九中已经讨论了部分假设。现在第十步需要确定变革理论中有哪些薄弱的、未经检验的、不确定的环节。澄清模糊不清的部分。可以通过查看已有证据或收集的数据来研究这些问题。

可以考虑下列四类假设:

(1)服务递送假设:项目递送环节会出现什么问题?主要关注点是什么?

(2)影响假设:变革理论有基础性的错误吗?计划真的能带来改变吗?变革

理论最有可能为哪类人带来改变？对谁可能无效？对于变革理论中各部分之间的关联，已有的实证研究有哪些？这些证据能在多大程度上支持变革理论？有哪些部分的关联尚无实证？

（3）意外结果假定：哪里可能会出错？存在哪些风险？可能有哪些意外？项目会分散人们对其他重要事情的注意力吗？

（4）建构过程假设：团队有足够的资源和知识来构建一个好的变革理论吗？是否收集了有代表性的受益人的真实观点和经验？

第三节　变革理论的应用

在影响评估中，变革理论是选择要评估的问题和变量的理论依据，其主要作用是作为启发式的工具去激发那些预期结果的发生。在影响评估设计中可捕获对应的结果。通常情况下，很少能通过单个影响评估捕获所有结果，但是阐明那些能够被发现的潜在因果关系，可以将这些关系与现有证据进行比较，以确定新的假设。通过变革理论的因果关系可以确定影响评估问题，并在特定时间点分析评估样本和效应大小。

一、变革理论与影响评估

在影响评估中，变革理论主要用于建立指标，揭示影响结果的作用机制，并进一步丰富影响评估问题的假设。国际发展的行为改变模型可以为影响评估分析提供可能的结果和中间变量的菜单。选择同调查结果链条相联系的指标能够为影响评估的数据收集及设计和识别策略中变量的选择提供方向。

二、变革理论的应用：案例分析

变革理论常常应用于国际发展援助机构以及慈善机构如安妮·凯西基金会（Annie E. Casey Foundation）、凯洛格基金会（WK Kellogg Foundation）、路米娜教育基金会（Lumina Foundation）以及国际组织中相关项目的管理。通过以下三个影响评估案例可以分析变革理论在影响评估中的作用。

第二章 影响评估的理论机制：变革理论

壹基金"壹乐园"项目的影响评估[1]

长期目标是变革理论的基石和锚点，其结果可能带来一群人、一些组织或地区的变化。在变革理论中，众多中短期目标的实现是长期目标实现的前提。"壹乐园"项目的长期目标是促进贫困地区农村儿童获得与城市儿童平等发展的权利。儿童保护的政策法规的制订和完善，儿童发展理论的完善，学校、家庭及社会对儿童发展的正确认识与行动，都是该长期目标实现的重要前提。

变革理论的构建，首先需要进行情境分析、确定目标群体。通常需要先清晰地陈述问题，而这往往需要深入讨论，直到找到问题的根源。这一过程能帮助每个参与方对长期目标达成共识，并了解实现长期目标需要哪些初期和中期的步骤或阶段性的变化。在"壹乐园"项目中，每个利益相关方都需要清楚了解"儿童平等的发展权"究竟意味着什么，并认识到邻域的边界。"儿童平等的发展权"广义上是指每一个儿童都能平等地享有联合国《儿童权利公约》(Convention on the Rights of the Child) 中赋予儿童的包括生存权、受保护权、参与权和发展权的四个基本权利，同时应确保儿童的这些权利不因儿童的性别、语言、宗教、民族、社会出身、伤残等任何因素或其他身份而有任何差别。随后，需要分析哪些因素将影响儿童拥有平等的发展权（长期目标）。通常有多种途径实现长期目标。政策推动、经济社会环境改革、教育公平以及社会和公众对儿童发展的认识提升等诸多因素的每一项的改变都可能影响儿童获得平等的发展权。

变革理论构建，其次需要定义影响，确定预期成果，设定活动，并阐明机制。这里需要提出假设并就假设达成共识。"壹乐园"项目的干预假设是，如果能够改变乡村小学缺乏音乐体育设施、缺乏适合的教程及教师的现状，为其提供更有品质的音乐与体育教育，将有利于促进乡村小学儿童的潜能发展。通常使用策略或活动来表示不同程度的干预。策略是指一系列的干预活动以实现预期的结果，活动则用来描述构成干预的所有具体行动。

干预指的是项目或利益相关者将采取的措施。"壹乐园"项目选择了硬件建设与软件资源相结合的干预策略。硬件投入包括建设音乐教室与运动场地，提供音体教学设备；软件资源投入包括请专家开发专业的、适合乡村教学的教程，为音乐、体育老师提供基础和进阶培训，通过组建和举办项目赛事等活动，推动地方政府和教育部门深度参与项目，并结合国家教育均衡发展等相关政策，加强项目在当地的推动和影响力，协助项目老师进一步获得支持，以此推动项目真正深入服务当地儿童。

---

[1] 熊晓芹,杨建.变革理论如何用于公益项目设计和评估——以壹基金"壹乐园"为例[EB/OL].(2019-08-09)[2023-06-02]. https://haogongyi.org.cn/home/news/detail/id/118.html.

在变革理论的构建过程中,应该将影响评估的思路融入项目实施的全过程。项目的各阶段都应对项目成效进行评估,以验证投入的资源与干预活动是否带来了真正的改变;同时也辅助判断要保证中长期目标的实现还需要对项目策略做哪些调整。"壹乐园"项目的成果体现为:2011 年至 2018 年 12 月,在全国 18 个省(区、市)建设音乐教室 581 间、运动汇游乐设施 763 座、运动汇多功能运动场 462 个,共有 103.7 万名儿童受益。先后培训教师 2 200 余人。项目干预学校积极参与项目活动的儿童参加团体活动会更加积极,同伴关系也更好,比非项目学校高 16.3%。积极参与项目活动的儿童积极情绪较多,更自信,抑郁倾向更低,焦虑等消极情绪较少,抑郁率比非项目学校低 3.4%。这些翔实的数据和指标可以说明发展项目的成果或成效。

案例 2-2

加纳《石油收入管理法》关键条款的影响评估[1]

2007 年,在加纳近海发现了较大数量的石油和天然气储量。2011 年,为更好地管理石油收入,加纳政府颁布了《石油收入管理法》(Petroleum Revenue Management Act,PRMA),以负责任和透明的方式为其公民的利益提供收集、分配和管理石油收入的框架。然而,在加纳其他的类似情况下,很少找到证据证明让公民参与以提高透明度和问责制的有效性。

变革理论基于这样一个总体假设,通过影响评估建立更加透明的信息流以及更好参与的平台,使公民和其他利益相关者能够使用这些信息来追究政府的责任。变革理论假设公众利益及问责委员会(Public Interest & Accountability Committee,PIAC)传播信息和参与活动将影响短期结果(透明度)、中期结果(如参与和问责)并最终引致长期结果(如社会和发展收益)。

该影响评估研究了独立监督机构公共利益与问责委员会参与加纳 120 个地区随机对照试验的有效性,该试验涉及公民的知识、他们对自然资源收入的态度,以及他们对提高透明度和问责制的要求。在影响评估研究中,采用对照组的 2×2 因子设计,运用了实验组 T1(地区一级的会议,由当地的地区议会议员、地区委员会的代表和其他利益相关者出席);实验组 T2(区级资讯、资讯通信科技平台);联合实验组 T1T2(地区会议、地区资讯及资讯通信科技平台)。选择参与研究的 120 个地区被随机分配到 4 个研究组中的某一个,每组 30 人;在 120 个地区的每一个地区,选出最多 30 名受访者接受采访,共有 3 600 名地区议员、地区委员和普通公民参加。

---

[1] Edjekumhene I, Impacts of Key Provisions in Ghana's Petroleum Revenue Management Act[R/OL]. 3ie Impact Evaluation Report 94. 2019. https://www.3ieimpact.org/evidence-hub/publications/impact-evaluations/impacts-key-provisions-ghanas-petroleum-revenue.

对项目成效进行影响评估可验证投入的资源与干预活动是否带来了真正的改变。研究发现,T1组别对区议会成员和地区委员会成员的知识和意识水平有积极影响,但对普通公民没有影响。T2组别对所有知识和意识水平以及问责制需求均产生了积极影响。然而,没有迹象表明T1T2对所有三个级别的结果产生积极的影响。报告中向执行机构提出的主要建议之一是,鉴于通信科技平台比在地区级别进行的面对面会议更具成本效益,因此可以扩大参与平台的规模。

案例2-3

乌干达创新者和社区的创造性能力建设对收入、福利和态度的影响评估[1]

撒哈拉以南非洲是世界上研发强度最低的地区之一,由于社会经济环境、技术物理环境不匹配,许多引进的技术在该地区也难以发挥作用。由麻省理工学院D-Lab设计的创新能力建设(innovation capacity building, ICB)是一个社区驱动的计划,可帮助社区识别和设计工具、机器以满足社区的优先需求。

该影响评估研究旨在评估由创新能力建设方法推动的本地创新是否可以产生增加收入、节省劳动力和时间并改变参与者对自己的看法的效果,也就是评估该计划对乌干达受益人的家庭福利、行为和态度变化以及技术创造力的影响。在构建变革理论框架时,提出假设并就假设达成共识,是实现变革的重要基础。变革理论假设群体凝聚力、参与者之间的合作和相互信任是创新能力建设成功的关键因素。创新能力建设的直接预期成果包括参与者获得木材和金属加工的知识和基本技能,以及通过培训课程培养参与者进行技术革新的能力。

为达到该项目的目标,应当制定指标来监测评估项目的进展及其预期目标实现的情况。指标可以是定性的或定量的,定量指标应具有可测量性。同时要积极干预。通常使用策略或活动来表示不同程度的干预。该影响评估设置两个实验组。第一个实验组教授设计和开发工具、机器和其他技术的技能,同时使用适合社区的技术来演示设计过程。第二个实验组遵循传统的技术推广,只提供设计技术的演示。在设计随机对照试验时使用了分层随机抽样。在乌干达随机选择的9个区实施创新能力建设,在其中随机选择了6个区进行影响评估,两轮抽样共调查了1 235名受访者。研究问题主要包括创新能力建设对受益人的经济影响是什么?受益人参与创新能力建设的行为产生了什么影响?创新

---

[1] Nkonya E, Bashaasha B. Impact of Creative Capacity Building of Local Innovators and Communities on Income, Welfare and Attitudes in Uganda[R]. 3ie Impact Evaluation Report 124. 2020. https://www.3ieimpact.org/evidence-hub/publications/impact-evaluations/impact-creative-capacity-building-local-innovators-and.

能力建设对受益人态度转变有何影响？创新能力建设创造的新技术采用率如何？

项目效果评估可以验证投入的资源与干预活动是否带来了真正的改变。结果表明，创新能力建设节省了约80%的劳动力，还促进了男女分工的平等。创新能力建设对农作物带来收入的影响是显著的，但农作物收入的增加主要是由于农作物加工开发的工具会间接增加家庭收入支出。总体而言，创新能力建设除了增加作物收入外，节约的部分劳动力还可以参与其他创收活动，因此，在减少受益人家庭贫困方面具有巨大潜力。

本章小结

变革理论是一种基于结果的方法，其将批判性思维应用于设计、实施和评估，旨在支持变革的倡议和方案。如今，变革理论越来越被众多评估学者和实践者接受和认可，且广泛地被政府、双边和多边发展机构、公民社会组织、国际非政府组织运用。发展项目可能产生许多不同的结果。分析这些结果对谁起作用，通过什么机制起作用以及在怎样的框架下起作用以研究影响评估的各种可能性。现阶段大多数发展援助机构均采用变革理论展现的逻辑框架或结果链（results chain）展现发展项目活动、产出、结果和长期目标之间的关系。

变革理论从长期目标出发，反向思考，系统地阐述变革路径及各环节需要满足的条件、变革背后的假设或依据，完整地构建从社会问题出发最终指向理想愿景的路径图，全面描述了在特定情况下如何以及为什么能够带来预期变化，从而引导社会复杂的变化过程。总之，作为过程性的工具，变革理论可以用项目逻辑框架呈现问题、活动、产出与成效和影响间的关系，为影响评估框架构建提供了有益的探索。

本章介绍了变革理论的起源、发展历程以及内容形式，详细阐释了聚焦重点、关注过程、系统思考、图示识别以及使用更新五大建构要点，同时详细分析了变革理论的构建过程，包括情境分析、确定目标群体、定义影响、预期成果、设定活动、阐明机制、确定排序、策划路线图、明确外部环境、设定假设十大步骤。当然这些步骤也需结合发展项目的特点适当调整，从而准确地呈现干预活动与结果间的逻辑关系，描述干预活动如何引起变革的过程。最后本章通过分析三个不同案例，进一步展现了发展项目中变革理论的应用。

关键词

变革理论　结果映射　流失漏斗

第二章　影响评估的理论机制：变革理论

复习思考题

1. 简述变革理论，并尝试使用实际案例加以说明。
2. 简述变革理论的表现形式和作用机制。
3. 简述变革理论的质量控制标准。
4. 简述变革理论的构建方法。

 案例分析题 2-1

低成本干预措施对改善厕所使用和安全处置的影响[1]

1. 案例背景

2014年，印度政府发起清洁印度使命（Swachh Bharat Abhiyan），以使印度在结束露天排便方面取得快速进展，改善水、环境和卫生（Water, Sanitation and Hygiene, WASH）。然而，一些邦在提供厕所方面仍然落后。印度国家统计组织的数据显示，2018年，大约28.7%的农村家庭仍然无法使用任何形式的厕所。仅在奥里萨邦，就有50%的农村家庭无法使用厕所。2017年，埃默里大学的研究人员在3ie的支持下与农村福利研究所合作，进行了一项形成性评估，研究了奥里萨邦农村使用厕所面临的挑战。该团队确定了导致不使用厕所的六种行为障碍：无法使用的厕所、缺乏关于厕所使用的实用知识、偏好露天排便、没有优先使用或不重视厕所的使用、不合理的厕所设计，以及不易获得水源。

2. 研究内容

利用形成阶段的调查结果，设计了美丽村庄（Sundara Grama）干预措施，其中包括奥里萨邦普里市的社区和家庭层面的活动。社区层面的活动包括民俗表演、村庄地图绘制。在住户层面，实施者还进行了针对性的走访和设施修缮。另一个干预措施是实施者向母亲和儿童照顾者介绍活动和硬件，例如塑料便盆可以安全处理儿童粪便。对项目的影响评估使用了33个干预村作为实验组，33个村作为对照组，随机进行评估。

3. 研究发现

影响评估发现，与对照组相比，干预措施使5岁及以上人群的厕所使用量适度

---

[1] International Initiative for Impact Evaluation (3ie). Informing Interventions to Improve WASH Behaviours in Odisha, India [online summary], Evidence Impact Summaries. New Delhi: 3ie. https://www.3ieimpact.org/evidence-hub/Evidence-impact-summaries/informing-interventions-improve-wash-behaviours-odisha-india.

增加了 6.4%。分析显示,与男性相比,对女性干预的效果更大。此外项目的过程评估表明,每个社区干预活动的招募、覆盖范围、忠诚度和满意度等方面都可以得到改善,从而可能产生更大的影响。

问题:请结合材料谈谈你对该案例变革理论的认识。

案例分析题 2-2

印度比哈尔邦农村饲养山羊支持妇女的经济赋权项目的影响评估[1]

1. 案例背景

在印度,山羊占所有牲畜数量的1/4以上,为大约3 300万户家庭提供生计,其中大多数饲养者是无地农民或边缘土地所有者。然而,山羊的高发病率和死亡率限制了山羊饲养提高农村贫困人口收入的潜力。

2. 研究内容

梅沙项目(Project Mesha)是一项以社区为基础的干预措施,旨在通过加强山羊养殖来改善比哈尔、邦穆扎、法尔、布尔区四个街区无地农户的生活质量。该项目由阿迦汗基金会的阿迦汗农村支持计划于2017年实施,并得到比哈尔农村生计促进协会(JEEViKA)以及比尔和梅琳达盖茨基金会的支持。该计划培训女性自助小组成员成为"pashu sakhis"(印地语中的"动物之友")。在实施之前,3ie在2016年对项目进行了形成性评估,以评估山羊饲养和管理实践及兽医服务的需求和供应限制,以便更好地为项目实施和评估提供信息。

3. 研究发现

形成性评估分析了在干预地区饲养山羊的经济重要性,妇女在管理和饲养山羊群中所起的关键作用,以及由于疾病传播导致山羊的高死亡率。调查结果强调了饲养者为疫苗接种、驱虫和阉割等兽医服务付费的意愿,但建议社区进一步参与以确定可接受的价格。该研究还发现,山羊饲养群体更有可能是受教育程度低且身体活动能力、网络和沟通能力有限的中年女性,应对其增加量身定制的培训计划。

问题:请结合材料谈谈在该案例中变革理论的表现形式及其质量控制标准。

---

[1] International Initiative for Impact Evaluation (3ie). Supporting Women's Economic Empowerment through Goat Rearing in Rural Bihar, India [online summary], Evidence Impact Summaries. New Delhi: 3ie. https://www.3ieimpact.org/evidence-hub/Evidence-impact-summaries/supporting-womens-economic-empowerment-through-goat-rearing.

第三章

影响评估方案的确定

 引 言

　　影响评估的主要方法是反事实分析,将没有受到发展项目影响情况下的结果与受到发展项目影响后产生的实际结果进行比较,或者将特定发展项目下产生的结果与不同发展项目下产生的结果进行比较。在国际发展实践中,只有证明当前的发展项目确实有助于实现国际发展目标,增加援助的动议才能得到广泛支持。本章将讨论影响评估的设计方案。具体包括:实验组与对照组的确定、影响评估的方法、因果推论可能带来的偏误、影响指数之间的关系以及内部效度(internal validity)与外部效度(external validity)的把握等。影响评估的方法主要包括:随机对照试验和实验设计方法(自然实验、准实验设计、基于回归的方法)。由于项目评估过程中时常发生选组偏误、污染或传染、溢出效应的现象,我们在确定影响评估的方案时需要对数据进行分析,使用的影响评估方法也需要考虑研究背景、样本实际特征以及潜在的内生性,否则会出现因果效应被低估或者高估的情况,导致无法准确观测发展项目产生的实际影响。

学习目标:

1. 掌握如何确定实验组与对照组
2. 熟悉选择性偏误的方法
3. 熟悉影响评估方法,包括实验设计、准实验法和基于回归的方法

第一节 影响评估的设计

影响评估基于反事实分析,根据事实收集数据,将发展干预产生的影响与未受到发展干预情况下发生的结果进行比较,以衡量政策效用大小。影响评估方案的设计对影响评估成功与否至关重要。

一、确定对照组与实验组

为了对发展项目中的有效性进行度量,需要在比较过程中避免与其他影响因素混淆。关键方法就是使用对照组或控制组,即与实验组或处理组特征非常相似但没有接受处理的对照组。该组样本是分布在广泛地理区域内被抽取的个人、家庭、公司或其他一些单位。一般而言,对照组应具有与实验组相同的特征。

根据巴基斯坦卡拉奇鼓励洗手项目的 5 年后续研究[1],参与原始项目的家庭中有84%重新参加了调查。表 3-1 显示了实验组与对照组的许多变量的平均特征。可以看出,显示特征的数字非常相似。表中的最后一列的 p 值代表两组特征值不同的概率,当 p 值小于 0.1,则两组具有不同特征。但在表中所有情况下,p 值都比较高,表明实验组和对照组特征值近似相同。

表 3-1　巴基斯坦卡拉奇鼓励洗手项目的研究结果

变量	实验组	对照组	p 值
家庭规模	8.4	8.5	0.8
母亲识字率	33%	31%	0.6
父亲识字率	64%	55%	0.6
家里说方言的比例	96%	96%	0.9
收音机拥有率	14%	13%	1.0
电视拥有率	91%	92%	0.9
冰箱拥有率	56%	56%	1.0
家里接受市政供水服务的比例	31%	35%	0.9
样本数	301	160	

---

[1] Bowen et al. Sustained Improvements in Handwashing Indicators More than 5 Years after a Cluster-Randomised, Community-Based Trial of Handwashing Promotion in Karachi, Pakistan[J]. Tropical Medicine and International Health. 2013, 18(3): 259-267.

在实验室中,研究人员可以控制发展项目的结果。但是,在实际发展项目当中,要想控制发展项目的结果就变得十分困难。确定对照组的过程中经常存在的问题是:一方面,发展项目的其他因素可能会对特定地点或特定人群产生不同程度的影响;另一方面,参加发展项目的群体通常与不参加发展项目的群体存在不同,他们可能因更了解情况或者受过更好的教育而更愿意冒险与积极主动,其与不参加发展项目的群体在其他行为上也存在显著差异。因此,在影响评估实践中获得有效的对照组远非易事。

二、影响评估的项目单位

影响评估的对象是国际发展项目,评估设计中需确定项目单位。项目单位按照层级可分为分配单位、处理单位、分析单位。

(1) 分配单位(the unit of assignment):做出参与发展项目决策的最低单位,通常是市、区、街道、机构、社区、团体或公司等地理单位。国际发展项目类型很少涉及家庭层面。

(2) 处理单位(the unit of treatment):具体参与发展项目的单位,可能低于分配单位的级别。例如,小额信贷计划将通过小额信贷机构(分配单位)提供支持,其处理单位是接受小额贷款计划的公司。

(3) 分析单位(the unit of analysis):衡量项目结果的单位,一般可能低于分配或处理单位的级别。在小额信贷计划的例子中,结果可能是支付给企业员工的工资,因此企业员工是分析单位。

分配、处理和分析单位通常不相同,因此需要进行聚类设计(cluster design),使用聚类抽样(cluster sampling)收集数据。表3-2列出了分配、处理和分析单位的一些示例。

表 3-2 分配、处理和分析单位的示例

发展项目	分配单位	处理单位	分析单位
改善环境卫生	乡	村庄、学校、家庭	家庭与儿童
改造干线公路	城市	城市	公司
职业培训	学校	学校、班级	学生

从以上示例可以看出:处理单位通常与分配单位处于相同或更低的水平,分析单位通常与处理单位处于相同或更低的水平;每个级别可能有多个单位,例如表3-2中的改善环境卫生项目即存在村庄、学校和家庭三个处理单位。维修港口、修建国道等发展项目,由于处理样本只有1个,因此这类大型基础设施项目可

能不太适用大样本方法。但是,可以通过将这些社区构建为实验组与对照组划分。在表3-2改造干线公路项目中,以4个公路沿线的城市作为实验组,以不在公路沿线的18个城市作为对照组。相比之下,表3-2的职业培训项目中,因为学校是一个常见的分配单位,教育发展项目通常适合大样本设计影响评估。

第二节　影响评估的方法

在实际研究中,不同政策实施的项目单位各异,能收集到的样本量大小也会不同,所以选择正确的评估方法对评估政策项目的真实影响具有重要的意义。本节将会对各类评估方法的基本思想和适用范围进行详细的阐述,并列举相应案例予以佐证。

一、影响评估方法概述

(一)影响评估的定性和定量方法

影响评估的方法可分为定性和定量方法。

影响评估的定性方法需要周密的思维方式,主要是凭借评估者的直觉、经验,或者通过对发展项目实际受益人进行深度访谈,评估发展项目中受益人获得的潜在影响以及影响产生的机制。定性方法靠观察和分析等采集信息,其信息收集是无结构的,而且一般较难量化,所以只能通过收集事实、分析和解释事实来建立某种因果关系。

定量方法则是依据发展项目中的统计数据,建立数学模型,计算受益人的各项指标及其数值的一种方法。相较而言,在严谨的影响评估中,定量方法可以使政策制定者更清楚地认识发展项目对受益人的影响,以便更加科学地揭示规律、把握本质、厘清因果关系。定量方法则需要较深的数学知识,需处理发展项目影响中的潜在统计偏差。

影响评估的定量方法包括事前方法和事后方法。事前方法是指在发展项目实施前,预先通过模拟或运用经济模型确定发展项目可能带来的益处或不足。这种方法试图通过对个人行为和市场的假设,建立结构性模型,以确定不同的发展项目如何与受援国市场机制结合来影响受益方,更好地理解发展项目产生的影响机制,预测实施发展项目产生的结果。事前分析可以帮助发展项目在实施之前进行细化,并预测项目在不同经济环境中的潜在影响。事后方法是基于发展项目实施前后收集的实际数据,衡量发展项目对受益人产生的实际影响并进行分析。

当定量方法不可行时,应决定是继续使用定性方法还是放弃影响评估。例如,对十几个金融中介的比较可以使用定性比较分析的方法通过寻找数据中的模式,确定因果关系的充要条件,而无须检验统计显著性。[1]因果推断的定性方法依赖于对变革理论的系统分析,称为上下文机制结果(context-mechanism outcome)。[2]

影响评估是经验性的,通常力求简化结构假设(structural assumption)[3]。模拟建模是替代影响评估的理论而非经验方法。例如,宏观经济改革和大规模基础设施的影响评估可以使用可计算的一般均衡分析(computable general equilibrium,CGE)进行建模。

(二)影响评估的主要方法

最常见的影响评估的方法可以分为以下两类:

(1)随机对照试验法。这类方法使用的前提是可以对干预对象进行随机分配,在合格目标群体中随机分配其中的一部分对其实施干预,另外部分则作为对照组,不实施任何干预。

(2)传统经济学经常采用的非实验性的或者拟实验的评估方法,如双重差分法、合成控制法、倾向得分匹配法、断点回归法、工具变量法等。每种方法都有其关键假设条件,如果在应用中这些假设不成立,那么采用该方法估算的影响就是有偏差的,以此得出的评估建议也会是不准确的。

(三)小样本影响评估

主要的影响评估方法都是大样本统计方法,需要大量观测数据对实验组和对照组的政策效应进行统计检验。为达到此目的,样本量是否足够大决定了功效(power)计算。如果样本量不够大,则影响评估的效力将不足,意味着即使该发展项目确实产生影响,也仍有可能无法找到具有统计意义的影响。但是随着时间的推移,有足够的观测结果时,小样本问题可以通过两种方法来解决。

(1)当未受到干预的样本数量多于处理样本的数量时,合成控制法(synthetic control)可提供生成反事实影响的估计。合成控制法的基本思想是,针对像大城市这样的小样本,很难找到最佳控制地区,但通常可对若干大城市进行适当的线性组合,以构造一个合成控制地区(synthetic control region),并将真实A市与合成A

---

[1] Ragin C C. Fuzzy-Set Social Science. Chicago:University of Chicago Press. Rubin, D. B. 1980. Comment on: Randomization Analysis of Experimental Data in the Fisher Randomization Test by D. Basu[J]. Journal of the American Statistical Association. 2000, 75:591-593.

[2] White H, Phillips D. Addressing Attribution of Cause and Effect in Small-n Impact Evaluations:Towards an Integrated Framework. 3ie Working Paper 15[R]. Delhi. 2012.

[3] 结构假设,是指变量之间的统计关系通常通过将一个变量等同于另一个变量(或其他几个变量)的函数以及随机误差来建模。模型通常涉及对函数关系的形式作出结构假设,例如线性回归。这可以推广到涉及未观察到的潜在变量之间关系的模型。

市进行对比,故名合成控制法。合成控制法的另一大优势是,可以根据数据来选择线性组合的最优权重,避免了研究者主观选择实验组的随意性。

(2) 间断时间序列方法(interrupted time series approaches,ITS)允许发展项目在干预点随时间推移中断趋势以确定项目影响。间断时间序列分析有时称为准实验时间序列分析,是一种统计分析方法,涉及跟踪干预点前后的长期时间以评估干预效果。时间序列是指一段时间内的数据,而中断是干预,是受控的外部影响或一组影响。通过时间序列水平和斜率的变化以及干预参数的统计显著性可以评估干预的效果。间断时间序列设计是基于间断时间序列方法的实验设计。间断时间序列的反事实逻辑在于,将另一个时间的可能趋势视为自己的反事实,这种方法需要更长的时间段、更多的观察值,以及明显的趋势变化。例如选取周期性财政支出、季节性的衣物销售量等。

二、随机对照试验

(一) 随机对照试验

随机对照试验(randomized controlled trial,RCT)指随机分配样本参与发展项目,即实验组与对照组是由从符合该计划的列表中随机抽选的样本形成的。这与已经受到发展项目影响的样本和未受影响的样本有所不同,这些样本并没有按照随机分配原则分成实验组和对照组,样本是否参与项目也受到诸多因素的影响。本书第七章将详细讨论随机对照试验。

随机对照试验被认为是影响评估方法的"黄金准则"。最早用于医疗卫生服务中的某种疗法效果的检测和评估,后常用于医学、药学、护理学等科学研究,近年来在农业经济、教育等社会科学领域得到越来越多的应用,如农业推广服务、公共健康和教育项目等。

RCT可以解决一般影响评估中的选择误差问题,而选择误差是导致评估结果不准确的核心因素。例如,在评估就业培训对就业机会的影响时,如将报名参加培训与不参加培训的人进行比较,就可能会出现选择误差,因为比较的往往不是同一类型的人——如果报名是自愿的而非随机分配的,那么主动报名的人的求职愿望本来就高于不报名参加培训的人,无论他们是否参加培训,主动报名参加培训的人获得工作的可能性都会高于不愿意参加培训的人,这种不对称的对比结果就不能反映培训的真实效果。只有将培训的机会随机分配给一组人,再将其与随机分配且特性相似的另一组没有接受培训的人比较,得到的比较结果才能反映真实的培训效果。

在随机对照试验中,由于实验组和对照组在干预前没有系统差异,因此能够将两个组在项目实施之后的差异归因于发展干预,而不是其他因素,从而能得出与该项目产生的实际影响效应最接近的估计值。

需要强调的是,并不是所有发展项目的影响评估都能通过随机对照试验的方法来实现,发展项目具体采用什么样的评估方法取决于研究的假设、参照对象的可获得性、数据的可获得性和项目的成本预算。

(二) 自然实验

自然实验(natural experiment)被解释为随机对照试验的某种不完美近似。根据这个比喻的定义,自然实验是指,当外部事件引入了处理分配的变化,研究人员利用外部事件作为基础,声称处理是"似随机的""完全随机的"或"好像是随机的",但是没有任何一种物理随机装置被人类明确使用。采用这种自然实验概念的学者通常不会给出"似随机"的正式定义,而是启发式地引用与随机实验的类比或比较。这个类比在政治学、经济学、公共卫生和其他科学领域都有不同的版本。

在自然实验中,首先,需要运用理论和逻辑来证明随机分配的存在,比如证明双胞胎在先天生理因素方面不存在差别,政府的政策执行在某些方面确实有随机属性,或某些地区的气候变化是随机的;其次,需要使用数学方法来证明实验组和对照组的均衡性,例如比较实验组和对照组在潜在各个混淆变量上的平均值差异、使用回归等方法。

案例3-1

家庭规模对父母亲劳动力市场结果的影响[1]

根据研究估计家庭规模对父母亲劳动力市场结果的影响,至少有两个原因证明家庭规模与各种因素(如收入)之间的相关性并不能告诉我们家庭规模是如何影响劳动力市场结果的。首先,劳动力市场结果和家庭规模都可能受到未观察到的"第三"变量(如个人偏好)的影响。其次,劳动力市场结果本身可能会影响家庭规模(称为反向因果关系)。例如,如果女性在工作中得到加薪,她可能会推迟生孩子。另外,有两个男孩或两个女孩的二孩家庭比一男一女的二孩家庭更有可能生第三个孩子。研究人员能够估计第三个孩子对劳动力市场结果的因果影响。那么,前两个孩子的性别构成了一种自然实验;这就好像一个实验者随机分配一些家庭生两个孩子,而另一些家庭生三个。

研究发现,尽管生育第三个孩子对收入的影响往往会在孩子13岁生日时消失,但是生育对贫困和受教育程度较低的母亲的影响仍然比受过高等教育的女性的影响更大。研究还发现生第三个孩子对父亲的收入影响不大。

---

[1] Angrist J, Evans W. Children and Their Parents' Labor Supply: Evidence from Exogenous Variation in Family Size[J]. American Economic Review. 1998, 88(3): 450-477.

三、非实验设计方法

鉴于随机对照试验自身存在的一些局限性,加上现实存在的环境资源等限制,并不是所有发展问题都适合用随机对照试验来提供解决方案。那么,遇到随机对照试验不适用的情况,如何进行发展项目的政策研究?国内外大量实证研究已经为我们探索出除随机对照试验外的其他验证因果关系的准实验方法,或称非实验设计方法(non-experimental design)。

之所以随机对照试验是因果推断的"黄金准则",其关键点在于可以通过随机试验构建反事实作为对照,以验证干预影响。准实验方法其实也可以通过满足特定假设条件来构建反事实对照组,通过验证两组的结果变化来识别影响。非实验方法内容较多,假设不同,且不同方法在内部效应和外部效应上差别较大,使用场景和方法也千差万别。这里仅对几种常用的非实验方法简要概述,包括双重差分法、合成控制法、倾向得分匹配法、断点回归法、工具变量法等。

(一)准实验方法

准实验设计(quasi-experimental design)是指在无须随机安排被试[1]对象时,借助原始样本,在较为自然的情况下进行实验处理的研究方法。[2]

准实验设计不能完全控制研究的条件,在某些方面降低了控制水平。但是准实验研究进行的环境是现实的和自然的。它是在接近现实的条件下,尽可能地运用真实验设计(true experimental design)[3]的原则和要求,最大限度地控制因素,进行实验处理。因此,准实验研究的实验结果较容易与现实情况联系起来,即现实性较强。

主要的准实验设计方法包括:双重差分(difference in difference, DID)、合成控制法、倾向得分匹配(propensity score matching)等。当存在阈值资格规则(threshold eligibility rule)时,可以使用断点回归设计(regression discontinuity design, RDD)。

准实验设计利用原始样本进行研究,缺少随机组合,无法证明实验组是否为较大样本的群体随机,同时任何因素都可能对原始样本起作用,因被试挑选带来的偏差将损害研究结果的可推广性,从而影响准实验研究的内部效度,因此在内部效度上,真实验优于准实验设计。但由于准实验的环境自然而现实,它在外部

---

[1] 被试(subject),心理学实验或心理测验中接受实验或测试的对象。可产生或显示被观察的心理现象或行为特质。
[2] 穆肃.准实验研究及其设计方法[J].中国电化教育,2001(12):13-16.
[3] 真实验设计,对实验条件的控制要求较高,在使用这类实验设计时,实验者可以有效地操纵实验变量,有效地控制内在无效来源和外在无关因素的影响,能在随机化原则基础上选择和分配被试,从而使实验结果更能客观地反映实验处理的作用。

效度上应该优于真实验设计。

1. 双重差分法

当仅有部分群体接受了政策处理时,研究者常用双重差分法(DID)来开展政策的影响评估。此时因果推断的难点在于如何对实验组进行反事实分析,即如果不接受处理,他们的结果会发生怎样的变化。标准的 DID 假设实验组与对照组拥有相同的线性趋势,平均处理效应可以通过两次差分得到:第一次分别对两组在处理前后的平均结果作差,第二次则对这两个差值再作差。

DID 与合成控制法的差别可通过马列尔偷渡事件(Mariel boatlift)对迈阿密劳动力市场上低技能工人工资水平的影响案例进行分析。标准的 DID 可对比实验组(迈阿密)与单一实验组(休斯敦、匹兹堡和亚特兰大这三座城市中的一座)的工资水平变化。合成控制法不是使用单一的实验组,而是对备选的三座城市进行加权平均,从而"合成"一个与迈阿密更相似的实验组。例如,假设偷渡发生前休斯敦的工资水平要比迈阿密高,而亚特兰大则比迈阿密低,那么相较于使用单一的城市(休斯敦或亚特兰大)作为实验组,通过平均"合成"的城市显然与迈阿密更具可比性。

非线性双重变换模型,又称为双重变换模型(changes in changes, CIC)。标准的 DID 模型使用条件较为严苛,即必须满足平行趋势假设、个体处理稳定性假设(the stable unit treatment value assumption, SUTVA)以及线性形式条件。若研究者没有考虑以上条件,如忽略实验组和对照组之间随时间而变化但却无法观测到的异质性因素,则估计出来的政策效果就有偏误。为了克服标准的 DID 无法解决的异质性处理效应问题,双重变换模型不依赖于函数形式,也允许时间变化与政策干预下对不同个体有不同影响。

2. 倾向得分匹配法

早期的计量经济学文献关注的是二值处理变量(binary treatment)的效应。但现实生活中,处理变量往往存在多个取值。倾向得分是指控制了可观测特征之后个体接受处理的条件概率,在无干扰的假设下,估计处理效应只需控制倾向得分即可,而不需要把因变量刻画为所有可观测变量的函数。倾向得分作为一维变量,替代了多维的协变量,实现了"降维"。倾向得分匹配法可应用于多值处理变量的情形,并且其降维性质(dimension-reducing properties)以及扩展后得到的双重稳健性都能够得到保留。[1]

3. 断点回归法

断点回归法利用接受离散处理的激励或者能力的断点来进行因果推断。这一设计的关键特征是定义了强制变量(forcing variable)——在临界值处,参与项目

---

[1] Guido W. Imbens. The Role of the Propensity Score in Estimating Dose-Response Functions[M]. Oxford University Press. https://www.jstor.org/stable/2673642.

的概率会发生不连续的变化。此时我们假设接近临界值两端的个体是相似的,因此他们之间平均结果的差异可以归因于是否接受了政策干预。

断点回归法可以分为清晰断点(sharp regression discontinuity)和模糊断点(fuzzy regression discontinuity):前者是指临界值某一侧的个体一定能够(概率等于1)接受处理,而后者则是指临界值某一侧的个体有可能(概率小于1)接受处理。二者对于回归结果的解读也有差别:对于前者,变量条件在强制变量临界值两侧的差值就是政策对于临界值附近个体的平均效应;而对于后者,所得的估计结果则应被解读为政策对于临界值附近的依从者(compliers,即那些强制变量高于临界值且接受政策处理的个体)的平均效应。

最新的研究将断点回归法推广到了条件期望的变化率存在断点时的情况,即拐点回归设计(regression kink design)。其基本思想是因变量作为强制变量的函数,其斜率会在临界值处发生改变。

案例3-2

安得拉邦灌溉的影响研究[1]

安得拉邦尝试了一种管道灌溉方法,评估小组在对其进行影响研究时,对照组来自在接下来的季节从工程修建的运河中取水的村庄。然而,通过使用村级人口普查数据估计倾向性评分对可比性进行的检查发现,共同支持的区域原来是非常小的。由于该项目是通过延伸二级和三级运河来扩大运河系统,尚未连接到运河系统的村庄通常比已连接的村庄更偏远,特点往往截然不同,最明显的是距离最近的城市中心较远。倾向得分匹配选择可能基于一组特征,而不是仅仅一个。因此,比较组可以通过一种倾向得分匹配的技术来管理所有这些特征。一旦确定了特征,就可以使用单重差分或双重差分估计来评估项目影响。

(二) 基于回归的方法

基于回归的方法包括工具变量法(instrumental variables)、双重稳健回归法(double robust regression)等。

1. 工具变量法

工具变量法是指当存在内生变量时,用于回归分析的第三个变量。使用工具变量来识别隐藏的(未观察到的)相关性可以清楚看到解释变量 X 和被解释变量

---

[1] White H. Impact evaluation: the experience of the Independent Evaluation Group of the World Bank. 2006. https://mpra.ub.uni-muenchen.de/1111/.

Y 之间的真实相关性,解释变量之间的意外行为。

假设条件:Z 与解释变量 X 相关,而与方程中的误差项 ε 不相关。

$$Y = \beta X + \varepsilon \tag{3-1}$$

工具变量法广泛用于计量经济学。假设有两个想要回归的相关变量:X 和 Y。它们的相关性可能由第三个变量 Z 来描述,Z 与 Y 相关,但仅通过 Y 与 X 关联。例如,假设想调查抑郁症(X)和吸烟(Y)之间的联系。缺乏工作机会(Z)可能导致抑郁症,但它仅通过与抑郁症的关联与吸烟产生关联(即缺乏工作机会与吸烟之间没有直接关系),此时第三个变量 Z 可以作为工具变量,用于测量并且解释 X 和 Y 之间的联系。

2. 双重稳健回归法

双重稳健回归法由鲁宾等人在 1994 年提出。该模型在观察性研究存在混杂因素时,提供了更稳健的方法,结合了针对结果的回归模型和针对处理的逆概率加权模型,从而得到一个具有双重稳健性的平均处理效应估计量,即只要回归模型和逆概率加权模型中有一个正确,就能保证估计量的一致性和无偏性。

第三节　因果推论的偏误与挑战

在因果推断中,最关键的是需要定义有效对照组,但是在实际研究中存在三类挑战:选组偏误、污染或传染、溢出效应。如果不能识别出这类挑战并采取合适的应对方法,就很可能低估或者高估,甚至错误估计政策的因果效应。本节分别对三种挑战的各自定义,实际研究中存在的案例,以及相对应的解决方法进行讨论。

一、选组偏误

(一) 定义

不参加发展项目的群体可能与参加发展项目的群体在特征方面有所不同。选组偏误来源于分配偏误(placement bias)、样本分配和自选择(self-selection into programs)。通常情况下,项目受益人是通过某种方式选定的,包括自我选择。这种选择过程意味着受益人不是从人群中随机分配,因此对照组也不是整个人群中的随机样本,而应从与干预对象具有相同特征的人群中抽取。如果项目分配或选择是基于可观察的特征,那么这个问题可用一种直接的方式来解决。但是,不可观察到的因素常常在分配或选择中发挥潜在作用,如果这些因素与项目结果相关,那么就很难实现项目影响的无偏估计。

(二) 示例

1. 受益于小额信贷计划的小型企业的影响评估

一般受益于小额信贷计划的企业的利润,比不适用该计划的类似企业(类似地点和市场准入)要高。但该计划的受益人本身是通过申请筛选出的。那些努力申请获得小额信贷的企业,其商业计划往往足够健全,相比之下,这类企业比一部分从一开始就懒得申请或者资质不够被淘汰的企业更为优秀,因而更容易获得融资。

2. 考察政府针对下岗工作再培训项目的政策效果

如果直接对参加职业培训的下岗工人的收入与未参加职业培训的人进行比较,发现参加过培训的人的收入反而低于没有参加培训的人的收入,进而推论职业培训不仅不能促进收入提高,反而降低了预期收入,这可能大错特错了。因为那些参加职业培训的下岗工人本身就是职业技能水平、知识水平等较低的人,与没参加培训的人在进行培训前的职业技能水平就有显著的差异,缺乏职业技能的人自我选择进入培训直接导致了两组的差异。因此,研究设计最为核心的任务就是解决自我选组问题导致的组别不均衡问题。

3. 社区驱动项目的影响评估

社区驱动项目是指依靠社区申请社会基金资助以开展社区活动的项目,如重建学校或建立诊所等项目。这种社区驱动项目的效果是可以获得更高的社会资本。但是那些本来就有较高社会资本的社区更有可能申请项目,将干预结束时开展项目的社区和未开展项目的社区之间的社会资本进行比较,并将两者的差异归咎于是否参与发展项目,显然会高估项目的影响。

(三) 解决方法

1. 通过在时间维度上反复观察捕捉变化趋势或者模式进行自我比较

这里可以使用差分法,包括一阶差分和双重差分法。差分法中,一阶差分直接将同一个观察单位另一个时间的观察值作为反事实,双重差分是用一个类似的对照组,不仅消除时间上不变的干扰变量影响,也消除空间上观察单位的相似特征的干扰影响。

2. 配对法[1]

由于存在实验组和对照组,解决问题的关键在于识别选组机制。找到一个或一些共变量 C(covariates)是形塑研究对象分组的关键。如果 C 由很多变量组成,

---

[1] 刘学. 反事实框架下因果推论的原则和机制[J]. 东南大学学报(哲学社会科学版),2020,22(04):98-109+157.

那么就可以利用它们计算一个倾向分数,根据与倾向分数的距离进行分组。[1]也就是说在控制 C 之后,实验组和对照组形同随机分派,分组机制可以视为外生,这就是条件独立假设。这是一个极强的假设,意味着我们选定的分组机制已经捕捉到了个体选组的大部分因素。基于此,就可以宣称能够排除选组偏误,反事实的结果就等同于观察值。这里,配对法的内部效度完全取决于选组机制的识别,而外部效度则取决于预测变量支持的范围。配对法仅仅适用于那些能被预测变量捕捉到选择倾向的研究对象。换句话说,那些对预测选组机制有反应的研究个体才能被拿来推估平均因果效应,假如预测的选组机制不是很有效,根据设置的条件,只有少部分个体会服从分配,能够按照预期进入实验组或者对照组,那么外部效度就要大打折扣,甚至无从估计。

3. 非实验设计

非实验设计基于选择模型,可以控制或消除与选择相关且先于发展项目之前存在或者与发展项目无关的差异。因此,条件有效性的一个关键方面就是模型选择是否有效。在某些假设下,一些非实验设计可同时控制可观测变量以及不可观测变量的选择。然而,在其他情况下,并不能够确定是否存在不可观测变量以及是否可以将其纳入考察范围内。

二、污染或传染

(一) 定义

与实验组不同,对照组没有受到发展项目影响。然而,在现实世界中,评估者无法完全控制对照组发生的事情。可能另一个机构在对照组上实施了另一个项目,对结果产生影响即污染或传染。因此必须要处理对照组的污染或传染(contamination or contagion)。为了降低这种风险,在有关研究中,应该收集过去和正在进行的发展项目的数据。此外,一些发展项目的信息可能会自动传播到其他地方,因此抽样中需要考虑所在区域是否发生污染。

污染有两个可能的来源。首先是干预本身的溢出效应造成的自身污染。为了确保实验组和对照组的相似性,一种常见的方法是将这些组从与项目相同的地理区域绘制出来。事实上,邻近的社区经常作为对照组。但是,对照组离项目区域越近,就越有可能以某种方式受到干预措施的间接影响。在对巴基斯坦一个灌溉项目的研究(见案例 3-4)中,由于对照组太靠近干预区,因此被转移了。受到示范效应影响的另一个例子是,关于健康和营养的信息可以通过口口相传的方式传

---

[1] Rosenbaum P R, Rubin D B. The Central Role of the Propensity Score in Observational Studies for Causal Effects [J]. Biometrika, 1983(1): 41-55.

播到邻近社区。例如,孟加拉国综合营养项目(见案例3-5)的几项研究发现该项目对地区没有产生影响。由于许多研究中的对照组都临近项目区域,因此该项目的辩护者将这一结果归因于污染。[1]

(二) 示例

案例3-3

斯里兰卡库鲁内加拉农村发展项目的影响评估[2]

项目:综合农村发展项目是斯里兰卡1970年代后期采用的一种方法。投资3 400万美元的库鲁内加拉农村发展项目是对整个地区进行多部门规划的第一次尝试。该项目侧重于农业部门,特别是水稻和椰子种植。投资4 000万美元的第二农村发展项目将这种方法扩大到另外两个地区,即马特莱(Matale)和普特拉姆(Puttalam),并将重点放在普特拉姆的林业、渔业以及马特莱的出口作物上。

评估方法:第一种方法使用同一区域的项目地区和非项目地区产量以及投入和产量的次级数据计算增量效益,并使用这些数据为不同作物的生产者计算项目回报。由于同一区域的非项目地区也受益于其他项目的扶持,即非项目地区受到了污染,并非完全不受其他政策的影响,因此可能会低估项目实际对干预地区的影响。第二种方法使用干预前结果作为反事实,将所有的增长都归因于项目本身带来的实际收益,可能导致过高估计项目影响。

案例3-4

巴基斯坦管井项目[3]

项目:巴基斯坦的灌溉受到盐碱化和内涝的双重威胁。世界银行资助的盐度控制和围垦项目解决了部分问题。巴基斯坦管井项目是为了在地下水丰富的地区关闭公共管井,并资助农民建造自己的水井。管井尽管在技术上取得了成功,但给政府预算带来了不可持续的负担。

评估方法:1994年该项目的影响评估覆盖了实验组391名农民和对照组100名农民,报告了组均值的单、双差。

---

[1] Levinson F J, et al. Responses to: An Evaluation of the Impact of a US $ 60 Million Nutrition Programme in Bangladesh[J]. Health Policy and Planning 2005, 20(6): 405-407. https://doi.org/10.1093/heapol/czi049; Huq A, et al. Critical Factors Influencing the Occurrence of Vibrio Cholerae in the Environment of Bangladesh[J]. Applied Environmental Microbiology. 2005, 71(8):4645-54.

[2] White H. Impact Evaluation: the Experience of the Independent Evaluation Group of the World Bank. 2006. https://mpra.ub.uni-muenchen.de/1111/.

[3] Ibid.

调查结果显示,关闭公共管井没有出现预期的公众抗议的情况,在控制区域,私人管井的增长速度更快。但这种增长可能来自一种传染,似乎由于其他因素(如更便宜的管井技术的可用性)导致私人水资源开发技术迅速扩散。因此,该项目虽然对农业生产率或收入没有任何影响,然而,由于节省了政府支出,它确实产生了正的回报率。

孟加拉国综合营养项目[1]

孟加拉国综合营养项目有三个组成部分,其中以社区为基础的营养促进部分是研究重点。在每个社区项目中,都招募了一些社区营养促进者,普遍来自当地妇女,她们至少受过八年教育,同时也有自己的孩子。国家战略计划在社区一级开展了该发展项目的影响评估:每月监测24个月以下儿童的生长情况,为营养不良儿童和孕妇提供补充营养餐,并提供营养咨询服务。但是研究发现,孟加拉国综合营养项目对项目社区并没有产生任何实质影响。评估者认为其原因是实验组与对照组在地理上相互邻近,关于健康和营养的信息可以通过口头传播到邻近的社区,对实验项目的影响造成了污染。

(三) 解决污染或传染的方法

解决外部污染问题的第一步是确保调查设计收集对照组干预措施的数据,这一细节经常被忽视,导致在影响估计中提供了未知的偏差。第二步是利用基于理论的方法,而不是简单地比较有与没有,才能更好地结合不同类型和水平的干预。

三、溢出效应

(一) 个体处理稳定性假设

个体处理稳定性假设(the stable unit treatment value assumption, SUTVA)对影响评估至关重要。这一假设意味着对照组与实验组是可区分的,没有不可识别的交互影响。但是发展项目可能会间接地对目标群体以外的人产生积极或消极的溢出效应(spillover effects)。例如,发展项目可能会改变更广泛地区的市场需求和价格,或者可能产生其他社会外部性。如果此类溢出效应很重要,则应该

---

[1] White H. Impact Evaluation: the Experience of the Independent Evaluation Group of the World Bank. 2006. https://mpra.ub.uni-muenchen.de/1111/.

将其明确包含在评估之内。评估设计应该包括受发展项目影响的人群、未受影响但暴露于溢出效应的人群以及未受影响且未暴露于溢出效应的人群。

在发展和卫生经济学文献中涉及四种溢出效应,包括外部性(externalities)、一般均衡效应(general equilibrium effects)、相互作用(interactions)、行为效应(behavioral effects)。在某些情况下,这种溢出效应是有意为之的。例如,农业推广项目鼓励参与者采用某种技术,并希望促使社区或邻近社区进一步采用这种技术。在高危人群中开展免疫运动可降低传染的概率,从而减少低风险人群的感染率。无论是有意还是无意,非参与方都可能受到项目的影响,在进行影响评估时应考虑这些溢出效应。

污染是指对照组没有受到发展项目的影响,但在实验过程中,可能会存在其他项目对该对照组的影响。而溢出效应则是发展项目不仅对实验组产生了影响,同时可能也会对对照组产生交互影响。

案例 3-6

驱虫药物提升学生在校成绩的影响评估[1]

为了研究驱虫药物对学生在学校成绩的影响,研究者会随机选择一所学校的一半学生,并用药物治疗他们,然后比较接受治疗和未接受治疗儿童的学习成绩。由于该药很可能在接受治疗和未接受治疗的儿童中都降低了感染率,两组的表现都有可能发生变化。也就是说,假设给孩子驱虫使接受治疗的学生平均成绩提高 10 个百分点,未接受治疗的学生平均成绩提高 2 个百分点。然而,如果我们简单地比较处理组和对照组学生的成绩,我们只观察到 8 个百分点的增长。如果认识不到药物可能也影响了未治疗学生的成绩,并据此设计实验,将会导致对治疗效果的双重低估。它不仅低估对接受治疗的学生的影响,也无法估计对未接受治疗的学生的影响。这可能会导致错误的政策结论(如因项目未达到预期目的而终止项目)。

研究表明,除摄入药物的直接作用外,驱虫药物还能产生额外的间接作用。向一组儿童提供驱虫药物可能减少疾病传播,降低两组儿童的感染率,从而使未接受治疗的儿童也受益。如果寄生虫影响学习表现(例如,导致虚弱和注意力不集中),两组孩子的成绩最终都可能受到影响。这些项目最终影响到的学生可能是间接受益者,在设计实地实验评估项目时要注意不要忽略这些溢出效应。

---

[1] Miguel E, Kremer M. Worms: Identifying Impacts on Education and Health in the Presence of Treatment Externalities[J]. Econometrica, 2004, 72(1): 159-217.

肯尼亚内罗毕项目的影响评估[1]

项目:1970—1991年,世界银行支持了总额1.2亿美元的五个项目,以支持内罗毕的供水和当地城市发展。其中,三个供水项目是为了扩大饮用水的供应来源,加强供水和卫生部门的建设,另外两个项目是为了改善穷人住房和其他设施条件,并扩大污水处理覆盖面积。

评估方法:在五个城市对500户家庭进行调查,其中300户受益于发展项目,200户则没有受益于发展项目。评估问题包括目前用水条件、受益人对项目影响的看法,以及项目前后的变化。

结果发现:饮用水供应满足了人口增长的需求,但穷人需支付更多的费用;增加了住房和经济适用房的供应,但穷人的住房所有权不受该项目的影响;项目建造了11所小学和4个保健中心,增加了当地人们上小学和获得保健服务的机会;同时,保健和教育基础设施对非项目地区也产生了积极的溢出效应。

(二) 有关溢出效应的建议

考虑到溢出效应对影响评估的影响,设计方案时需要注意以下几个方面。

(1) 要考虑到什么可能导致溢出效应,谁可能受到影响,以及如何受到影响。设计中对地方经济及其成员之间的相互作用类型的了解至少能确定影响评估中溢出效应是否存在。理想情况下,影响评估方案还应了解影响产生的原因。对溢出效应的假设,通常意味着对项目如何运作有更好的预判,有助于设计更好的政策。

(2) 为了有效衡量溢出效应,评价设计必须从一开始就考虑到溢出效应的存在,否则无法衡量溢出效应。这通常意味着需要收集更多的数据,例如,调查完全不受干预措施影响的地理区域。

(3) 为了识别和评估溢出效应的存在,根据理论选择一个不受该计划间接影响的对照组。例如,考虑间接影响在项目单位一级起作用的情况;采用实验设计,在项目单位进行随机化采样;采用可观察的选择设计匹配,从不同的项目单位选择实验组和对照组。

---

[1] White H. Impact evaluation: the experience of the Independent Evaluation Group of the World Bank. 2006. https://mpra.ub.uni-muenchen.de/1111/.

第四节 影响评估的效应

判断一项政策评估是否成功,首先要对评估的效应进行度量,用量化的方法直观地展示评估的效用。其次,还要对评估的内部效度进行判断,即要明确研究结果是否完全归因于自变量的变化,是否真实地反映了自变量和因变量的关系。最后,还要看评估的外部效度是否满足,即研究结果在多大程度上可以应用于其他环境,是否具有普遍性。本节将对衡量评估的不同概念以及概念间的关系,对评估的内部效度、外部效度的定义,实际研究中可能存在的威胁因素,以及提高内部效度和外部效度的方法展开阐述。

一、影响指数

(一) 主要影响指数

影响评估可以根据不同的评估对象,给出干预效果的不同衡量标准,即影响指数。

1. 意向处理效应

随机对照试验中的意向处理效应(intention to treat effect, ITT)考察参与该发展项目的平均效应,指参与随机分组的对象,无论其是否接受处理,最终应纳入所分配的组中进行处理效应的统计分析。该项原则强调,只要是参与了随机分配的案例,就应当纳入最后的结果分析。随机分配的原则是确保组间的可比性,如果排除退出和失访案例,只对所谓资料完整者进行分析,就会破坏组间的均衡性。

如图 3-1 所示,将 A 组所有样本与 B 组所有样本进行对比,即意向处理效应(ITT)可充分利用随机化。一切破坏随机化的分析方案都有可能带来混杂。

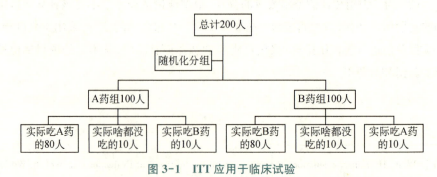

图 3-1 ITT 应用于临床试验

意向处理效应反映的是在真实环境中的干预状态,更符合实际情况。如果治疗有效,意向处理效应将倾向于低估处理效果,其他方法则会倾向于高估处理效果;如果治疗无效,其他方法可能会错误展示处理效果。

2. 平均处理效应

平均处理效应(average treatment effect,ATE)表示从总体中随机抽取某个个体的期望处理效应,无论该个体是否参与了发展项目。

3. 参与者平均处理效应

仅考虑项目参加者的平均处理效应,称为参与者平均处理效应(average treatment effect on the treated,ATT),对于政策制定者,ATT可能更为重要。ATE与ATT一般不相等。

4. 未参与者平均处理效应

未参与者平均处理效应(average treatment effect on the untreated,ATU)指对未参加处理的人接受处理的平均潜在影响。这是了解计划扩展的潜在影响的相关指标。

5. 地方平均处理效应

在处理效应的语境下,工具变量识别的是那些因为工具变量的变动而导致项目参与改变的子样本的平均处理效应,即依从者(compliers)的平均处理效应。换句话说,一些个体的政策状态会被某个外生变量影响,这些个体所识别的ATE就是地方平均处理效应(local average treatment effect,LATE)。

(二) 影响指数之间的关系

1. ITT 和 ATT 的关系

$$ITT = \frac{Total\ effect}{No.\ of\ intended\ beneficiaries}$$

$$ITT = \frac{Total\ effect}{No.\ participating} \times \frac{No.\ participating}{No.\ of\ intended\ beneficiaries}$$

$$= average\ treatment\ effect\ on\ treated(ATT) \times Participation\ rate(PR)$$

(3-2)

由于 $0 \leqslant PR \leqslant 1$,因此,很明显

$$ITT \leqslant ATT \qquad (3-3)$$

ITT 和 ATT 可通过参与率挂钩,即对目标人群的平均影响必然不会大于对实际参与人的平均影响。参与率是造成两者不同的主要原因。发展项目对实际参与人可能有很大影响,但如果实际参与人很少,ITT 会非常低。

一般来说,项目所取得的平均影响由 ITT 衡量,而 LATE 往往会因发展项目

措施的扩大而产生边际效应。ATT 为实际参与的人提供了效应的衡量标准,通常是研究人员的首选指标。ATU 更适合为有关计划扩展的政策制定者提供信息。

2. ATT、ATE、ATU 的关系

假设群体行为是合乎逻辑的,对发展项目措施反应更好的群体和地点进行有目的的计划安置,并且自选择参与发展项目的人往往比那些未参与的群体获益更多,那么影响指数间应存在以下关系:

$$ATT > ATE > ATU \tag{3-4}$$

如果这种关系没有显现,则表明影响评估的方法可能存在缺陷,或者该项目的实施存在较大问题。

案例 3-8

以婴儿及其看护者为目标减少中国农村营养不良的项目[1]

越来越多的研究表明,营养规划在生命的最初 2—3 年里十分重要。在这一短暂的窗口期,高质量的营养对整个童年甚至成年期的健康和发展会产生重大影响。尽管人们普遍认识到在这一关键窗口期不解决营养不良问题的长期后果,但人们对中国农村婴儿营养与认知发展之间的关系知之甚少。

2013 年 4 月和 10 月,"滋养未来:以婴儿及其看护者为目标,以减少中国农村的营养不良"项目对中国陕西省南部农村地区 174 个国家级贫困县的 351 个村的 1 808 名 6—12 个月的婴儿进行了调查。该样本为随机对照试验的样本。

实验组 1:儿童的看护者接受了关于营养和喂养做法的一对一健康教育培训。样本中的看护人员每六个月会收到免费的微量元素营养包,其中包含一种家庭强化粉,以及如何使用这种强化粉的说明。

实验组 2:在实验组 1 的基础上,又增加每日短信提醒程序。

对照组:没有对该组采取任何干预措施。

通过意向处理效应可分析评估看护者依从性和婴儿贫血状态的治疗效果。为了估计意向处理效应的影响,评估使用了一个多元回归模型,并控制了可观察变量(儿童年龄、性别、低出生体重人数、早产、出生顺序、儿童贫血基线状况、家庭是否得到社会保障、主要看护者与儿童的关系、母亲的教育、妊娠期间产妇微量营养素补充、孕产妇血红蛋白(Hb)浓度、母乳喂养持续时间、配方奶粉喂养时间、6 个月后补充喂养情况、微量元素补充情况、肉类消费)和集群水平上的固定效应(县和村),修正了村级标准误差的

---

[1] International Initiative for Impact Evaluation (3ie), Nourishing the Future: Targeting Infants and Their Caregivers to Reduce Undernutrition in Rural China, https://www.3ieimpact.org.

聚类。为了适应部分依从性(也就是说,并非所有看护者都完全依从),评估测量了实际干预措施对儿童贫血状态的影响,并通过使用随机分配作为依从性的工具变量来估计平均处理效应(喂食家庭营养包的数量)。

二、内部效度和外部效度

(一) 内部效度

1. 内部效度的定义

内部效度(internal validity)指研究结果的解释能力和可靠性,即研究结果是否完全归因于自变量的变化,是否真实地反映了自变量和因变量的关系。

内部效度在很大程度上取决于研究的程序和执行的严格程度。内部效度不是"是或否"的概念。相反,我们会根据研究是否可避免可能的陷阱来考察我们对研究结果的信心。混杂是指其他因素发挥作用而混淆研究结果的情况。研究中混杂的可能性越小,内部效度就越高,对评估结果的信心就越大。简言之,如果你的发现没有其他的解释,就可以确信你的研究在内部是有效的。只有在研究中满足以下三个标准时,才能确定因果关系:

(1) 就时间而言,原因先于结果;

(2) 原因和结果一同变化;

(3) 对于研究人员观察到的这种关系,不存在其他可能的解释。

2. 提高内部效度的因素

如果希望提高研究的内部效度,则需要考虑研究设计的各个方面,这些方面将更有可能拒绝替代假设。

(1) 致盲:使项目参与者(有时是研究人员)不知道他们正在接受什么干预(例如在药物研究中使用安慰剂)以避免这种知识使他们的看法和行为产生偏见,从而影响研究结果。

(2) 实验操纵:内部效度与无关变量的控制有关。一个研究如能有效地控制研究条件,能清楚地解释研究结果,能合理地推论因果关系,这个研究的内部效度就高;反之,若一个研究不能有效地控制研究条件,不能合理地推论因果关系,这个研究的内部效度就低。

(3) 随机选择:参与者是随机选择的。

(4) 随机化:将参与者随机分配到实验组和对照组,并确保组间没有任何系统偏差。

(5) 研究方案:遵循特定的评估管理程序,以免受任何影响,例如,对不同组的对象做不同的事情。

3. 威胁内部效度的因素

正如有许多方法可以确保研究在内部有效一样,在研究设计时还应考虑到对内部效度的潜在威胁因素。

(1) 减员:参与者退出或离开研究,这意味着结果仅基于没有选择离开的人的有偏样本。

(2) 混杂:结果变量的变化可以被认为是由与评估项目相关的变量引起的。除了研究变量以外,所有的可能影响研究结果的因素都会对内部效度产生威胁,当必须采用两组被试进行比较研究时,如果这两组被试的能力、特质、条件、背景等因素不相同,就会导致评估结果的差异,从而混淆研究的效果。例如,某学校在三年级两个班进行教改对比实验,实验班是一个高分录取的高才生班,对照班则是普通水平的班。加上实验班配备有经验的优秀教师,对照班则是一般的教师。这样的比较研究没有实际意义,两组样本根本没有可比性。

(3) 扩散:发展项目可能可通过各组之间的互动、交谈或观察从实验组传播到对照组。

(4) 实验者偏差:实验者可能在一项研究中对不同群体采用了不同的行为方式,从而导致对研究结果的影响。

(5) 历史事件:一些历史事件可能会影响一段时间内发生的研究结果,例如政治领导人的变动或影响研究参与者感觉和行为方式的自然灾害。

(二) 外部效度

1. 外部效度的定义

外部效度(external validity)指研究结果在多大程度上可以应用于其他环境。换句话说,外部效度是指研究结果的普遍性。例如,研究发现是否适用于其他人、环境、情况和时间段? 具体说来,就是指研究结果是否可以推广到类似情景。如果能在研究以外的更大范围获得相似的结果,研究的外部效度就高,研究结果的解释与推论范围就越广;如果一个研究在相似的情景中难以重复,研究结果不能推广运用到现实世界,那么,这个研究的外部效度就低。

例如,对于发展中国家,改善儿童教育和维持粮食安全是各国政府和援助机构的重要目标。为回答贝宁一位政策制定者提出的儿童教育改善问题,国际影响评估倡议组织(3ie)研究了非洲、亚洲和拉丁美洲开展的 16 项学校供餐计划的影响。研究发现,在学校提供食物的项目对学生出勤率、语言艺术测试成绩和数学测试成绩均产生了积极的影响,该发展项目提高了入学率,降低了学生的辍学率。[1] 通过该影响评估,就能以案例推广的形式为其他发展中国家改善儿童教育提供必

---

[1] International Initiative for Impact Evaluation (3ie), What is the Impact of School Feeding Programs on Students' Results? https://www.3ieimpact.org/our-work/west-africa-capacity-building-and-impact-evaluation.

要的政策建议。

2. 提高外部效度的因素

(1) 排除心理因素：确保参与者真实参与研究事件。在某些情况下，如果参与者知道研究的目的是什么，他们的行为可能会与现实生活中的行为有所不同。

(2) 进行再处理或校准：可使用统计方法调整与外部效度相关的问题。例如，如果一项研究的某些特征(如年龄)的组不均匀，则可以使用重新加权进行核准。

(3) 重复：用不同的样本或在不同的设置下再次进行研究，看是否得到相同的结果。

3. 威胁外部效度的因素

(1) 测试前和测试后效果：当测试前(前测)或测试后(后测)在某种程度上与研究中看到的效果相关时，如果没有这些附加测试，因果关系就会消失。例如，研究人员想了解学生经过思想品德教育后思想认识和态度的变化。学习前，先进行思想认识和态度的测试，经过两周的集中学习后，再用相似内容测学生的思想认识和态度，结果发现测试成绩有变化。这种变化可能来自两周的思想品德教育，也可能来自前测所产生的敏感效应，还可能来自思想品德教育与前测敏感的共同作用，这些可能性给研究结果的推论带来了麻烦。因此，当估计前测会对后测造成影响时，研究设计应尽可能避免采用有前测的设计，无论这种影响是积极的还是消极的。

(2) 样本特征：当特定样本的某些特征影响评估效果时，会导致结论的普适性有限。

(3) 选择偏差：选择偏差描述了研究中与自变量相关的组之间可能存在差异。其一，由于抽样范围的限制，样本不具有代表性，无法将研究结果类推到样本以外的人群，从而影响研究的外部效度；其二，样本必须要达到一定的量才会有足够的代表性。

(4) 情境因素：外部效度关心的一个问题是研究结果会不会因环境的不同而变化，在研究情境中表现出的效果是否会在一般情境中再现，换句话说，就是情境能否"复制"。一天中的时间、位置、噪声、研究人员特征以及使用了多少测量样本均可能影响研究结果的普遍性。任何研究均需界定研究变量、说明研究情景、给出操作的程序和测量的标准。如果研究变量没有明确界定，研究情景也不交代清楚，他人不知晓研究的程序和方法，便无法了解研究结果的真实性和适用范围，研究的推广就会受到限制。因此，在研究设计过程中，必须界定研究变量、确定操作性定义、规定研究的情境和条件。[1]

---

[1] 吴明清.教育研究：基本观念与方法分析[M].五南图书出版公司,1991:248-251.

(三)内部效度与外部效度的关系

内部效度和外部效度就像一枚硬币的两面。一方面,你可以进行具有良好内部效度的研究,但总体而言,它可能与现实世界无关。另一方面,你可以进行与现实世界高度相关的实地研究,但在研究哪些变量导致所得结果方面却得不到值得信赖的研究成果。

1. 相似

内部效度和外部效度有何相似之处?它们都是研究设计时应考虑的因素,并且都对研究结果是否有意义产生影响。两者不是"非此即彼"的概念,因此,研究在这两种效度方面的表现程度相对独立。

通常在学术期刊上发表的研究文章都会报告以上这些效度,以方便其他研究人员评估研究并决定结果是否有效和有用。

2. 差异

内部效度和外部效度之间存在以下区别。

内部效度:

(1) 结论是有根据的;

(2) 控制无关变量;

(3) 消除替代解释;

(4) 注重准确性和强大的研究方法。

外部效度:

(1) 调查结果可以概括;

(2) 结果适用于实际情况;

(3) 结果适用于整个世界。

内部效度侧重于显示仅由自变量引起的差异,而外部效度的结果可以推广到整个世界。

3. 方法

内部效度高的研究不一定具有较高的外部效度,有时二者难以都得到充分满足,往往确保了一种效度,就会削弱另一种效度。例如,为了控制性别差异对实验结果的影响,只选取男生或女生作为被试,这个实验的内部效度提高了,但外部效度却受到损失,即实验结果难以推广到不同性别的群体中去,结论的普适性降低了。又如,在现场自然情境中进行一项实验,虽然能较好地适应现实情境(具有较好的外部效度),也便于推广运用,但受实验条件限制,无法像实验室实验那样充分控制无关变量,实验的内部效度就降低了。

在研究设计时,要综合考虑内部效度和外部效度的平衡。研究者应该确定该研究的内部效度,在确保最基本的内部效度的基础上,再考虑外部效度,即在保证研究科学性、可靠性的前提下，尽可能使研究具有更大的推广能力。

本章小结

　　影响评估的具体方案设计需要确定对照组和实验组，但在实践中，有效对照组的选取并不是一件容易的事情。实验设计要求识别符合条件的人群，然后对该人群的随机样本进行处理，即纳入发展项目的影响评估中。影响评估的对象的项目单位按照层级分为分配单位、处理单位、分析单位。分配、处理和分析单位通常不相同，因此需要进行聚类设计，使用聚类抽样收集数据。不同的评估项目由于处理样本存在差异，因此可采取的评估方法也会不同。

　　从分析性质来说，影响评估的方法包括定性方法和定量方法，定性方法需要周密的思维方式，一般较难量化，所以只能通过收集事实、分析和解释事实，来建立某种因果关系。定量方法则是依据发展项目中的统计数据，建立数学模型，以此计算受益人的各项指标及其数值，是实际研究中最广泛被采取的评估方法。从具体分析方法来看，影响评估的方法主要有两类，其一是随机对照试验法，也叫社会试验、随机分配研究等，其二是传统经济学经常采用的非实验性的或者拟实验的评估方法，如双重差分法、倾向得分匹配法、工具变量法、断点回归法等。两类方法都可应用于影响评估研究。

　　但是，任何一种方法都有其自身局限性。实践中，影响评估存在选组偏误、污染或传染以及溢出效应的问题，从而导致对项目的实际效应低估或者高估，甚至是错误估计，所以要采取相应的解决方法。对于选组偏误问题，可以通过在时间维度上反复观察捕捉变化趋势或者模式，进行自我比较，或者采取合适的配对方法或者非实验设计的方法予以解决。对于污染或传染的问题，解决方法第一步是确保调查设计收集对照组干预措施的数据。第二步是利用基于理论的方法，这样能更好地结合不同类型和水平的干预。对于溢出效应问题，设计影响评估时要做好充分考虑，明白什么可能导致溢出效应，谁可能受到影响，以及如何受到影响，实践中要选取不受项目间接影响的对照组并尽量收集多的样本。

　　好的评估方法一是要能通过相应的标准衡量出来。二是要具有内部效度，具备合理的解释力和可靠性，即研究结果完全归因于自变量的变化，能真实地反映自变量和因变量的关系，而不受其他混杂因素的影响。三是要具有外部效度，即研究结果可以应用于其他环境，具有普遍性。实践中内部效度可能因为减员、混杂、扩散、实验者偏差、历史事件等因素而受到威胁，对此可以通过致盲、实验操纵、随机化、研究方案等方法进行提升处理。外部效度也可能因为测试前和测试后效果、样本特征、选择偏差和情境因素等而受影响，可以采取排除心理因素、进行再处理或校准、重复等方法进行提升解决。此外，在实际研究中，经常会遇到内部效度和外部效度难以兼顾，顾此失彼的情形，对此，在研究设计中要综合考虑内部效度和外部效度的平衡，在保证实验结果可靠性的基础上，尽可能使研究具备更大的推广能力。

关键词

项目单位　影响评估方法　选择偏误　污染　溢出效应　内部效度　外部效度

复习思考题

1. 影响评估的项目单位按照层级如何分类，请分别举例，它们之间的层级关系从高到低是什么？
2. 双重差分法的关键假设是什么？
3. 理想的工具变量需要满足什么条件？
4. 清晰断点和模糊断点的区别是什么？
5. 分别简述选组偏误、污染、溢出效应的概念以及在实践中可以采取的解决方法。
6. 解释 ATT、ATE、ATU 之间的区别与联系。
7. 分析外部效度与内部效度的区别与联系。

案例分析题 3-1

墨西哥有条件的现金转移支付项目[1]

背景： 该项目向符合条件的墨西哥农村贫困家庭提供现金转移，条件是这些家庭送子女上学，定期体检，参加健康和营养课程，目标是改善这些贫困家庭的教育、卫生和营养状况。转移支付在家庭收入中占相当大的份额。抽样进行政策评价的村庄中符合条件的家庭每户每月可获得约 200 比索的赠款，这分别约为对照村庄中符合条件和不符合条件的家庭每个成年人平均食品消费量的 143% 和 100%。假设项目评估者的目标是测量项目对消费的影响。

样本特点： 该项目所针对的村庄规模较小，处于边缘地位（财务和地理隔离的原因），居民的收入非常不稳定。村庄内家庭之间往往可以共享资产或劳动力，互相贷款，或互相赠送礼物。证据表明这些共享活动在穷人中非常常见和频繁。在这些村庄，有血缘关系的家庭（父母、子女和兄弟姐妹，以及较远的亲属）在一起生活和工作（大约 80% 的家庭在同一村庄有亲戚）。村庄的迁移率很低（1999 年，只有大约 5% 的家庭在过去 5 年里至少有一个成员离开，其中 20% 在同一个村庄内迁移）。当一个家庭获得高收

---

[1] Angelucci M, Di Maro V. Program Evaluation and Spillover Effects, Impact-Evaluation Guidelines[R]. Inter-American Development Bank. 2010.

入时,无论是丰收还是政府转移支付,它均可能会与大家庭分享一部分收入。

问题: 该项目是否存在溢出效应?如何衡量溢出效应?没有考虑溢出效应的影响评估会出现什么问题?

案例分析题 3-2

利用大数据评估北京市地铁投资对空气质量的影响[1]

从2007年到2015年,北京市政府在交通基础设施方面的总投资超过4 300亿元人民币。在此期间,北京新开了14条地铁线路,总长440千米,另外12条总长度近378千米的地铁线路正在建设中。中国各大城市也在大规模扩建地铁系统。尽管北京等中国主要城市对地铁基础设施进行了大规模投资,但对地铁扩建的影响缺乏严谨的评估。

本项目旨在评估中国北京地铁系统快速扩张对当地空气质量的影响。

研究人员使用双重差分法,假设地铁扩建的影响是局部的。这一假设可能看起来是临时的,但双重差分法的优势在于,可以很容易地对其进行调整,以检查影响的潜在异质性(例如随时间变化的动态影响)。研究人员定义了实验组和对照组,比较了实验组和对照组在10个地铁站开放前60天和开放后60天的空气质量。

问题: 简要阐述以上案例使用双重差分法的定义、假设条件和优缺点。

---

[1] International Initiative for Impact Evaluation, Using Big Data to Evaluate the Impacts of Transportation Infrastructure Investment: the Case of Subway Systems in Beijing, https://www.3ieimpact.org.

第四章

影响评估的规划与管理

自 2005 年《援助有效性巴黎宣言》(Paris Declaration on Aid Effectiveness in 2005)发布以来,许多发展援助行为需要针对其核心战略目标进行报告并证明其实施的有效性。这意味着,发展援助机构必须超越仅仅跟踪和报告其发展援助项目取得的成就,还应确定其发展干预措施是否对最贫困和最脆弱人群的生活产生了真正的正面影响。成功完成有重大意义的发展项目的影响评估取决于严谨的方法论和正确的实施流程。本章介绍影响评估实施过程中的规划与管理问题,主要包括影响评估规划、影响评估的时间安排和预算安排、影响评估团队的选择与影响评估结果的监督等。与任何其他评估一样,影响评估应作为一个独立的项目进行规划和管理,从流程开始就需要制定明确的决策流程与管理安排。影响评估的规划与管理主要包括明确需要评估的内容并制定评估概要、识别和调动资源、决定评估团队、制定评估计划、决定评估方法、管理工作计划的实施,以及最后的报告撰写。

学习目标:

1. 了解影响评估的规划流程
2. 熟悉影响评估的管理模式
3. 掌握影响评估的应用方法

第一节 影响评估的规划

影响评估不仅要确保内容的相关性,而且要确保设计过程的完整性。在正式开展影响评估之前必须明确以下问题。首先,影响评估必须通过识别观察到的变化进行因果推断(causal reasoning)。如果影响评估未能系统地进行因果推断,就有可能产生错误结果并导致错误决策。其次,发展项目的利益相关者必须参与影响评估。再次,一些影响评估可能需要花费几年的时间,评估可能与项目周期不完全符合,在此期间需要建立适当的机制来确保评估有序进行。最后,发展项目人员和影响评估人员必须确保认真地参与审查工作,以保证研究设计、实施、数据收集与分析的真实性。

一、影响评估规划的内容

(一)确定影响评估的对象

影响评估是需求驱动的,因此评估之前,需要确定影响评估的可评估性。在确定影响评估是否合适、何时合适之前,最好充分考虑各种可能性。此外,影响评估依赖于严谨的方法来评估基于因果分析的特定干预,其评估结果通常用于确定项目运作的问责,还可以确定在几个备选方案中,哪一个是最有效的方法。

世界银行制定用于确定何时开展影响评估的指导方针是:创新的干预方案,比如试点项目;在不同的环境中推广或复制干预措施;发展项目具有战略意义并且需要大量资源;干预未经测试;干预结果将影响关键政策抉择。项目可评估性需要满足以下条件:清晰的变革理论和相关检验的假设;能够形成足够的观察数据,可对相关结果进行统计;可以进行满足个体处理稳定性假设(stable unit treatment value assumption)并适用于发展项目的影响评估设计(表4-1)。

能充分使用已有证据的影响评估才有价值。这些证据应侧重于形成有助于改进的发展规划,以证明可以支持继续、推广或扩大发展项目的概念性验证(proof of concept)[1],或可就如何使发展项目更有效地提供更加具体的见解。因此影响评价的优先事项应基于关键受众的信息需求与现有信息或证据之间存在的差距。

---

[1] 概念性验证也称为原理证明,是对某种方法或想法的实现,以证明其可行性或原则上的证明,目的是验证某些概念或理论有实际潜力。

第四章 影响评估的规划与管理

表 4-1 影响评估适用和不适用的范围

问题	影响评估适用范围	影响评估不适用范围
预期用途和时间	使用影响评估发现为未来干预措施的决策提供信息	影响评估没有明确的预期用途或预期用户。例如，已经根据现有可信证据做出决定，或者需要在进行可信影响评估之前做出决定
重点	了解项目已经产生的影响	了解和提高项目实施质量
资源	有足够的资源来进行足够全面和严格的影响评估，包括现有优质数据的可用性以及收集更多数据的额外时间和费用成本	现有数据不充分，也没有足够的资源来提高数据的质量
关联	影响评估与组织、伙伴关系和政府的战略和优先事项相关联	影响评估与组织、伙伴关系和政府的战略和优先事项无关

资料来源：参见 Better evaluation，https://www.betterevaluation.org/en/themes/impact_evaluation。

首先，需要了解有关发展项目的效果及影响的信息需求。这可以与特定部门、地区发展的决策者(来自政府、援助机构、学术界和其他组织)进行讨论。这些需求信息通常包括影响评估范围之外的很多内容，但仍有必要了解如何通过影响评估掌握这些信息，并加以利用。[1]为了确定是否可以通过影响评估发现相关信息，可以针对以下问题进行筛选：信息需求与现存的，计划中的，或者可以作为试点的发展项目有关吗？信息的结果或影响取决于人们对发展项目的行为反应吗？是否有可能在信息的时间范围内对感兴趣的发展项目实施田野实验(field implementation)？

其次，应将信息的需求与现有信息供给进行对比。系统(文献)综述(systematic review)往往建立在特定主题的综合文献清单(literature inventory)和荟萃分析(meta-analyses，即用统计的概念与方法，去收集、整理和分析之前学者针对某个主题所做的实证研究，希望找出该问题或所关心的变量之间的关系模式，以弥补传统文献综述的不足)的基础之上，以用于识别发展项目属性和效果之间的关联。这些文献综述是理解现有证据的良好开端，其优势在于能够综合多个针对同一问题的研究，克服单个研究样本量不足的问题，从而得到更可靠的结论。[2]例如，专家在审查有关国际社会对坦桑尼亚、加纳和乌干达的发展援助及其效果比较分析的诸多文献中发现：第一，对这些国家的官方发展援助在大部分的时间里一直处于持续的高水平，为大量政府发展支出提供资金；第二，从减

---

[1] Independent Evaluation Group (IEG). World Bank Group Impact Evaluations：Relevance and Effectiveness. Washington DC：World Bank. 2012.
[2] 石建栋，罗德惠，刘际明，童铁军.基于中位数的荟萃分析新发展[J/OL].科学观察：1-3[2021-11-16].

贫效果来看，坦桑尼亚减贫成效呈平缓趋势，加纳和乌干达的减贫成效更加显著。[1] 除此以外，可以在影响评估存储库（Impact Evaluations Repository）[2] 和国际影响评估倡议组织的学术数据库中进行资料查询，并对要进行的研究进行网络搜索，可以优先考虑那些评估证据不足、结果未被研究或理论未被验证的发展项目。

（二）确定影响评估介入的时点

虽然通常在发展项目开始数年后才对其进行影响评估，但影响评估的研究设计最好在发展项目实施之前进行。前瞻性影响评估设计几乎总是比在实施发展项目后才开始准备的设计更加有效。前瞻性设计的主要优点如下：可以在发展项目产生影响之前捕获基线数据（baseline data），可以考虑随机分配的可能性，可以在项目进程的早期就评估问题的重要性征求利益相关方的意见，并使其意识到这些问题的重要性。基线数据可以对平稳性（即实验组和对照组是否具有相同的平均特征）进行检验，并进行更加稳健的影响估计。如果在相同领域的相同、相关部门有多个发展项目，则可以在多个项目中使用单一基线，这可能会增加前期协调成本，但会节省大量后期成本。

在发展项目实施之前启动影响评估的关键挑战是尚不清楚发展项目是否推出，在项目基线启动后可能会发生变化，从而导致实验组或处理组的不稳定。

（三）确保利益相关者对影响评估的认同与参与

影响评估的根本目的是为过去的项目提供一种问责机制（回答评估项目实施后产生的结果是"好"或"坏"的问题），并指导今后的政策朝着更具有成本效益的方向发展，使稀缺资源产生尽可能高的社会回报。影响评估能够而且应该通过提供坚实的证据基础来影响政策，指导资源走向有效的、经过验证的干预措施。影响评估结果至少有以下三方面的受众和利益相关者：被评估项目的工作人员和管理人员；使用评估结果进行政策决策的高级别决策者；实践群体，包括发展实践者、公民社会（包括媒体）和项目参与者。[3]

在影响评估规划的早期阶段，就需要得到利益相关者的认同。在发展项目执行机构中，机构领导层以及执行项目的现场工作人员都需要了解并支持影响评估。因此需要安排负责发展项目的工作人员（包括高层支持）参与到影响评估中，

---

[1] Tribe M. International Aid to Tanzania — with Some Comparisons from Ghana and Uganda[R]. Working Papers 1503, University of Strathclyde Business School, Department of Economics.

[2] https://www.iadb.org/.

[3] Gertler P J, Martinez S, Rawlings L B, et al. Impact Evaluation in Practice, 2nd ed. [M]. Inter-American Development Bank and World Bank：Washington DC. 2016.

相关社区以及确定开展影响评估的潜在研究机构也应尽早参与。近年来,大多数国家实施影响评估的能力在逐渐增强,一些区域研究机构也参与了进来。因此,在影响评估设计(确定关键问题、方法、时间和责任)时应确保与利益相关方磋商,并保证其在整个影响评估中享有知情权。[1]例如,在公共卫生项目中,典型的利益相关者如表4-2所示。

表 4-2 公共卫生项目的利益相关者

参与项目运营的人员	管理层、项目工作人员、合作伙伴、资助机构成员
受该项目服务或影响的人	患者或客户、社区成员和相关政府官员
评估结果的预期用户	能够对计划做出决定的人,如合作伙伴、资助机构、公众或纳税人

资料来源:根据经济合作与发展组织《国家评估政策手册》(*Evaluation Policy and Guidelines for Evaluations*)制作。https://www.oecd.org/dac/evaluation/iob-evaluation-policy-and-guidelines-for-evaluations.pdf。

利益相关者是与评估有利益关系的人,其在影响评估的早期阶段参与可以显著提高影响评估设计的质量。其参与形式包括参加变革理论研讨会,参加咨询小组或参与正式的同行评审。许多机构组成了咨询小组来监督影响评估。[2]咨询小组至少应由3—4人组成,至少包括一名具有影响评估专业知识的人员和一名具有行业知识的人员。地方的智库或其他学术机构通常应有代表参加咨询小组(可以是一个虚拟小组),通过电子邮件提交评论;咨询小组成员也可以参加介绍拟议的设计与初步的研究结果的研讨会。

发展项目影响评估的工作人员应加强与政府的交流合作。从政府层面来看,影响评估对政府来说是积极有利的政策性工具,有助于提高政府公共治理能力,帮助政府改进公共政策的设计和实施,进而促进国家的繁荣和公民的福祉。为了保证影响评估设计的准确性,来自政府层面的强有力支持是非常必要的。例如,由于政府自身没有足够的时间或能力来评估每一个发展项目,因此美国芝加哥市政府的政策制定者在决定是否扩大对暴力犯罪的干预措施时,广泛开展了与芝加哥大学城市实验室(University of Chicago Urban Labs)的合作以获得影响评估证据。该实验室帮助政府和非营利组织评估了公共安全、教育、健康、贫困、能源和环境等领域的多数项目,为政府开展相关发展项目工作提供了科学的评估决策依据。[3]又如,2015年,美国罗德岛州推出了一项新的1 400美元的劳动力发展计划(Rhode Island Workforce Development),以确保发展中行业对人才的需求。但是,该计划没有跟踪衡量绩效或指导政策决策所需的信息。为了更好地推进该发

---

[1] 李志军. 国外公共政策评估手册与范文选编[M]. 第一版. 北京:中国发展出版社,2015:11.
[2] VeLure Roholt R, Baizerman M L. Evaluation Advisory Groups: New Directions for Evaluation[M]. New Jersey:Wiley. 2012.
[3] Dube S. Targeted Evaluations Can Help Policymakers Set Priorities. The Pew Charitable Trusts[EB/OL]. (2018-03-09)[2022-02-28]. https://www.pewtrusts.org.

展项目,州政府与哈佛肯尼迪学院政府绩效实验室(Harvard Kennedy School Government Performance Lab, GPL)开展了合作。GPL帮助罗德岛州制定了严格的影响评估规划,用于该州该工作计划的数据收集和绩效管理,通过消除繁复的申请流程来简化录取程序,并与计划提供者进行试点协作、高频会议以提高服务绩效。由此,罗德岛州政府重新配置了管理和评估其职业培训计划的方式,并获取了有意义的长期就业成果。[1]

二、选择影响评估的方法

确定一个发展项目因果关系的关键是找到一个有效的对照组来估计反事实结果(counterfactual outcome),并回答相关政策问题。所有影响评估都应当在启动之前确定预期的策略。评估方法是影响评估的核心,上一章介绍了常见的影响评估方法,包括随机对照试验、工具变量法、断点回归法、双重差分法和倾向得分匹配法等。在多数情况下,在外部研究小组参与之前,需要考虑哪些识别策略可能是适当的。表4-3中的决策指南列出了指导影响评估设计方法选择的主要问题,以及如何帮助确定合适的评估方法。

影响评估方案中应包含多种可能的评估方法,或者需准备备用的评估方法。在影响评估设计中,可能存在不遵守随机化方案、处理管理不当、污染或参与率低的情况。在非实验设计中,可能存在影响某些方法有效性的意外关联,某些方法计划推出可能会出现无法预期的,或者在实施某些回归时的潜在技术问题。在这些情况下,可能需要重新审视研究设计。例如,用工具变量法替换随机对照试验。

表4-3 影响评估方法选择的决策思路

Q1	这是一个前瞻性设计吗?	是:Q1.1 否:Q2
Q1.1	是否可以进行随机对照试验?	是:Q1.2 否:Q2
Q1.2	分配单位是否与对照和分析单位相同?	是:Q1.3 否:集群随机对照试验
Q1.3	是否可能存在重要的溢出效应?	是:集群随机对照试验 否:简单随机对照试验
Q2	是否可以进行自然实验?	是:自然实验 否:Q3

---

[1] Rhode Island Workforce Development, Harvard Kennedy School of Government[EB/OL]. [2022-02-28]. https://govlab.hks.harvard.edu/rhode-island-workforce-development.

续表

Q3	它是一种普遍可用但未被普遍采用的干预措施吗？	是：Q3.1 否：Q4
Q3.1	是否可以确定有效的激励？	是：激励性设计 否：Q4
Q4	是否有很多处理过的分配单元？	是：Q5 否：Q4.1
Q4.1	干预前是否有多次观察期？	是：Q4.2 否：考虑影响评估的替代方案
Q4.2	观测值是否包括可用作比较的未干预组(untreated units)？	是：合成控制法
Q5	是否有资格门槛规则(包括引入该计划时的时间门槛)？	是：Q5.1 否：Q6
Q5.1	是否严格执行规则？	是：断点回归法(包括间断时间序列) 否：模糊断点回归
Q6	不可观测因素是否有可能影响选择？	是：Q7 否：Q6.1
Q6.1	基线数据是否可用？	是：双重差分法或固定效应法 否：倾向得分匹配法
Q7	不可观测变量是否可能是时间不变的？	是：Q7.1 否：Q8
Q7.1	基线数据是否可用？	是：双重差分法或固定效应法 否：Q8
Q8	是否可以识别限制或有效工具？	是：工具变量法 否：考虑影响评估的替代方案

案例 4-1

在线技术教育对巴西学校教育成果的影响[1]

巴西有市(municipal)、州(state)和联邦(federal)三级公立学校以及私立学校。根据2019年的学校普查，巴西大部分中学由各州管理，84%的高中生就读于公立学校。技术教育有两种形式，第一种是技术综合高中(technical integrated high school, TIHS)，由三年制的技术高中提供学术和技术课程内容。第二种是并行教育(concurrent)，为在独立的公共技术机构就读的中学最后两年的学生提供技术课程，通常由公立学校提供。

---

[1] ADB. The Impact of Online Technical Education on Schooling Outcomes: Evidence from Brazil[EB/OL]. [2022-05-19]. https://publications.iadb.org.

伯南布哥州立网络学校(The State School Network of Pernambuco)是巴西唯一专门提供在线技术课程的网络学校,适合高中二、三年级的学生和高中毕业生。学校的在线技术网络课程从2012年的7 900个席位逐渐扩大到2017年的约20 475个席位,涉及三个主要职业领域的十个不同技术轨道。根据所选的学习领域,总课时从800小时到1 200小时不等。平均课程负荷通常需要60周才能完成,平均每人参加约720小时的在线课程/活动和180小时的面对面课程/活动。教师每周进行形成性评估(formative evaluation),并在每个模块结束时进行评估。学生必须参加至少25%的面对面和75%的在线活动,才能在每个模块结束时获得最低分数,并从课程中毕业。

为获得在线技术教育对学校教育成果的影响评估证据,该案例研究者采用了四个数据源:(1)市、州、联邦和私立学校网络的学校普查,这些网络共同代表了在给定学年在伯南布哥高中注册的学生的范围;(2)学生标准化评估的测试分数;(3)在线技术课程的申请人名单;(4)同时参加在线技术课程的学生的管理数据。基于收集到的原始数据,案例构建了2012—2018年的一个丰富的面板数据集,并对六组高中最后两年(第二年和第三年)的学生进行跟踪。在计量方法选择上,案例使用断点回归方法,通过入学考试中断而导致的在线课程注册资格的不连续性来分析在线技术教育对标准化考试分数和其他学业成绩的影响。

研究发现,在线技术教育入学考试分数线以上的学生辍学的可能性较小,而他们在数学和葡萄牙语标准化考试中的表现与入学考试分数线以下的学生相似。总的来说,以在线形式补充高中常规教学和技术教育可以降低中学辍学率,同时不会对学生的学业水平产生负面影响,因此可以成为提高学生毕业参加工作准备的有效公共政策。

第二节　影响评估的管理

一、影响评估的时间安排

除了认识影响评估的作用,还需关注其时间安排节点。设计影响评估需要确定变革理论的时间节点及其何时可以产生预期结果。如果影响评估进行得太晚,调查结果为时已晚,则无法为决策提供依据;如果影响评估过早完成,它可能提供的是不准确的影响分析。因此,一方面影响评估计划应在项目的早期阶段开始,保证足够的时间来收集基线数据,并在适当的情况下创建随机对照试验、对照组以及使用其他策略来调查因果关系。[1]

另一方面,影响评估的时间安排还需要基于理论和专业经验上的判断。关键问题是发展项目开始的时间是否已经足够长,足以产生明显的效果。过早地评估可能会得出影响有限的错误结论,或者可能对有意义的影响评估产生错误判断。即使经过了足够的时间来衡量效果,项目对初始参与者和总体目标人群的效果也可能存在差异。

(一)基线调查、终线调查和中期调查

1. 基线调查

影响评估通常在项目结束时或接近结束时进行,但这并不意味着影响评估应在结束年份开始。在发展项目产生有效性之前最好开始进行事前影响评估即基线调查。因此,影响评估通常在发展项目实施的早期阶段启动。项目立项后往往有一段时间的空白期,用于与援助方签订项目协议、签订物料物资采购合同等。在此期间,影响评估方案通常会变得清晰起来,但发展项目的结果尚未发生,因此在早期阶段可重点关注影响评估基线数据的收集。

基线调查(baseline survey)是在项目开始时进行的一项研究,目的是在发展项目产生影响之前收集有关发展对象状态的信息。进行基线调查的原因包括:(1)在影响评估早期阶段收集发展项目及对照区域适当的基线数据可以更好地保证数据的准确性,提高影响评估的质量;(2)发展项目准备阶段,可以将影响评估与项目监测、过程评估等数据的收集结合起来;(3)如果影响评估方法涉及随机对照试验,则需要在发展项目设计过程中将随机分配机制考虑进来。

某些项目的调查是项目准备的一部分,但通常不能直接用作基线。因为,首先,此类样本往往太小,不足以提供足够的样本数量;其次,项目初期往往对项目了解不足,无法确定实验组、对照组及调查工具;最后,此类调查通常缺乏足够的细节来准确捕捉影响评估感兴趣的结果或制约性因素。

基线调查应在开始向受益人群提供服务之前进行,也可以在项目启动之后进行。一个大型基础设施的发展项目可能要在项目实施至少3到4年后才能开始产生收益。因此,基线调查不需要在项目建设的第1年进行,但可以在基础设施开放使用前开始。小额信贷在项目启动后不久就可以提供服务,则需要在项目实施之前确定基线。例如,在美洲开发银行开展的一项牙买加商业培训的项目评估中,项目组采取随机对照试验来评估商业培训(软技能培训与硬技能传统培训相结合的方法)与创业成功概率之间的关系,研究中,牙买加的945名创业者被随机分配到两个培训项目中的一个且比例相等。该项研究使用了三种调查工具来收

---

[1] Impact Evaluation: Overview, Benefits, Types and Planning Tips, https://www.toladata.com.

集创业者的信息:基线调查、干预3个月后的短期随访调查和干预12个月后的第二次随访调查。为了捕捉合适的基线数据,项目评估人员通过投放广告、派发传单以及宣传网站等形式,完成了对2 000多名企业家的基线数据收集(包括人口统计、业务成果、业务实践等),为后续工作奠定了良好的基础。[1]

2. 终线调查

在现实情况中,在项目或计划进行时才会产生对影响评估的需求。作为影响评估的一部分,终线调查(endline survey)是在发展项目结束后进行的研究,终线调查的结果是根据一些比较数据(最好是与基线调查比较)来衡量的。[2]

何时进行终线调查取决于观察预期影响所需的时间。变革理论的时间维度应该表明这个时间是多长。发展项目可能有一个"影响轨迹",观察到的影响取决于衡量影响的时间点。终线调查应仅在预期有足够大的影响且可被检测到时进行。基线和终线之间的时间差可能比被评估的项目或项目组成部分的持续时间更长或更短。大型基础设施项目的最终期限通常在项目完成时,甚至是几年后。但是,就小额信贷而言,在项目仍在执行的时候,就有可能完成最后期限。

必须为调查设计留出足够的时间。调查设计、试点和调查员培训通常需要3—6个月的时间,还必须彻底测试调查工具。匆忙进行调查设计会破坏数据的质量,从而破坏研究的有效性。数据收集后,还需要3—6个月的时间进行数据录入、清理和初步数据分析,需要为终线数据的分析留出相应的时间。

在传统的项目监测中,基线调查一般在项目实施的前一年或前两年进行,终线调查在项目最后一年进行。这两个时间对影响评估可能有意义,也可能没有意义。基线调查是一个挑战,因为它可能在项目启动的繁忙时期被忽视。终线调查同样也是一项挑战,它最好是在项目结束时完成。

3. 中期调查

基线和终线两轮数据收集通常是严格的影响评估设计的最低要求,额外的数据收集可以进一步加强分析效果。例如,如果基线和终线相隔3年或更长时间,也可以考虑进行中期调查(midterm survey)(见表4-4);影响随季节或一年内变化的发展项目可能需要实施季节性调查(seasonal survey);在实验设计中,可能需要更频繁地收集数据以监测分配、处理和可能的污染。这可能涉及通过电话或亲自对被调查者的子样本进行简短的调查。中期调查着重于过程问题,以不断完善中期的项目执行。如果项目实施的持续时间较长,中期调查的研究也可以为项目的后续开展提供有效性支持。

---

[1] ADB. Implementation and Impact Evaluation of Entrepreneurship Support Services in Jamaica, https://publications.iadb.org.

[2] Tomar N. 5 Tips for Baseline and Endline Surveys[EB/OL]. (2019-06-06) [2022-02-18]. https://www.dimagi.com/blog/data-collection-baseline-endline-surveys.

表 4-4　影响评估的时间

	项目前 1 年	项目启动前 3—6 个月	0 年	第 3 年	第 5 年
项目时间表	启动项目设计	项目审批	项目启动	中期审查	项目关闭
影响评估时间表	启动研究设计	完成研究设计，设计和测试调查工具	基线数据收集	中线数据采集	终线调查与分析，调查后 6 个月出具评估报告

案例 4-2

孟加拉国安全饮用水项目影响评估的项目周期[1]

1970 年以来，孟加拉国饮用水污染的问题非常严重。当时孟加拉国的婴儿死亡率极高，主要是由于地下水的粪便污染导致腹泻的高发。随后政府鼓励人们转向安全饮用水，儿童死亡率开始下降。然而，在 20 世纪 90 年代，在孟加拉国的安全饮用水中发现了高浓度的砷，与砷污染相关的疾病开始流行，出现"历史上最大规模的人群中毒"。尽管孟加拉国政府、非政府组织和国际援助机构多年来积极努力，但孟加拉国在安全饮用水方面的进展仍举步维艰。

关于砷污染，补救办法尽管代价高昂，但可行，可通过从较远地方运输无砷污染的饮用水解决；而关于减少接触粪便污染的问题，潜在解决方案却很少。饮用水可能在源头运输或储存期间受到病原体污染。从经验层面区分这些不同的污染源比较困难，因为靠近安全水源的家庭可能在收入或教育方面与其他家庭不同，这也可能影响他们的饮用水质量。因此，确定家庭饮用水的污染源非常重要。

影响评估团队对孟加拉国农村提供安全饮用水源的项目进行了评估。该项目包括一揽子补贴和技术咨询，以便安装深管井。2016 年和 2017 年，该项目在 129 个社区成功安装了 107 个管井。深管井从深层含水层取水，这些含水层不受粪便和砷污染，因此通过该项目安装的水井提供的水几乎没有砷污染，也不受粪便污染。

评估团队在 2015 年末到 2016 年初进行了基线数据收集，在 2016—2017 年着手实施影响评估。国际增长中心的额外拨款使得本次评估进一步扩大样本量，并额外增加了对 16 个接受干预的社区的评估。2018 年又进行了后续数据的收集。

影响评估期间一系列事件对影响评估工作或多或少有所影响：首先，孟加拉国发生一些重大的安全事件，尤其是 2015 年 9 月，一名意大利援助工作者被谋杀，同年 10 月，

---

[1] 3ie. Access to Safe Drinking Water：Experimental Evidence from New Water Sources in Bangladesh[EB/OL]. https://www.3ieimpact.org.

一名日本农民被谋杀,2016年7月一家面包店遭到袭击。这些事件影响了评估团队在孟加拉国农村地区自由活动的能力和范围,因为他们需要警察护送。另外,地方选举导致了地区暂时的不安全,使得评估团队不得已改变评估时间表,以避免在临近选举的时间内工作。这些变化并没有改变影响评估的总体时间框架,只是改变了具体工作实施的时间安排。其次,在评估团队进行后续调查之前,2017年雨季发生了极端洪水,这可能导致管井中的水成分发生变化,使得影响评估团队在后续调查中观察到一些污染。

(二)影响评估的延迟与变更

发展干预和影响评估都可能会出现延迟。在某些情况下,在项目开始的时候就进行影响评估的延迟可能是一个优势,因为可以留出更多时间来执行基线调查。如果基线延迟,则意味着基线调查是在项目推出之后进行的,那么影响评估就会出现问题。这时,需要预先商定一个明确且现实的影响评估时间表,其中需要考虑到与数据收集时间相关的任何季节性问题。项目没有时间或没有足够的时间推进以产生预期的影响,那么干预措施的完成就会出现延误。

许多发展项目在实施过程中都会对其设计进行更改,因此研究团队需要及时了解项目设计的变化对影响评估的影响,与项目团队的定期沟通可能有助于避免污染问题。此外,员工更替也可能对影响评估形成重大挑战。影响评估活动是每个发展项目的非核心部分,在每轮数据收集之间长时间不活动,项目人员难以对其持续关注。为确保连续性,即使项目人员发生变化,也应当持续规划长期的影响评估监督。

二、影响评估的预算及资金来源

(一)影响评估的预算

一个有效的监督评估的实施需要一个具体的和有足够资金保障的监督和评估体系。国际影响评估倡议组织支持的影响评估研究平均预算为450 000美元。由美国国际开发署(United States Agency for International Development)和世界银行等大型机构支持的影响评估研究的成本通常超过100万美元。绿色气候基金(Green Climate Fund)指出,进行影响评估的成本取决于被评估的项目、研究设计、样本量、预期的效果大小等。

影响评估预算中的主要项目是调查费用和专家费用。影响评估中的调查费用通常包括数据收集(包括创建和试点测试调查)、数据收集材料和设备、人员的培训与每日工资、车辆和燃料，以及数据输入操作费用等。[1]调查成本取决于调查轮数、样本大小和数据收集的地理位置。在亚洲开发银行支持的一系列影响评估中，每轮影响评估调查的平均成本约为 200 000 美元，影响评估研究费用最高可达近为 400 000 美元（见表 4-5）。由于调查实施成本略低，亚洲的影响评估往往比全球平均成本略低。当成本受到限制时，在某些情况下可能会限制研究地点以减少调查预算。例如，对于覆盖 10 个地区的发展项目，可能只能以牺牲外部效度为代价调查 6 个而不是 10 个地区。[2]

表 4-5 亚洲开发银行支持的影响评估的预算　　　　　　　　　单位：美元

项目	工作之星项目（菲律宾）	地铁延长线项目（格鲁吉亚）	医疗卡和食品券项目（蒙古国）	气候变化与妇女项目（越南）	以劳动力为基础的道路工程项目（太平洋地区）	中小型农民项目（尼泊尔）
影响评估方法	简单随机对照试验	双重差分法	清晰断点回归	双重差分法	双重差分法	双重差分法
国际员工	130 000	120 000	121 000	104 000	80 000	102 304
国内工作人员	96 000	70 000	—	—	—	—
民意调查	160 000	44 000	87 000	71 000	60 000	110 700
研讨会与出差	10 000	44 000	—	—	35 000	19 000
其他	—	22 000	19 700	—	—	18 560
共计	396 000	300 000	227 700	175 000	175 000	250 564

资料来源：White H, Raitzer D A. Impact Evaluation of Development Interventions: A Practical Guide. 2017.

专家费用是影响评估预算的主要项目。影响评估项目的执行至少需要一名首席研究员、实地协调员、抽样专家和一个数据收集小组。在整个评估过程中，还需要发展项目工作人员提供指导和支持。这些人力资源可能包括来自国际组织的研究人员和技术专家、国际或当地的顾问，以及当地的项目人员，他们的差旅费和生活津贴均须列入预算。通过使用来自发展援助机构和政府机构的分析资源，而不是昂贵的影响评估国际顾问，可以降低成本。

（二）影响评估的资金来源

影响评估的资金来源过去主要是研究预算，由于近年来日益强调基于证据的政策制定，影响评估资金来源渠道大大拓展，涵盖政府、开发银行、多边组织、联合

---

[1] Gertler P J, Martinez S, Rawlings L B, et al. Impact Evaluation in Practice, 2nd ed. [M]. Inter-American Development Bank and World Bank: Washington DC. 2016.
[2] Steckler A, McLeroy K R. The Importance of External Validity[J]. Public Health. 2008, 98(1):9-10.

国机构、基金会、慈善机构以及国际影响评估倡议组织等研究和评估组织。世界银行专设了战略影响评估基金(SIEF),该基金主要从英国政府的对外援助机构国际发展部(Department for International Development, DFID)[1]和儿童投资基金基金会(Children's Investment Fund Foundation)获得资金,支持对人类发展四个关键领域(幼儿营养和发展、教育、健康、水和卫生设施)近80项计划的影响评估。[2]经济政策伙伴关系(Partnership for Economic Policy, PEP)为低收入和中等收入国家的研究人员提供发展项目研究资金,并提供指导和培训,以帮助培育及提升研究水平和政策参与技能。通过这笔资金,PEP支持东非和西非的研究人员对政府项目进行影响评估,向东非和西非政府提供技术支持。[3]

在完成终线调查和后续影响评估之前,项目通常需要在财务上完成结算,可能会切断被评估项目的资金来源。这是影响评估组织和项目团队在规划影响评估工作时需要解决的一个关键性问题。对于国际金融机构而言,多批次模式可以更好地应对这一困难。通常需要在组织级别上设计替代解决方案,以便在项目上集中资源。

三、影响评估团队的选择

高质量的影响评估需要聘请熟练的团队,严格的同行评议过程也有助于确保影响评估设计在该领域的相关性和可行性。例如,以美国政府开展的影响评估为例,多数州政府招募了专业人员进行影响评估。华盛顿州社会和健康服务部的研究和数据分析办公室(Washington State Department of Social and Health Services' Research and Data Analysis office, RDA)有70名全职员工,他们执行一系列分析和数据管理任务,包括影响评估。这些员工中约有70%是通过有时限的赠款和项目资助的,30%由立法拨款支持。RDA先后评估了创新的试点项目以及以前没有研究过的长期项目,评估结果显著影响了该州的政策和计划决策。[4]

(一)寻找影响评估专家的渠道

影响评估需要一套特定的技能,从业人员有限,国际发展项目可以通过以下三种国际渠道寻找所需要的影响评估专家。

---

[1] 2020年,英国外交和联邦事务部与国际发展部合并,统一更名为外交、联邦与发展办公室(Foreign, Commonwealth & Development Office)。
[2] The Strategic Impact Evaluation Fund (SIEF), The World Bank Group, https://www.worldbank.org/en/programs/sief-trust-fund.
[3] Partnership for Economic Policy, William and Flora Hewlett Foundation, https://hewlett.org.
[4] Dube S. Targeted Evaluations Can Help Policymakers Set Priorities, The Pew Charitable Trusts[EB/OL]. (2018-03-09)[2022-02-28]. https://www.pewtrusts.org.

1. 查阅专家名单或名册

(1) 国际影响评估倡议组织(International Initiative for Impact Evaluation, 3ie)网站提供了一份影响评估专家名册,可按郡/县和部门进行搜索(http://www.3ieimpact.org/en/evaluation/expert-roster/)。

(2) 贾米尔贫困行动实验室(The Abdul Latif Jameel Poverty Action Lab)网站列出了其附属机构及其感兴趣的影响评估区域(https://www.povertyactionlab.org/affiliatedresearchers)。

(3) 扶贫行动创新(The Statewide Poverty Action Network)网站列出了其研究附属机构和其研究网络(https://www.povertyaction.org/research),部分研究人员可从事影响评估。

(4) 美国发展研究和经济分析局(Bureau for Research and Economic Analysis of Development)列出了其主要经济研究人员(http://www.ibread.org/bread/people),其中一部分研究人员致力于影响评估。

2. 检索相关网站

影响评估相关内容可以在相关网站中找到。如3ie网站证据数据库即包含了发展中国家影响评估的综合列表,它与3ie专家名册相关联,可按部门、国家和地区进行搜索。美洲开发银行官网(https://www.iadb.org/)同样提供了大量与影响评估有关的项目、资源等有效资讯,可以按照项目、国家等类别进行检索。

国内外学术论文数据库拥有大量已发表的经济学数据库,它虽并非局限于影响评估的主题,但搜索"影响评估"就会出现相关的论文、学者姓名及所属机构。

中国知网(CNKI)是中国以实现全社会知识资源传播共享与增值利用为目标的信息化建设项目(https://kns.cnki.net/kns8/defaultresult/index),其收录了大量的学术期刊,也涵盖了"影响评估"领域的学术期刊及论文。

万方数据基于"数据＋工具＋专业智慧"的情报工程思路,收集了大量与影响评估相关的学术期刊论文,论文均标注出了学者姓名以及所属的院校或科研机构名称。

3. 公开刊登征集影响评估的招标公告

影响评估是大型研究,通常需要组织大规模的数据收集。越来越多的咨询公司正在提升影响评估能力。如果影响评估研究要进行竞争性招标,需要确保合适的公司知晓该机会。可以联系一些例如3ie的机构,在网站上发布公告。

(二) 影响评估团队的选择及其职责

首先,影响评估研究团队的选择需要在学术研究人员及咨询公司之间权衡。

大多数影响评估是由学术研究人员完成的。尽管咨询公司近年来也开始重视影响评估能力建设,但学术研究人员更有可能具备设计、实施影响评估所需的技能,可以设计更强的影响评估方案,但他们往往不太擅长评估特定项目或关注特定问题。而且学术研究人员进行影响评估研究和分析关注的是能够在学术期刊上发表论文,但这些论文往往不能直接解决被评估人员所关注的评估问题。学术研究人员也可能对不符合现实的实验和数据收集感兴趣,往往会进行不切实际或不相关的方向的研究。[1]因此,如果由学术研究人员进行影响评估,需要确保团队具有收集和分析数据的技术技能,具有有效协商设计和报告结果的沟通技能,并理解评估必须侧重于产生有用且可应用的结果,而不仅仅是为了发表学术论文。[2]咨询公司更有可能贴近研究的项目或关注特定问题,满足特定项目的需求,但其提出严格或创新的影响评估方案的可能性不大。当然,具有影响评估能力的新兴咨询公司可能是一个例外。

其次,影响评估团队应具有足够的国家及部门研究经验。联合国评估小组评估规范与标准(UN Evaluation Group Norms and Standards for Evaluation)建议:评估团队应具备实施评估的国家或地区的经济或社会发展的相关知识,且评估团队中应至少有一位具备在评估所涉及的部门或技术领域的经验,或者有评估所需的扎实学科知识的成员。[3]在拟议研究的地区和部门,评估团队最好应包括有设计和执行影响评估的经验的成员。如果研究需要实地收集数据,应包括具有在发展中国家环境中工作的实地经验,团队成员中也应该拥有部门或相应领域的专业知识。

再次,影响评估之前必须明确研究人员进行影响评估的职责。在与发展干预相关的评估团队签订合同之前,应结构化影响评估合同,明确界定工作范围,清楚地说明影响评估的职责范围,同时密切监测影响评估的实施,以确保在最终确定影响评估设计与数据收集时,影响评估问题能够得到充分的解决。国际影响评估倡议组织2021年12月发布的招募在孟加拉国进行水产养殖干预影响评估的全职顾问研究助理信息中,不仅涵盖了项目的基本介绍、研究助理需要负责的主要工作,还列出了该职位需要具备的资格技能、雇用条款等。[4]

---

[1] Barrett C, Carter M, The Power and Pitfalls of Experiments in Development Economics: Some Non-Random Reflections[J]. Applied Economic Perspectives and Policy. 2010, 32(4): 515-548.
[2] Rogers P. Overview of Impact Evaluation[R]. UNICEF Office of Research: United Nations Children's Fund, 2014.
[3] UNEG Norms and Standards for Evaluation (2016), Better Evaluation, https://www.betterevaluation.org.
[4] Consultant — Research Assistant 3ie, Dhaka, Bangladesh, International Initiative for Impact Evaluation, https://www.3ieimpact.org.

四、影响评估涉及的伦理道德问题

在影响评估过程中应注意涉及的伦理道德问题。如在研究公共卫生领域的因果关系时,随机对照试验往往会受到研究可行性与伦理道德问题的约束。在现实中,所有参与设计、执行和管理评估活动的人都应当在专业标准和伦理道德原则的基础上,进行高质量的影响评估工作。2019年英国国际发展署(Department for International Development)发布的《研究、评估和监测活动的道德指导》(Ethical Guidance for Research, Evaluation and Monitoring Activities)报告中就明确指出,从事国际发展工作的组织必须采取严格的方法来确保员工恪守一定的道德准则。[1]

进行影响评估时可能会出现道德问题。例如,关于对照组的选择和确定,即确定数据收集中的实验对象。很少有发展项目的影响评估可立即实现整体覆盖,因此,通常需要在一个未干预的总体(untreated population)中抽取对照组。在少数情况下,对于对照组的存在有明确的道德上的反对依据。对照组的成员可能会感觉受到不公平的对待,他们暴露在数据收集的干预中,而这并没有给他们带来直接的好处。另外,为了消除实验组引发的偏误问题,在影响评估中会对对照组进行安慰剂处理(placebo treatment)[2],这也涉及一系列伦理问题。应答者可能会得到一种不具有充分特征的干预,在这种情况下,知情同意可能更具挑战性。

对于这些伦理情况,所采用的标准应类似于医学研究的标准,尽一切努力以不使人误解的方式公开提出发展干预措施。许多国家和国际机构已经成立了审查委员会或伦理委员会来规范涉及人本身的影响评估研究。这些委员会负责评估、批准和监测影响评估研究。虽然影响评估主要是业务活动,但它们也是研究的一部分,应遵守人类受试者的研究指导方针。[3] 2015年,美国国际开发署发布的《发展影响评估案例研究:南非》回顾了南非在应对气候变化行动方面的经验,重点对南非能源部门的发展进行了影响评估,以识别能源部门采取的气候应对措施可能对就业、健康和水等带来的一系列影响效应。为确保影响评估过程的科学性,南非政府各部门、技术合作伙伴、学术机构和非政府组织对影响评估工作进行

---

[1] Sandri E. Ethics in Evaluation: Why It Is Important[EB/OL]. (2020-03-10)[2022-02-28]. https://www.itad.com/article/ethics-evaluation.

[2] 安慰剂处理,即使用"假的政策发生时间或实验组"进行分析,以检验能否得到政策效应。如果依然得到了政策效应,则表明基准回归中的政策效应并不可靠。进一步,经济结果可能是由其他不可观测因素导致的,而非研究的政策所导致。

[3] Gertler P J, Martinez S, Rawlings L B, et al. Impact Evaluation in Practice, 2nd ed. [M]. Inter-American Development Bank and World Bank: Washington DC. 2016.

了审查,以支持决策的科学制定。[1]评估中最基本的道德原则是,影响评估应符合公平和透明的项目分配规则。任何关于项目分配规则的伦理问题都不是来自影响评估本身,而是直接来自项目操作规则。不应仅仅为了评估的目的而拒绝或推迟已知的干预措施。

国际影响评估倡议组织在《无条件现金转移能否让赞比亚的毕业生家庭摆脱贫困》一文中评估了参与赞比亚政府的儿童补助金计划(Child Grant Programme, CGP)的家庭在退出该计划后,积极影响是否还能持续下去。研究发现,由于选中的实验组对象家庭都是极端贫困的(每人每天的平均消费为0.30美元,是世界上最贫穷的家庭之一),在家庭处于生存边缘的极端情况下,项目终止后其效果大多会很快消失,单靠现金不太可能使得大多数毕业生家庭摆脱贫困。为规避评估过程中可能存在的伦理道德问题,该项目的执行必须得到来自北卡罗来纳大学和赞比亚大学伦理委员会的双重批准后才开始执行。[2]

五、影响评估的监督

全球环境基金(Global Environment Facility, GEF)认为影响评估的监督和评估应达到三个最低要求:第一,所有影响评估项目在项目正式批准前应包括一个切实的和完全预算的监督评估计划;第二,所有影响评估项目都应申请项目监督和评估;第三,影响评估项目的监督评估应运用联合国评估小组(United Nations Evaluation Group, UNEG)的规范和标准。[3]

研究团队和主要利益相关者对影响评估的密切持续参与可提高影响评估的相关性。这种参与应该从研究设计阶段开始,包括变革理论和评估问题。影响评估合同应规定每轮调查后要提交的报告以及该报告的内容。研究团队提交的初始报告应包含完整研究设计、抽样策略和调查工具。研究团队应事前确认对数据文档和存档的要求,就应进行的最低数据检查达成明确的协议,这些数据检查应包括基线检查。影响评估往往是在很长一段时间内进行的,其间有一段不活跃的时期,基线数据需要正确记录和存档。在面板数据的情况下,需要一种重新定位相同初级抽样单位的机制,以及当它们无法重新定位时如何处理的协议。各轮调查之间需要具有可比性,通常每轮应使用相同的调查工具。

---

[1] Development Impact Assessment (DIA) Case Study: South Africa, U.S. Agency for International Development (USAID), https://www.nrel.gov/docs/fy15osti/61757.pdf.
[2] In Search of the Holy Grail: Can Unconditional Cash Transfers Graduate Households out of Poverty in Zambia? International Initiative for Impact Evaluation (3ie), https://www.3ieimpact.org/evidence-hub.
[3] 李志军.国外公共政策评估手册与范文选编[M].第一版.北京:中国发展出版社,2015:11.

本章小结

近年来，世界各地的政府、援助方、多边机构和发展组织每年都投入巨资来制定和实施发展干预项目、计划和政策，以帮助发展中国家减少贫困、改善生活、鼓励学习和保护环境。尽管实施这些项目很重要，但仅有良好的意愿是不够的，需要持续跟踪识别此类发展干预措施产生的经济社会影响。因此，发展项目的影响评估具有重要意义。首先，影响评估是循证决策的重要组成部分，正在重塑全球公共发展政策，可以为特定项目是否已经实现或正在实现预期结果提供可靠的证据。其次，影响评估的根本目的是为过去的项目提供一种问责机制（回答评估项目实施后产生的结果是"好"或"坏"的问题），并指导今后的政策朝着更具有成本效益的方向发展，使稀缺资源产生尽可能高的社会回报。再次，在全球层面上，影响评估有助于阐明干预措施对减贫和改善福利产生的影响效果，从而促进政策决策信息提供、塑造公众舆论和改善项目运作。

在进行影响评估前，对影响评估做出合理的设计规划是十分重要的，如确定评估的对象、评估介入的时间点、选择评估方法并确保利益相关方的参与与认同。影响评估管理包括影响评估基线调查、终线调查及中期调查的时间安排、延迟与变更，影响评估的预算及资金来源的确定，影响评估团队的选择及影响评估中涉及的伦理道德问题的处理。影响评估涉及的关键组成部分有：决定是否继续进行项目影响评估、识别关键的影响评估问题、评估设计应嵌入项目变革理论、对照组必须基于可靠的反事实基础并有助于解决选择性偏差、评估必须结合实际情况。此外，项目的性质、评估的目的、捐助者的期望以及团队中可用的技能和能力，都决定了不同的团队成员和利益相关者能够如何参与到项目评估的不同阶段。

影响评估的优势在于，其有助于了解发展项目实施地区的真实需求，并为项目或项目群设计的问题提供现实答案，以确定在若干备选方案中哪种方法能为目标社区带来最大利益、提供最大价值效益，从而推广发展援助的成功经验。对影响评估进行监督有助于持续跟踪计划进度的效果并实时反馈，从而更好地实现计划与目标的一致性。

关键词

影响评估　利益相关者　基线调查　终线调查　中期调查

复习思考题

1. 简述影响评估规划的主要内容。
2. 如何把握影响评估介入的时间点及总体时间安排?
3. 如何管理影响评估?
4. 简述影响评估团队的主要职责。
5. 影响评估涉及哪些伦理道德问题?

案例分析题 4-1

增加电力供应对妇女和青年的影响的研究[1]

1. 案例背景

根据世界银行的数据,撒哈拉以南非洲近年来电气化工作取得了重要的进展。2015年以来,电力供应的增长速度超过了人口增长速度。尽管如此,在西非,超过50%的人口仍无法获得电力,且各国间差异明显(见图4-1)。2020年,世界银行批准了3亿美元的融资以支持一项公共政策举措,以提升布基纳法索、科特迪瓦、几内亚、利比里亚、马里和塞拉利昂的电力供应能力。该项目通过西非国家电力联盟(West Africa Power Pool)运作。西非国家电力联盟是西非国家经济共体(Economic Community of West African States, ECOWAS)的一个机构,旨在整合国家电网系统,实现2030年撒哈拉以南非洲6 000万新家庭和各类企业接入电力的目标。

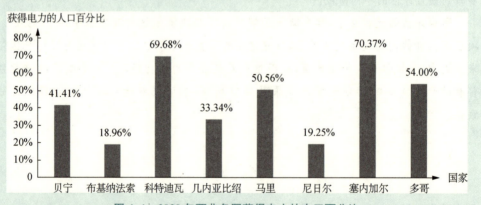

图4-1 2020年西非各国获得电力的人口百分比

数据来源:世界银行 WDI 数据库,https://data.worldbank.org/indicator/EG.ELC.ACCS.ZS。

---

[1] West Africa Capacity-building and Impact Evaluation, International Initiative for Impact Evaluation (3ie), https://www.3ieimpact.org.

2. 研究内容

电力供应一直被视为一国经济增长的重要组成部分,也是国际发展合作领域的优先事项之一。联合国可持续发展目标致力于提供负担得起、可靠且可持续的现代能源。该影响评估项目旨在回答西非开发银行(West African Development Bank,BAAD)提出的有关增加电力供应的项目影响,尤其是对妇女和青年的影响的问题。

3. 干预措施

现有大部分影响评估证据来自对中低收入国家电力接入干预措施的社会经济影响进行的高质量系统性审查,该审查来自对89项不同干预措施的126项单独研究。其他证据则来自加纳、肯尼亚、尼日利亚和坦桑尼亚的研究。

第一,评估项目的大多数为电网扩建。第二个常见的干预类型是通过太阳能电池板提供离网或分散电力的项目(项目评估没有包括基于非常小的"特定用途"太阳能技术的干预措施,比如为家庭提供太阳能灯或手机充电器的技术)。其他干预类型包括减少停电、实施监管改革或降低电力成本的计划。

第二,主要评估结论为:干预前后,不同地方的用电质量差异很大。在一些地方,家庭通过新的电网连接到高质量的电网。在其他地方,如尼日利亚建立了新的电网连接的家庭仍经常停电。其他类型的项目,如小型家用太阳能装置只能为灯具和小型电器提供足够的电力。

第三,非洲、亚洲和拉丁美洲,特别是南亚和撒哈拉以南非洲对这类干预措施已进行了较多的研究,在少数几个国家已进行了大量研究:印度(17项研究)、孟加拉国(8项研究)、肯尼亚(6项研究)和加纳(5项研究)。

第四,在加纳、尼日利亚和坦桑尼亚的研究调查了这些国家电网扩张的影响。尼日利亚电网提供的电力相对不规则,半数以上的农村联网家庭报告每天都会发生停电。肯尼亚的研究则调查了受补贴家庭接入电网的影响。

4. 影响评估发现(证据)

首先,电力接入项目对学生深夜学习时间的影响程度较大。电力干预还略微增加了青年入学率,他们白天学习的时间以及他们在学校的年数。其次,增加用电项目后,家庭收入略有增加,农业和非农业收入都有所增加,家庭贫困水平也略有下降。与此相关的是,在实施电力接入计划后,人们花在有偿工作上的时间略有增加。再次,来自加纳的数据与全面审查的结果相吻合:电网的接入使得工资劳动增加,木材作为燃料的使用减少,儿童入学率提高,儿童就业率降低。最后,在肯尼亚和坦桑尼亚的电力接入项目中,选择接入电网的家庭比预期的要少得多。因为肯尼亚最近的一个项目提供了高补贴的家庭电气连接,成本为171美元,不到通常连接成本的一半,因此部分民众转而选择高补贴的电气接入项目。

问题：试评析以上案例影响评估已有证据的质量、优势与不足，说明该影响评估的必要性。

案例分析题 4-2

学校供餐计划对学生成绩的影响研究[1]

1. 研究背景

西非国家在确保其居民的高质量教育和粮食安全方面面临着重大挑战。根据联合国教科文组织（the United Nations Educational, Scientific and Cultural Organization, UNESCO）的数据，在撒哈拉以南非洲，近五分之一的学龄儿童辍学。根据世界粮食计划署（World Food Program）的数据，在西非，2020 年夏季有近 4 000 万人面临粮食短缺。学校供餐计划是一种旨在应对上述两种挑战的干预措施。

2. 干预措施

从食物分配来看，所有的干预措施都为小学生提供了一顿饭或一份零食。其中两个项目还为初中生提供膳食。还有一些干预措施提供早餐、午餐、凌晨点心以及晚餐和点心等。除了校内膳食，一些干预措施还提供每月带回家的口粮，以补充家庭食品供应。在多数情况下，学校教师或当地社区成员负责该项目的实施。在一些地方，世界粮食计划署提供食物，家长们被要求成立一个委员会，负责食物的储存与发放。在其他地方，项目组织方直接为父母提供购买食物的资金。在少数情况下，食品会外包给外部供应商或私营公司。从区域来看，项目在拉丁美洲和加勒比海国家进行了五项研究，在南亚和东亚进行了四项研究，在撒哈拉以南非洲进行了三项研究。这些区域的粮食不安全程度各不相同。一些研究在粮食价格飙升期间进行（当时许多家庭的粮食不安全感加剧）。一些研究侧重于考查学生的出勤率或入学结果，而其他研究则侧重于考查考试成绩等结果，并非所有研究都衡量所有类型的结果。

3. 影响评估发现（证据）

第一，学校提供食物的项目对学生出勤率、语言艺术考试成绩和数学考试成绩产生了积极影响。对于这三种结果，统计回归分析显示出显著的积极影响。研究表明，这些项目提高了入学率，降低了辍学率。其中，在粮食不安全程度较高的情况下，项目的影响更大。

第二，六项研究调查了学校供餐计划对出勤率的影响。六项研究中有五项发现，在实施学校供餐计划后，学生的出勤率更高。这些研究在布基纳法索、柬埔寨、圭亚那、牙

---

[1] What is the Impact of School Feeding Programs on Students' Results? International Initiative for Impact Evaluation (3ie), https://www.3ieimpact.org.

第四章　影响评估的规划与管理

买加和肯尼亚进行,出席率没有上升的唯一国家是智利。

第三,其中有七项在项目实施后发现学生取得的分数更高。这些研究在阿根廷、布基纳法索、圭亚那、牙买加、肯尼亚、菲律宾和塞内加尔进行,只有智利、中国和秘鲁的项目没有产生积极影响。

第四,最大的积极影响发生在粮食高度不安全的情况下。例如,圭亚那在 2007—2008 年全球粮食价格冲击期间进行的一项研究观察到了更显著的影响。同样,肯尼亚的这项计划也是在一场导致粮食短缺的干旱期间进行的。

第五,来自印度的一些证据表明,当地基础设施能力不足可能导致项目实施存在问题。在斯里兰卡进行的一项研究中,一项由当地社区实施的供餐计划产生了比世界粮食计划署集中实施的计划更大的效益。

问题:通过阅读上述案例,试评析该案例影响评估证据的质量、优势与不足,说明该影响评估的必要性。

 案例分析题 4-3

农民田间学校计划对农业实践和农业成果的影响研究[1]

1. 研究背景

发展中国家的大多数农村穷人依靠农业养活家人,满足基本需求。因此,作为改善农业发展和减贫的一项战略,改善小农户农业系统一直是发展中国家政府的优先事项。农民田间学校项目(Farmer Field School, FFS)是针对发展中国家,特别是撒哈拉以南非洲地区农民的一项重要干预措施。近几十年来,撒哈拉以南非洲的农业生产率增长缓慢,现代科技的投入和新技术的采用率仍然很低。技术应用的障碍包括无法获得农业资源投入、缺乏负担得起的信贷、高昂的价格以及缺乏对新技术的了解。传统上,农业推广和咨询服务是农业技术研究站向农民转移农业技术和农场管理实践的一种重要方式。FFS 已成为农业发展中一种突出的参与式和以学习者为中心的方法,可以使农民更普遍地成为解决问题的决策者,以适应环境变化。

2. 干预细节

系统性审查中考虑的研究是那些报告农民田间学校干预措施的研究。如果干预措施同时包含以下两个组成部分,则被认定为 FFS:

(1)密集、便利的小组培训,通常包括每周一次的季节性会议,以及使用标准农场主的做法耕种的对照地块。

(2)提供关于整体技术和投入的信息管理,包括综合虫害管理(integrated pest

---

[1] What is the Impact of Farmer Field School Programs on Farming Practices and Agricultural Outcomes? International Initiative for Impact Evaluation (3ie), https://www.3ieimpact.org.

managemen，IPM)、综合生产和虫害管理(integrated production and pest management，IPPM)、综合作物管理(integrated crop management，ICM)和综合疾病管理(integrated disease management，IDM)。

3. 影响评估发现(证据)

(1) 提高了农业技术知识的应用。FFS参与者提高了农业从业者对农业技术的知识，无论是在评估中的平均水平，还是在所有个体研究中，都有足够的参与者进行精确测量。所有FFS提供的课程知识成果在现实应用中都有所提高，其中影响最大的是综合虫害管理项目。

(2) 提高了农业产出。农民们还采用了FFS的新技术。研究结果表明，FFS参与者减少了平均农药使用量。FFS改善了参与者的农业成果，提高了平均产量和利润。定性证据还表明，持续的支持或后续行动对于FFS方法的可持续性非常重要，包括研究人员和推广人员提供足够的技术支持，使农民能够继续坚持当地做法。

(3) 马里的调查结果。最近一项关于马里虫害综合治理的研究发现，该项目与总体评估结果类似，有效地减少了农药的使用。这项研究还表明，该计划为农民提供了一种减少农药支出的方法，使农民节省了约47万美元，减少了农业成本的投入。

(4) 提高了女性的社会地位。

研究证据表明，以女性为目标或男女共同努力的FFS可以提高女性社会地位。肯尼亚一项关于FFS和性别的研究(FFS and gender in Kenya)表明，该项目赋予女性权力。它让男性有机会看到女性在正常性别角色之外的工作中取得的成功，从而改变男性对女性的固有观念。

问题：试评析该案例影响评估证据质量、优势与不足。

第五章

数据收集与抽样

影响评估的质量取决于它所基于的数据,使用未知或低质量的数据可能会导致对政策和计划做出错误的决定。质量差的数据、不充分的观察或数据本身缺乏足够的丰富性都会使得影响评估难以完成或者导致虚假的结果,所以确保收集到的数据的合理性非常重要。设计有缺陷,或者影响评估没有按照计划进行时,通过使用足够数量、足够丰富的高质量数据可以进行纠正。此外,还需要考虑的一个关键问题是确保数据被正确地收集,这意味着抽样误差和非抽样误差应该最小化。要选择恰当抽样方法和能代表目标人群的参与者或受访者的代表性样本以减少抽样误差,以及由于调查设计不佳、被调查者不准确、调查员错误、输入的问题产生错误等带来的非抽样误差。此外,为了避免重复性工作,影响评估团队应该仔细评估哪些数据可以从管理源和其他数据存储库中获得。本章概述了影响评估的数据来源、数据管理,数据收集中可采用的主要抽样方法以及抽样过程中应该注意的问题。

学习目标:

1. 熟悉影响评估中需要收集的数据与变量类型以及数据的来源
2. 了解影响评估中数据管理的步骤及流程
3. 掌握影响评估中抽样调查的特点以及方法
4. 了解影响评估中抽样调查应该注意的问题

第一节 数据与变量

影响评估要调查的数据和要问的问题取决于发展项目设计、目标设定和如何实现这些目标的变革理论。发展项目的传递机制决定了抽样设计，分配抽样变量通常是抽样的第一步。评估内容决定了抽样数据及变量的选择。例如，如果要评估减贫的影响，则需要家庭数据；如果要评估劳动力需求的效应，则可能需要企业层面的数据。

一、确定需要收集的数据

根据发展项目的设计、目的和影响评估进行中的实际需求确定需要收集的数据，主要包括展现项目主要结果、中间结果及调节特征的数据，项目前的基线数据及项目后的多阶段数据。

（一）展现项目主要结果、中间结果及调节特征的数据

发展项目评估所需的数据类型应以该影响评估所基于的变革理论为指导。具体可包括以下三个方面。

（1）发展项目的主要结果（即与计划或政策的主要目标密切相关的指标）以及可能受到影响的次要结果（虽然不是特定发展项目的主要目标，但也是令人感兴趣的结果）；

（2）中间结果或指标（可用于评估发展项目的措施如何起作用，或不起作用）；

（3）调节特征（不受项目影响但可能调节其效果的指标，如性别）。

当次要和中间结果以及调节特征的数据可用时，影响评估的价值会大大增加。这使人们不仅可以确定该计划是否有效，还可以确定是否有任何其他重要结果受到影响，发展项目为何或如何起作用，它对谁起作用或不起作用。发展项目结果的变量，既可以是连续变量或离散变量，如贷款规模或与公路的距离；也可以是二分变量，如是否有电力连接或者是否居住在项目村。在选择结果时，应特别注意影响评估是否有能力检测对这些指标的影响。如果没有大样本量，可能无法检测到高度可变的、受统计误差影响的、稀有的或对于项目影响可能很小的指标。

除了主要结果、中间结果和调节特征外，还需要收集可能影响发展项目效果的重要过程变量和背景因素。考虑这些因素往往可以提高影响评估的统计能力。当使用准实验方法时，这些因素可用于评估特定识别策略的稳健性。

(二) 项目前的基线数据及项目后的多阶段数据

通常,影响评估需要收集发展项目或发展政策开始之前和之后的多个时间段的数据。

许多影响评估方法都需要基线数据,即使不严格要求基线数据的方法,如随机对照试验或断点回归设计,基线数据也可以检查这些方法所依据的假设是否有效,实验组和对照组的基期特征是否相似。基线数据通常可减少样本量的要求,以降低收集基期数据的成本,提高评估的效率,并可对异质性发展项目效果进行分析。理想情况下,影响评估应基于干预措施实施前后的数据。一个重要问题是基线期或终线期是否具有代表性或正常。如果基线或结束年(或季节)不正常,则会影响随时间观察到的变化。例如,如果基准年受到异常高或低的农业产量或自然灾害的影响,那么截至基准年观察到的变化可能会有很大的偏差。在大多数情况下,干预或影响评估的时机决定了基线和终线研究的时机。这种时间安排不是随机的,在得出结论之前,评估人员需要调查基线或终线数据是否代表"正常"时期。否则,即使是严格的评估也可能会得出不可靠的影响结论。

另一个问题涉及短期效应与长期效应。根据干预措施及其背景,在事后收集数据时,一些影响可能尚未发生或尚未显现,而其他影响可能会随着时间的推移而减弱。发展项目生效后的多个阶段或多轮数据的收集可用于评估项目的短期和长期影响,使评估人员分析影响的演变以及影响可持续多长时间。

案例 5-1

蒙古国学校宿舍环境影响评估基期调查[1]

该报告指出了该影响评估的理论基础,并详细呈现了宿舍环境改善措施在所有阶段的作用机制,包括校园环境改善的具体措施、初期阶段对学生在校日常生活产生的直接影响、中期阶段对学生校园感知的影响、后期改变学生和家长对校园生活的参与行为以实现最终提高入学率、减少辍学率和提高学习成绩等目标。在清晰的变革理论设计下,需要收集的数据类型就很明确。该调查共覆盖158间宿舍,其中包括实施项目的78间宿舍和80间未实施项目的对比宿舍。实验组由24个"全实验组"宿舍和54个"轻实验组"宿舍组成[2],对照组由24个符合宿舍"全实验组"选择标准的宿舍,以及56个符合"轻实验组"选择标准的宿舍组成。表5-1显示了按实验组和对照组划分的宿舍。

---

[1] Asian Development Bank, Impact Evaluation Baseline Survey of School Dormitory Environment in Mongolia, http://dx.doi.org/10.22617/TCS190595-2.
[2] "全实验组"参与了宿舍改造和培训宣传活动,而"轻实验组"只参与了培训宣传活动。

表 5-1　蒙古国学校宿舍环境影响评估基期调查宿舍样本分类

省份	全实验组	轻实验组	全对照组	轻对照组	总计
戈壁阿尔泰	6	15	—	—	21
乌布苏	13	19	—	—	32
扎布汗	5	20	—	—	25
后杭爱	—	—	9	17	26
巴彦洪戈尔	—	—	4	13	17
布尔干	—	—	3	15	18
东戈壁	—	—	5	4	9
肯特	—	—	3	7	10
总计	24	54	24	56	158

资料来源：Asian Development Bank, Impact Evaluation Baseline Survey of School Dormitory Environment in Mongolia, http://dx.doi.org/10.22617/TCS190595-2。

二、变量的类型

确定需要收集的数据后还要明确数据中变量的类型。不同类型的变量需要采用不同的测量方法和统计分析技术，以体现不同变量类型对发展项目的影响。此外，研究中使用已有的指标可以快速准确地获得可靠的数据。

（一）二分变量

有些变量的测量结果只有两种类别，比如男性与女性、房东与房客、成功与失败、及格与不及格、生与死，等等。这种按照事物的某一性质划分，只有两类结果的变量，称为二分变量(dichotomous variable)。

(1) 二分变量分为真正的二分变量和人为的二分变量。如果是性别变量，分为男和女，是真正的二分变量。如果搜集的数据是百分制分数，但在计算时将其按照某一标准分为及格和不及格，则是人为的二分变量。

(2) 二分变量可以包括有序数据。有序数据(ordinal data)的结果为多个分类的其中一种，如疾病严重程度，或累积的得分。例如，临床常用的疼痛评估量表，从0—10逐级反映疼痛程度，我们可以认为疼痛患者接受治疗后，疼痛程度降低≤3的患者为有效治疗患者，而>3的为无效治疗患者，这样就可以按照二分变量的计算方法得出疼痛治疗的有效率。

(二)连续变量与离散变量

在统计学中,按照变量值是否连续可以分为连续变量(continuous variables)与离散变量(discrete variable)。

(1) 在一定区间内可以任意取值的变量叫连续变量,其数值是连续不断的,相邻两个数值间可以无限分割,即可以取无限个数值,具体数值只能用测量或计量的方法取得;而离散变量只能用自然数或整数单位计算,这种变量的数值一般用计数方法取得。例如,生产零件的规格尺寸,人体测量的身高、体重、胸围等为连续变量;而企业个数、职工人数、设备台数等是离散变量。

(2) 符号 x 如果能够表示对象集合 S 中的任意元素,那么 x 就是变量。如果变量 x 的域(即对象的集合 S)是离散的,该变量就是离散变量;如果它的域是连续的,它就是连续变量。

(3) 对于连续变量与离散变量,有一个简单的区别方法。连续变量可以一直叠加上去,增长量可以划分为固定的单位,即 1,2,3,… 例如:一个人的身高,只有先长到 1.51 米,才能长到 1.52 米,1.53 米……离散变量则是通过计数方式取得的,即是对所要统计的对象进行计数,增长量不是固定的。如一个地区的企业数目今年只有 1 家,而第二年开了 10 家;一个企业的职工人数今年只有 10 人,第二年一次性招聘了 20 人等。

(三)指标

作为评估的一部分,使用现有指标或开发相应指标通常很重要。使用现有的指标或措施可以得到可靠的数据,并且可以与其他研究进行比较,目前很多组织机构在开发可用于发展项目成果的措施和指标方面已经做了大量工作。例如由世界银行开发的全球治理指标(Worldwide Governance Indicators)[1],汇总了 1996—2020 年 214 个经济体的 36 个系列的指标。由牛津贫困与人类发展倡议组织(Oxford Poverty & Human Development Initiative)开发的多维贫困指数(Multidimensional Poverty Index)[2]捕捉了构成贫困的多个方面指标。城市研究所(Urban Institute)开发了就业培训/劳动力发展计划的成果和绩效指标(Outcomes and Performance Indicators for Employment Training/Workforce Development Programs)[3],旨在支持就业培训/劳动力发展项目的开发、监测和

---

[1] Worldwide Governance Indicators | DataBank. https://databank.worldbank.org/reports.aspx?source=worldwide-governance-indicators.

[2] Policy — A Multidimensional Approach | OPHI. https://ophi.org.uk/policy/multidimensional-poverty-index/.

[3] The Urban Institute and The Center for What Works (2006). Candidate Outcome Indicators: Employment Training/Workforce Development Programs. http://www.urban.org/sites/default/files/employment_training.pdf.

评估。全球和平指数(Global Peace Index)[1]是经济与和平研究所(Institute for Economics and Peace, IEP)建立的一项指标,为每个国家的和平程度提供了排名。

三、数据来源

影响评估可以充分利用现有的数据管理库或现有的调查获取数据。如果没有相关的现有调查,就需要进行新调查。

(一) 传统的数据来源

(1) 国家调查数据:数据收集可以采用国家调查。不必专门为影响评估进行单独的调查。一般来说,由国家统计机构收集的全国调查数据质量也更高。一个国家所有成年居民的人口普查通常每10年进行一次,对所有企业的工业普查可能更频繁地进行,通常限于注册企业。一些国家也进行农业普查,但抽样调查更为普遍。

为了利用现有的国家调查,项目团队往往需要增加两种附带进行的调查。首先,增加项目中的样本容量(称为"加强样本"),以便获得足够的处理样本量。其次,添加特定模块,以大大提高效率并提供大样本数据。

利用现有的国家调查通常比进行一项新的调查要节省成本。但是,与调查机构协调可能会耗费一些时间,而且只有在国家调查的时间与影响评估的基线和终线期匹配时,利用其调查结果才是可靠的。

(2) 管理数据:职能部委和其他公共机构收集的行政数据,包括统计或管理系统中定期收集的一部分数据。例如,公用事业的账单数据和年度学校普查输入教育管理信息系统的关于入学率、卫生设施的使用、农产品的市场价格等的数据。

(3) 捐助机构、非政府组织和大学进行的相关研究。

(4) 大众媒体,如报纸、电视纪录片等。

案例 5-2

加纳教育改革的影响评估[2]

1. 研究背景

这是世界银行独立评估小组(the Independent Evaluation Group, IEG)[3]实施的

---

[1] Research — Institute for Economics and Peace. https://www.economicsandpeace.org/research/#measuring-peace.
[2] World Bank Document, Impact Evaluations and Development, https://documents1.worldbank.org/curated/en/411821468313779505/pdf/574900WP0Box351BLIC10nonie1guidance.pdf.
[3] 独立评估小组独立于世界银行集团管理层,提供对世界银行集团结果的客观评估。

一项影响评估。1986年,加纳政府启动了一项大规模的教育改革计划,将大学前教育从17年缩短到12年,减少中学和高等教育的补贴,延长上学时间,并采取措施从学校中淘汰不合格的教师。本研究这些行动支持了一系列活动,从修复校舍到协助成立以社区为基础的学校管理委员会。但最终结果与官方统计数据相反,说明影响评估在很大程度上依赖于现有数据集,如加纳生活水平调查。

2. 数据与方法

1988—1989年,加纳统计局(Ghana Statistical Service,GSS)进行了第二轮加纳生活水平调查。在全国170个接受调查的地区中,有一半地区是随机选择增加一个教育模块。该模块对所有9—55岁、至少接受过三年教育的人进行数学和英语测试,并对调查地区的学校进行了调查。IEG、GSS和教育、青年、体育部(Ministry of Education, Youth and Sport, MOEYS)合作,于2003年使用相同的调查工具对这85个社区及其学校进行了调查。为了便于比较,保留了相同的问题,但增加了与学校管理有关的新问题,还有两份全新的问卷——一份针对每所学校五名教师的教师问卷,以及一份除了数学和英语测试之外的当地语言测试。因此,这项研究有一个可能独特的数据集,不仅将儿童的考试成绩与家庭和学校特征联系起来,而且在15年的时间里在相同社区的小组里进行。由于2003年使用的测试与15年前使用的测试完全相同,因此测试分数具有直接可比性。

3. 研究发现

一方面,在此期间,基础教育的入学率一直在稳步上升,与官方统计相反。这种差异很容易解释:在官方统计数据中,分子和分母都是错误的。分子是错误的,因为它依赖于学校普查的行政数据,而学校普查不完全覆盖公共部门,也不覆盖快速增长的私营部门。但IEG的分析显示,在过去15年中,私营部门的入学人数不断增加,所占比例增加到四倍(从总入学人数的5%增加到20%)。分母以1984年人口普查为基础,假设的增长率在2000年人口普查后过高,因此低估了入学率增长。另一方面,该时期学生学习成绩显著提高:15年前,以英语考试为指导,完成3—6年级学业的学生中,近三分之二(63%)是文盲。到2003年,这一数字已降至19%。提高学习成绩的发现与许多关键受访者访谈的定性数据完全相反。这些关键的受访者表现出中严阶级偏见,在本质上对改革持反对态度。

(二)创新的数据来源

1. 地理信息系统和遥感

地理信息系统和遥感可以提供与一个地区的地理特征或与地理定义的特征有关的数据,使用传统的数据收集方法很难准确地在所需的时间和空间尺度上衡量经济增长、GDP、地方层面的贫困或富有、基础设施质量、人口分布等结果。例如,遥感夜间灯光数据可以用于测量当地经济活动。遥感还可以提供一些信息帮助监测可能影响结果的事件,如洪水等。

遥感作为传统数据收集形式的补充,更加关注客观事实的收集和反馈,但在提供有关政治、社会等方面的人文信息方面存在短板。例如,与自我报告或直接观察(如作物减产)相比,农田的卫星或航空图像可以更准确、无偏见且更快地测量作物产量,但图像不会告诉我们太多关于提高员工生产力和工作场所满意度的干预措施。此外,遥感不能完全取代传统方式是因为发展研究的多个关键步骤难以通过远程的方式进行。有时为确保影响评估响应当地需求和政策问题,与政策制定者、实施者、受益者和其他利益相关者进行有意义和持续的接触至关重要。尽管在这种情况下可以使用虚拟会议平台,但从远程有效地做到这一点仍然很困难。

2. 卫星系统

随着卫星数据的可用性、质量、效率和频率的提高,现在几乎可以从地球上各个位置来收集数据。根据忧思科学家联盟(The Union of Concerned Scientists, UCS)[1]公布的数据,截至2023年6月1日,有6 718颗卫星围绕地球运行,其中近40%的卫星专门为地球和空间观测以及科学应用收集数据。例如,美国国家航空航天局(National Aeronautics and Space Administration, NASA)[2]和美国地质勘探局(United States Geological Survey, USGS)[3]的陆地卫星计划自1970年代以来一直在收集数据,使这些观测成为地球上最长的连续太空记录。目前运行的两颗陆地卫星(Landsat 7和8,分别于1999年和2013年发射)每8天以30米的空间分辨率捕获地球上的每个位置。自2014年以来,欧洲航天局(European Space Agency, ESA)"哨兵"任务一直在提供广泛的公开地球观测数据,包括合成孔径雷达(synthetic aperture radar, SAR)[4]和光电(electro-optics, EO)记录。例如,Sentinel-2提供了对地球上每个位置的观测,其时间频率最高为每5天,空间分辨率为10米,与美国宇航局的中分辨率成像光谱仪(moderate-resolution imaging spectroradiometer, MODIS)[5]仪器相比,后者几乎每天都提供地球图像,但空间

---

[1] 忧思科学家联盟成立于1969年,是一个非营利性质的非政府组织,由全球10万多名科学家组成。由忧思科学家联盟的专家收集的卫星数据库列出了截至2023年6月1日在地球轨道上运行的6 718颗运行卫星。

[2] 美国国家航空航天局是美国联邦政府的一个行政性科研机构,负责制定、实施美国的民用太空计划与开展航空科学暨太空科学的研究。

[3] 美国地质勘探局负责自然灾害、地质、资源、地理、环境、生物信息等方面的科学研究、监测、收集、分析、解释和传播;对自然资源进行全国范围的长期监测和评估;为决策部门和公众提供广泛、高质量、及时的科学信息,为国家和世界服务,为美国内政部其他各局提供所需的数据和信息。

[4] 合成孔径雷达是一种主动式的对地观测系统,可安装在飞机、卫星、宇宙飞船等飞行平台上,全天时、全天候对地实施观测,并具有一定的地表穿透能力。SAR系统在灾害监测、环境监测、海洋监测、资源勘查、农作物估产、测绘和军事等方面的应用上具有独特的优势,可发挥其他遥感手段难以发挥的作用。

[5] 中分辨率成像光谱仪是美国宇航局研制的大型空间遥感仪器,以了解全球气候的变化情况以及人类活动对气候的影响。

分辨率较低(低至 1 千米)。[1]

另外,还存在其他实时数据源,包括来自记录交通流量、污染水平等的各种设备的数据,以及来自使用手机应用程序的农民的自我报告数据等。

(三) 实地调查

调查即使用一种或多种调查工具,从感兴趣的人群样本中收集数据。调查工具是在调查过程中预先设计的表格(问卷),用来收集原始数据。一项调查通常需要一种以上的调查工具。调查工具中针对调查目标的重点部分,如能源使用,教育或营养的分类称为调查模块。不同的模块可能要求家庭或公司内部有不同的被调查者。但一个模块中通常不会设置不同的被调查者,只有在特殊情况下才可能会这样做。

对于影响评估,对调查感兴趣的人群通常是预期的受益人群。需要一种抽样策略来确保样本能够代表这一群体。对照组也应该代表具有对照性的人群,而不是整个人群。

为了使得调查数据达到最大的精确度,应该尽可能详细地确定要调查和数据收集的对象。例如,公司调查可能需要区分所有者、首席执行官、经理或员工是否是合适的被调查者。其中所有者可能最了解公司的历史和战略方向,首席执行官可能最了解商业模式的运作情况和当前的市场状况,而其他员工可能最了解产出、利润等信息。住户调查的不同模块通常需要针对不同的受访者。例如,在家庭调查中,通常应向家庭女性成员询问关于儿童健康和家庭内部食品消费的问题。社区调查中,在社区领导人组成的小组中进行调查获得的集体数据往往更为有用。

第二节 数据管理

收集数据的目的是最终将其转换成用于分析的形式。数据管理的作用是收集和准备实际用于影响评估的数据集。仔细收集、输入、清理和准备数据集对于降低非抽样误差非常重要。良好的数据管理包括开发有效的流程来持续收集和记录数据、安全地存储数据、备份数据、清理数据和修改数据,在不同类型的软件之间传输数据,以进行分析。

---

[1] Remotely Sensed Data for Efficient Data Collection | GIM International https://www.gim-international.com/content/article/remotely-sensed-data-for-efficient-data-collection.

一、调查数据的收集、录入和备份

数据管理最初和基础的环节就是数据的收集和录入，该环节需要持续收集和记录数据、安全地存储数据，确保收集数据的有效性。

（一）数据收集

为确保与预期分析的一致性，数据收集应由进行影响评估的同一小组负责，否则需要其他机制来确保两个团队之间可以进行充分协调，以使数据满足影响评估的要求。

影响评估团队可以直接聘请和培训调查人员，也可以聘请当地的调查公司进行数据收集。例如，研究团队在对亚洲开发银行蒙古国粮食券方案项目进行影响评估时，就由蒙古国立大学经济学院的人口培训和研究中心分包了该数据的收集工作。影响评估机构如在某些国家设有办事处的，如许多国家设立的扶贫创新行动组织通常就可构成项目团队负责数据收集。

无论是以上的哪种情况，数据收集都需要影响评估团队的核心成员进行仔细管理检查。他们应参与预测试以确保充分掌握关键变量，还需要对调查人员进行培训以确保他们能够正确理解调查问卷，并在调查执行期间提供独立的现场监督。

在收集数据期间，影响评估团队的现场主管和调查团队的现场经理需定期检查数据的质量，以确保收集的数据有效。

（二）数据录入

许多调查仍然使用纸和笔收集数据，但利用平板电脑或笔记本电脑在现场输入数据越来越普遍的情况下，软件内置数据的一致性检查有助于确保数据质量，电子数据收集还可以实现实时传输和监测。同时，能够使用包含问卷跳过码和实时一致性检查的可编程软件，无须将数据单独输入计算机作为额外步骤。

然而，使用电脑在实地收集数据也会增加数据丢失的风险，因此团队应定期在现场备份数据。电子调查管理可能还需要更多的预测试，因为输入表单可能有跳跃逻辑、单元和格式，不像纸质表单调查员可以随时对表单进行修改或注释。

不论是用纸笔还是用电脑收集调查答复，都必须有一个流程来确保数据输入期间的质量。数据输入软件可用于简化数据输入，并通过嵌入式一致性检查提高质量。可以使用复式录入来提高数据录入的质量，即数据由不同的人独立录入。调查数据中应包括与每次采访相关的时间和调查员姓名。

(三) 数据备份

数据备份是指在现场或异地,通过自动或手动的方式存储数据,以防止数据丢失或损坏的风险。数据备份是数据管理的一个重要方面,因为丢失收集的数据和观察结果可能会使项目调查时间延长或失去对关键和不可替代数据的访问,从而破坏研究的有效性。

其中存储数据存在许多风险,主要包括:

(1) 环境危害,如火灾或洪水;

(2) 技术危害,如文件损坏或硬盘故障;

(3) 人为危害,如错误放置数据的硬拷贝或盗窃。

可以采用如下几种措施来避免上述风险:

(1) 扫描纸质文件。可以使用自动多页扫描的扫描仪,在无法使用扫描仪的现场工作或其他情况下,可以拍摄关键文件的照片。如果使用数码相机,建议使用与其他照片分开的存储卡,并确保不要将其存储在与原始文档相同的位置;如果使用智能手机的相机并可以访问数据网络,建议将照片上传到云存储。

(2) 使用模拟视听格式(如盒式磁带)记录或存储的数据数字化。要正确标记这些数字副本,以便以后更轻松地检索和使用这些数据,此外文件名应该尽量简单,并提供与数据用途相关的重要信息(关键日期、地点、受访者等)。

(3) 定期备份数字数据。可以将备份编程为定期自动运行。

(4) 将数字数据备份存储在与原始数据不同的物理设备上。数据的原始硬拷贝应与该数据的副本存储在不同的物理位置,可以选择便携式硬盘驱动器,这样很容易连接到不同的计算机并方便移动。

(5) 将数字备份上传到在线云存储。云存储是在线存储大量数据的优选,云服务提供商有很多选择,包括流行的 Google Drive[1]、Dropbox[2]、百度云等。此外数据可以加密,用户需要登录名或密码才能访问它,自动云备份可以设置为每周、每天或更频繁地在可以访问互联网的计算机上运行。但云存储也并非完全安全,也存在云服务器崩溃和数据丢失的风险,最好的选择是将各种方法结合起来以获得更可靠的保护。[3]

---

[1] Google Drive 是美国谷歌公司于 2012 年 4 月 24 日正式推出的一项云存储服务,可以向用户提供 5 GB 的免费存储空间,同时还可以付费扩容。

[2] Dropbox(多宝箱)成立于 2007 年,提供免费和收费服务,在不同操作系统下有客户端软件,并且有网页客户端,能够将存储在本地的文件自动同步到云端服务器保存。

[3] Better evaluation, https://www.betterevaluation.org/evaluation-options/data_backup/.

二、调查数据的检查与清理

获得数据后,需要为分析做好准备。其中最重要的部分是检查和清理数据。

(一) 数据检查

收集到的数据必须与受访者进行验证。在实际调查中,调查员存在走捷径甚至捏造数据的动机,除非他们知道调查设计中已采取措施捕捉这种不规范的做法。进行数据检查的一种方法是对一小部分数据样本进行检查验证。这可以由现场主管重新调查选定的样本来完成,也可以聘请独立的公司或专家进行检查。数据验证或检查要求在实地调查时记录受访者的基本信息和全球定位系统的地理坐标,以保证后期访问到预期的受访者。

(二) 数据清理

调查公司通常负责对数据进行初步清理,但进行分析的团队通常仍需要进一步清理数据。数据清理即检查原始数据是否有错误并进行更正的过程。在数据清理过程中,应再次检查以下内容:

(1) 一致性(对调查项目的回答是否存在矛盾);
(2) 有效性(是否存在过于极端而不真实的值);
(3) 完整性(问卷是否遗漏了大量的回答);
(4) 分布(数据是否符合预期分布,是否有异常值);
(5) 诚信(来自特定调查团队或调查成员的数据是否存在任何可疑之处)。

数据处理中应始终保留原始完整的问卷表格,直到数据分析完成为止。为此可能需要制定数据清理方法的协议,并要求调查团队保存未清理数据的副本,这些条款可以纳入与负责数据收集处理的人员订立的合同中。这涉及做出一系列重要但困难的决定,包括在分析之前实际上应该进行多少清理(应该纠正哪些类型的错误? 它们是如何定义的? 应该如何纠正?)。通常,清理工作应通过与影响评估专员共享的书面脚本文件进行,以便在必要时进行复制和修改。当发现有问题的观察结果时,应该将其编码为离群值(outliers),而不是从数据集中删除,以便进一步地分析。

数据清理是透明的,应尽可能查明异常值的原因,并应探讨与调查人员和其他因素的相关性,以查明调查执行中可能出现的错误。另一方面,数据清理应是独立进行的,通过数据清理人员对受访者进行选定问题的重新调查可以验证目标群体随机样本相对于调查团队的独立性。一开始可以通过电话进行选定问题的重新调查,如果大量的受访者电话号码无效,也可以由数据清理人员进行实地调查。这一过程可以增强人们对调查执行的准确性的信心。应告知调查人员和主管这一过程将独立进行，以激励良好的调查行为。

三、调查数据的存档

数据可以通过多种方式存档以备将来使用。它可以上传到网站上，存储在机构存储库中，或存放在专业数据中心。为了更加方便地使用收集到的数据，可将收集到的数据和支持性文件（如问卷）存档于公共数据库。将数据存放在数据中心的优势在于数据将受到保护、定期维护并根据技术进步的需要转换为不同的软件格式。

存档的数据通常在分析完成后1—2年内对外公布。在允许公众访问之前，数据应该被匿名化，即在公共版本中删除能够识别家庭、个人或公司的标识符。参与者应了解他们的数据在未来将如何存储、使用和存档，以及在他们同意之前将采取哪些措施来保护其匿名性。存档过程中应该有标准的文件标签和存储密码用来加密数据，应实施受控访问以避免未经授权的使用。此外，要注意数据的安全存储，即应谨慎处理所有形式的电子和硬拷贝数据的流程，包括问卷、访谈磁带和电子文件，以防止未经授权访问或损坏。

数据存档工作需要包含在影响评估小组或调查企业的合同中，因为它涉及一些额外的工作和资源。

第三节　抽样调查

无论使用一手数据还是二手数据，一个重要的考虑因素是其代表性。假如需要对大量人口进行分析并得出结论，但收集该人口中的每一个成员的数据是不可行的，在这种情况下，必须使用适当的抽样调查方法来收集有关总体的代表性数据。一个合适的抽样调查方法应该能够避免选择过程中的偏差，同时在给定的资源数量下达到最大的精确度。

一、抽样调查的特点

抽样调查是一种非全面调查，抽样调查是根据随机的原则从总体中抽取部分数据进行调查，并运用概率估计方法，根据样本数据推算总体相应指标的一种统计分析方法。抽样调查虽然是非全面调查，但它的目的却在于取得反映总体情况

的信息资料,因而也可起到全面调查的作用。

根据抽选样本的方法,抽样调查可以分为概率抽样和非概率抽样两类。概率抽样是按照概率论和数理统计的原理从调查研究的总体中,根据随机原则来抽选样本,并从数量上对总体的某些特征作出估计推断,对推断出可能出现的误差从概率意义上加以控制。在我国,习惯上将概率抽样称为抽样调查。

抽样调查数据之所以能用来代表和推算总体,主要是因为抽样调查本身具有其他非全面调查所不具备的特点。

(1) 调查样本是按随机的原则抽取的,在总体中每一个单位被抽取的机会是均等的,因此,抽样调查能够保证被抽中的单位在总体中均匀分布,不致出现倾向性误差,代表性强。

(2) 抽样调查是以抽取的全部样本单位作为一个"代表团",用整个"代表团"来代表总体;而不是用随意挑选的个别单位代表总体。

(3) 抽样调查所抽选的调查样本数量,是根据调查误差的要求,经过科学的计算确定的,在调查样本的数量上有可靠的保证。

(4) 抽样调查的误差,是在调查前就根据调查样本数量和总体中各单位之间的差异程度进行计算,并控制在允许范围以内的,调查结果的准确程度较高。

与其他调查一样,抽样调查也会遇到调查的误差和偏误问题。通常抽样调查的误差有两种:一种是工作误差(也称登记误差或调查误差),另一种是代表性误差(也称抽样误差)。但是,抽样调查可以通过抽样设计,通过计算并采用一系列科学的方法,把代表性误差控制在允许的范围之内;另外,由于调查单位少、代表性强、所需调查人员少,其工作误差比全面调查要小。特别是在总体包括的调查单位较多的情况下,抽样调查结果的准确性一般高于全面调查。因此,抽样调查的结果是非常可靠的。

基于以上特点,抽样调查被公认为非全面调查方法中用来推算和代表总体的最完善、最有科学根据的调查方法。

二、抽样调查常用术语

总体:指所要研究对象的全体。它是根据一定研究目的而规定的所要调查对象的全体所组成的集合,组成总体的各研究对象称为总体单位。

个体:指总体中的每一个考察对象。

样本:样本是总体的一部分,它是由从总体中按一定程序抽选出来的那部分总体单位所组成的集合。

样本的容量:样本中个体的数量叫作样本的容量。

抽样框:指用以代表总体,并从中抽选样本的一个框架,其具体表现形式主要有包括总体全部单位的名册、地图等。抽样框在抽样调查中处于基础地位,是抽样调查必不可少的部分,其对于推断总体具有相当大的影响。

抽样比:指在抽选样本时,所抽取的样本单位数与总体单位数之比。对于抽样调查来说,样本的代表性如何,抽样调查最终推算的估计值真实性如何,首先取决于抽样框的质量。

置信度:也称为可靠度,或置信水平、置信系数,即在抽样对总体参数作出估计时,由于样本的随机性,其结论总是不确定的。因此,采用一种概率的陈述方法,也就是数理统计中的区间估计法,即估计值与总体参数在一定允许的误差范围以内,其相应的概率有多大,这个相应的概率称作置信度。

抽样误差:在抽样调查中,通常以样本作出估计值对总体的某个特征进行估计,当二者不一致时,就会产生误差。因为由样本作出的估计值是随着抽选的样本不同而变化,即使观察完全正确,它和总体指标之间也往往存在差异,这种差异纯粹是抽样引起的,故称为抽样误差。

偏差:也称为偏误,通常是指在抽样调查中除抽样误差以外,由于各种原因而引起的一些偏差。

均方差:在抽样调查估计总体的某个指标时,需要采用一定的抽样方式和选择合适的估计量,当抽样方式与估计量确定后,所有可能样本的估计值与总体指标之间离差平方的均值即为均方差。

三、代表性样本

样本是可以切实收集信息的总体子集。在进行影响评估时,对整个目标人群进行普查几乎不可能,因此选择代表目标人群的参与者或受访者样本很重要。在评估的背景下,目标人群是一组人、村庄、学校或其他要评估的单位。

当样本完全反映总体特征时,样本被认为具有代表性。这意味着在样本中评估的任何影响都将适用于总体。样本可能不具有代表性的主要原因是,样本受到来自总体的某种自选择偏误(self selection bias)[1]的影响。例如,回复邮件或网络调查的个人不能代表整个人口,因为回复这些类型调查的人与不回复的人是不同的。如果抽样框不能充分覆盖目标群体,样本的代表性也会受到影响。

---

[1] 解释变量不是随机的,而是选择的结果,而这个选择的过程会使我们研究的主效应的估计产生偏差。

四、抽样调查的步骤

在适当地定义了目标总体之后,可使用适当的抽样策略抽取代表该总体的样本。[1] 这是通过概率抽样完成的。概率抽样的基本步骤如下:

(1) 定义目标人群;

(2) 选择抽样框;

(3) 从抽样框中选择单元。

抽样框是可以从目标群体中获得抽样单元的最全面的清单。抽样框的常见来源包括人口普查、特定地区的学校或诊所清单、显示特定地区的村庄和城镇的地图等。在创建抽样框时,应注意在目标群体中尽可能获取最全面的单元列表。使用排除了目标群体单元的抽样框(或者使用包含了不在目标群体中的单元的抽样框)可能会给评估带来偏差。例如,一个糟糕的抽样框可能是一些过时的目录清单,没有列出所有的个人或企业。

一旦确定了抽样框,就从抽样框列出的单元中选择单元的样本。在概率抽样中,单元的选择具有已知的概率。这确保了被选择的单元在统计上与未被选择的单元相同。因此,从选定单元中观察到的任何影响与未选入样本的单元是相同的。

第四节 抽样方法

对于有效的影响评估,需要设计抽样策略以确保收集的样本能够代表实验组,并且能够有效地识别对照组。随机抽样要严格遵循相等概率原则,每个抽样单元被抽中的概率都应该相同。常用的随机抽样方法主要有简单随机抽样、系统抽样、分层抽样、整群抽样和分群抽样。

一、简单随机抽样

简单随机抽样(simple random sampling)又叫单纯随机抽样,是最基本的抽样方法。此方法对总体调查对象不加任何区分和限制,保证每一个调查对象都有均等机会成为被抽到的调查对象。本方法示意图如图5-1所示,其基本操作步骤

---

[1] 请注意,非概率抽样技术(如简便抽样、滚雪球抽样、目的抽样和配额抽样)一般不会产生有代表性的样本。只有当财务或逻辑约束使概率抽样不可行时,才应使用非概率抽样。

为:(1)将调查对象全部排队、排号;(2)通过抽签(包括用机器摇号或掷骰子)等方法,从中抽取所需要的一定数量的调查对象;(3)对抽取的调查对象进行实际调查。当调查对象总数量不十分庞大,调查对象个体差异较小时,可用此方法。

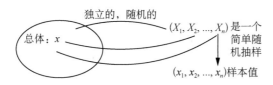

图 5-1 简单随机抽样示意图

虽然简单随机抽样是最直接的抽样方式,抽样误差小,但手续比较繁杂,评估人员通常不使用简单随机样本。一是为了提高精确度、降低数据收集成本,二是因为没有足够覆盖整个目标群体的抽样框。

二、系统抽样

系统抽样(systematic sampling)又称等距抽样,是纯随机抽样的变种。在系统抽样中,先将总体从 $1 \sim N$ 相继编号,并计算抽样距离 $K=N/n$。式中,N 为总体单位总数,n 为样本容量。然后在 $1 \sim K$ 中抽一随机数 k_1,作为样本的第一个单位,接着取 k_1+K,k_1+2K,…,直至抽够 n 个单位为止。

系统抽样要防止周期性偏差,因为它会降低样本的代表性。例如,军队人员名单通常按班排列,10 人一班,班长排第 1 名,若抽样距离也取 10 时,则样本或全由士兵组成,或全由班长组成。

简单的一个例子:在 100 个人里要抽 10 个人,现把他们从 1 号编到 100 号,然后分成 1—10 号,11—20 号,21—30 号,31—40 号,41—50 号……91—100 号。在这 10 组中,第一组抽 3 号(可以选 1—10 号里的任意一号),那么第 2 组抽 13 号,第 3 组抽 23 号,第 4 组抽 33 号……第 10 组抽 93 号。

系统抽样法的优点是操作简便,实施不易出差错,但其容易出现较大偏差。总体发生周期性变化的场合不宜使用这种方法。

三、分层抽样

分层抽样(stratified sampling)是指对抽样调查对象总体按照不同特征分组(分层),然后用随机方法从各层中抽取一定比例的样本。使用此抽样法有两条原则:首先,在分层时要尽量使各层间具有明显的差异性;其次,每层内部的每一个体要保持一致性,这样可保证从每层中抽取的样本能准确地代表该层,当调查对象总体中的每一个体间的差异较大时,为提高样本的代表性,则可用此法进行抽样调查。

有时在进行影响评估时,评估者对某些亚组的结果更感兴趣。在这种情况下,分层抽样可能是合适的。例如,人们可能感兴趣的是教育发展项目如何影响女孩和男孩,或者税收政策如何影响富人和穷人。在分层抽样中,单元首先被分成组(称为层),并在每个组内进行简单的随机抽样。因此,一组中的每个单元都有相同的被抽取的机会。如果每组内的样本足够大,就可以对这些亚组进行推断,而不仅仅是对总体进行推断。虽然在没有分层抽样的情况下可以对亚组进行推论,但分层抽样可以确保从每个亚组中选择足够的个体进行分析。使用简单的随机抽样,样本中可能没有足够的亚组个体(如少数群体)来进行分析。分层抽样比相同规模的简单随机抽样能提供更高的精确度。因此,分层样本需要更小的总样本量,减少了数据收集的成本。图 5-2 是分层抽样的一个示例,在 100 000 的总体中,依据明显的差异性特征(如性别、受教育程度等)分为 4 层,接着在每层中进行简单随机抽样得到子样本并一起构成最终分层抽样得到的样本。

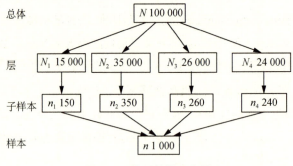

图 5-2 分层抽样示意图

四、整群抽样

整群抽样(cluster sampling)又称聚类抽样。先将总体按照某种标准分群,每个群为一个抽样单位,用随机的方法从中抽取若干群,抽中的样本群中所有单位都要进行调查。与分层抽样相反,整群抽样的分类原则是使群间异质性小,群内异质性大。分层抽样时各群(层)都有样本,整群抽样时只有部分群有样本。整群抽样由于调查单位只能集中在若干群上,而不能均匀分布在总体的各个部分,因此可节约大量财力、人力,但同时整群抽样的代表性低于简单随机抽样。例如,在一个有 600 个村庄、200 000 户农户的县,抽取 1% 的农户是 2 000 户,而抽取 1% 的村庄则只有 6 个村庄,也许抽到的 6 个村庄农户多于 2 000 户,但由于样本单位只集中在 6 个村庄,显然不如在全县范围内采取简单随机抽样抽取 2 000 户农户分布均匀,代表性一般要差一些,抽样误差较大。

整群抽样的随机性体现在群与群之间的不重叠,也没有遗漏,群的抽选按概率确定。如果把每个群看作一个单位,则整群抽样可以理解为一种特殊的简单随机抽样。例如,教育部想了解上海中学生的体质状况,从全体学生中随机无放回地抽取样本是个理想的抽样方法,但其工作量之大可想而知。此时一个方便的方法是在上海地区按学校抽样,在抽到的学校中对所有学生进行普遍调查。

可用一个简单例子说明不同的抽样方法。某种成品零件分装在 20 个箱子里,每箱各装 50 个,总共是 1 000 个,现需要取 100 个零件作为样本进行测试研究。

(1) 简单随机抽样:将 20 箱零件倒在一起,混合均匀,并将零件从 1~1 000 编号,然后用查随机数表或抽签的办法从中抽出编号毫无规律的 100 个零件组成样本。

(2) 系统抽样:将 20 箱零件倒在一起,混合均匀,并将零件从 1~1 000 编号,然后用查随机数表或抽签的办法先决定起始编号,按相同的尾数抽取 100 个零件组成样本。

(3) 分层抽样:20 箱零件,每箱都随机抽取 5 个零件,共 100 个组成样本。

(4) 整群抽样:先从 20 箱零件随机抽出 2 箱,该 2 箱零件组成样本。

五、分群抽样

分群抽样(multistage sampling)即把调查对象总体的各个相似部分,分成若干群,然后在其中一两个群中进行随机抽样调查。在实际中,当调查对象总体包含个体量过多,且所处位置分散时,采用分群随机抽样法能有效降低这一难度。在分群抽样中,先对分群进行抽样,然后对分群内的个体进行抽样。这创建了一个样本,其中样本个体不是在空间上随机分布,而是地理分组的。在分群抽样时,各群之间应具有共性,如人口数目、民族构成等;而每群内部又具有差异性,所调查的目标要广泛一些。因此,适合采用以随机选取群体,再对被选中的群体进行普查的分群抽样法。例如调查某个城市职工家庭收入情况,采用分群抽样法,可把该城市划分为若干区,再把一个区划分为若干街道,将调查集中在某个区的两个街道里,调查费用和时间就会大大减少;当调查对象总体中的个体差异性大而无法订立分层标准,只能按其地域分群时,即可采用分群抽样。在蒙古国学校环境改善的影响评估中采用的就是分群抽样,样本选取项目实施的三个省份中的 78 所学校宿舍,再对已经"分群"的宿舍中的学生、学生的家长,以及相关学校工作人员个体进行抽样。

前四种抽样方法均为一次性直接从总体中抽出样本,称为单阶段抽样;而分

群抽样属于多阶段抽样,即将抽样过程分为几个阶段,结合使用上述方法中的两种或数种。例如,先用整群抽样从北京市中等学校中抽出样本学校,再用整群抽样从样本学校抽选样本班级,最后用简单或系统随机抽样从样本班级的学生中抽出样本学生。当研究总体广泛且分散时,多采用多阶段抽样,以降低调查费用。但由于每阶段抽样都会产生误差,经过多阶段抽样产生的样本,误差也相应增大。

与简单随机抽样相比,分群抽样有两个主要优点。第一,分群抽样是控制数据采集成本的有效途径。对于调查团队来说,从一个村庄到另一个村庄或从学校到学校的行程,虽然在每个单元间花费了更长的时间,但比在地理分布广泛的抽样个体之间的旅行更具成本效益。第二,由于缺乏足够的覆盖整个群体的抽样框,因此有必要首先对分群进行抽样,然后在每个选定的分群内构建完整的个体列表。发展中国家的大多数调查都采用分群抽样。

在影响评估中,当发展项目措施分群实施或项目以高于观察单元的单元实施时,分群样本是自然选择。例如,许多教育项目是逐个学校实施的,形成了学生群体,在影响评估中通常会采用分群抽样。

分群抽样的主要缺点是,在总样本量相同的情况下,它提供的精确度低于简单随机抽样或分层抽样。因此,是否应该使用分群抽样取决于要评估的方案的设计、分群抽样的成本、抽样框的可用性,以及这些与需要提取更大样本相关的成本如何比较。

分层抽样和分群抽样的相似之处在于,它们都是首先将抽样框划分成不重叠的子集。不同之处在于,分层抽样中来自所有阶层的个体将被包括在最终的样本中,而分群抽样中只有来自分群中选定子集的个体将被包括在最终样本中。

为了确保样本具有代表性,必须进行随机抽样,但不应与随机分配发展项目相混淆。随机抽样并不使研究成为随机评价,随机评价需要进行随机分配。最重要的是选择的样本要能代表目标群体。这是通过确保抽样框准确、完整地覆盖目标群体,并使用适当的抽样策略从该框架中选择单位或个人来实现的。

第五节 抽样涉及的其他问题

有效的影响评估,除了要选取恰当的抽样调查方法,还要考虑到发展项目在抽样过程中可能出现的问题,确保识别有效的对照组,减少可能引起的抽样误差和结果误导。其中容易产生的常见问题主要有:溢出效应、整群随机对照试验、亚组分析。

一、溢出效应

溢出效应是指一个组织在进行某项活动时,不仅会产生活动所预期的效果,而且会对组织之外的人或社会产生影响。简言之,就是某项活动有外部收益,而且是活动的主体得不到的收益。为了进行有效的影响评估,需要设计抽样策略以确保所收集的样本能够代表实验组(受益人)人群,并能够识别有效的对照组或控制组。如果预期出现溢出效应,可能会对样本设计产生影响。如果预期发展项目有超过受益人的重要溢出效应,溢出效应的分析取决于样本中是否包含非受益人。这些非受益者与对照组不同,对照组应由不会经历溢出效应的非受益者组成。

"警察和城市服务对哥伦比亚波哥大犯罪的影响"[1]就是一个典型的涉及溢出效应的影响评估项目,该调查研究密集的警务和市政服务是否提高了目标热点的安全性,更重要的是,需要评估这些基于地点的策略是否将犯罪转移(溢出)到附近的街道。为了衡量对邻近街区的影响,研究人员使用了来自整个城市(超过138 000 个街区)的犯罪数据,并从实验性犯罪热点以及非实验性样本中 480 个街道的代表性样本中收集了调查数据。

二、整群随机对照试验

有些研究工作需要分析某项医疗措施、某项培训或者某项群体性发展项目的效果等。一般发展项目措施影响的是整个群体而非个体,比如在病房使用视频对糖尿病患者开展健康教育活动会对整个病房的患者造成影响。另外,发展项目措施虽然针对个体,但也会影响到整群中的其他人。比如,某科室中的几位大夫参加了某种手术操作的规范化培训,而其他几位没有参加过,他们之间会互相学习讨论,出现污染,从而影响未参加者的行为。对于这类研究,如果使用个体化随机研究很有可能掩盖干预的真实效果。此时,就可以使用整群随机对照试验的设计。

临床试验报告统一标准(CONSORT 指南)将整群随机对照试验定义为:以具有某些共同特征个体构成的整群(如家庭、社区等)而非单个个体作为研究对象,采用随机抽样的方法(单纯随机、分层随机等)将整个群体分配到不同实验组,基于整群作为研究对象进行干预、随访,比较不同实验组的效应。目前这种设计方案广泛应用于包括健康教育、健康行为、卫生保健制度等发展项目的影响评估。

---

[1] Blattman C, et al. Hotspot Interventions at Scale: the Effects of Policing and City Services on Crime in Bogotá, Colombia, 3ie Impact Evaluation Report 88. New Delhi: 2018.

整群随机对照试验的单位是多种多样的,包括社区、家庭、学校、诊所、工作场所等。整群随机试验包括两个水平——群体水平和个体水平,这是其和传统随机对照试验的最大区别。而这个特点决定了整群随机试验在设计、选择研究对象、计算样本量、数据分析等方面既要考虑个体水平,又要考虑群体水平。

由于整群随机对照试验涉及群体水平和个体水平,在统计分析时,其分析评价方法也涉及这两个水平。应该根据研究目的、设计方案、整群数量和每个整群的个体数,选择合适的统计学分析方法。

整群随机对照试验(cluster randomized control study)需要整群样本设计。当使用非实验方法时,样本设计应该从可能符合条件的对照组中收集数据,以避免丢弃大量数据。对于群集设计,可以使用不同的数据集(如普查或管理数据)来识别匹配的社区。

三、亚组分析

所研究样本的重要属性总是会存在一些差异,这便是异质性,比如人和人之间的消费习惯可能会大相径庭,例如记录1 000个人10年的月消费数据,即便他们的收入流和资产完全相同,消费流也可能会截然不同。在统计性质上,这种不同就表现为异方差。在计量模型中横截面数据和面板数据经常会出现异质性问题。

亚组分析(subgroup analysis)是指在研究中,按照研究对象的某种特征(如性别、疾病严重程度等)将研究对象分成不同的亚组,然后分别估计不同组别的效应值,并进行亚组间比较。在一个有主要研究目标的试验中,围绕中心问题调查会收集很多资料,如果利用其中部分资料也可以得出一些有意义的结论,但这不是该研究最主要的目标,这种次要分析也叫亚组分析。

亚组分析是分析异质性结果的重要方法之一,或用于回答有关特定干预类型或研究类型的问题。在系统评价中出现异质性的原因可能是各项研究在研究对象、干预措施制定、研究地域等方面存在差异。亚组分析就是按照以上某一因素将研究分成两组或多组,以观察各亚组的合并效应值之间是否存在统计学上的差异,即亚组合并效应值与分组因素是否存在交互作用,由此判断分组因素是否为各项研究结果之间存在异质性的重要影响因素。异质性意味着影响可能以不同的方式发生变化:性别、社会群体、地点、一年中的时间等。例如,在中国发现计算机辅助学习可以使测试前成绩分布的底部、中间和前1/3学生的数学分数分别提高0.43、0.35和0.33个标准差,这表明最差的学生受到的影响最大。

变革理论可以给预期的异质性提供一些解释。如果有合理的推理和证据支持,最好在研究设计方案中预先指定拟进行的亚组分析。抽样需要考虑到计划的亚组分析。例如发展项目可能是有效的,但对妇女没有显著影响。这可能是因为样本量不足以检测对子样本的影响,这项研究可能也没有发现其对男性的显著影响。

研究者可以通过定性和定量两种方法判断合并效应值在不同亚组间是否存在差异:(1)定性判断,观察各亚组的合并效应值95%可信区间之间是否存在重叠,若存在重叠则表示很可能存在交互作用;若不存在重叠则表示不存在交互作用。(2)定量判断,通过假设检验的方法检验是否存在交互作用。

来自多个亚组分析的结果可能产生误导,因为亚组分析是通过特征进行观察,并不是基于随机的比较。因此随着亚组分析数目的增加,在不调整显著性检验水准 α 的情况下,出现假阴性和假阳性显著性检验的可能性迅速增加。当其作为结论呈现时,会出现拒绝有效干预并接受无效(甚至有害)干预的风险。此外,亚组分析也会对未来的研究方向产生误导性推荐,一旦发生则是对稀缺资源的浪费。因此,亚组分析结果不应该作为研究的主要结论基础,而是作为研究结果的补充,或者为进一步的研究提供参考依据,对亚组分析结果的解释应该谨慎。

本章小结

影响评估数据质量的高低决定着管理决策的科学性与可靠性,拥有足够多的高质量数据对于影响评估至关重要,其中可用的数据来源非常广泛,但要收集到影响评估的数据一般需要展开新的调查,且通常涉及多个层面,比如家庭、企业、公共场所、社区和机构。影响评估的质量取决于它所基于的数据,使用未知或低质量的数据可能会导致对政策和计划作出错误的决定。即使使用定义明确的程序和标准化工具收集数据,也需要检查它们是否存在任何不准确或缺失的数据。这种数据清理涉及查找和处理在计算机中数据的写入、读取、存储、传输或处理过程中发生的任何错误。良好的数据管理需要开发有效的流程,其中包括持续收集和记录数据、安全地存储数据、清理数据、传输数据、有效地呈现数据并使数据可供他人验证和使用。抽样调查是一种非全面调查,它是从全部调查研究对象中,抽选一部分单位进行调查,并据以对全部调查研究对象作出估计和推断的一种调查方法。抽样调查虽然是非全面调查,但它的目的却在于取得反映总体情况的信息资料,因而,也可起到全面调查的作用。无论使用一手数据还是二手数据,一个重要的考虑因素是其代表性。当样本完全反映总体特征时,样本被认为具有代表性。常用的抽样方法,包括简单随机抽样、系统抽样、分层抽样、整群抽样和分群抽样。其中,简单随机抽样是最基础的抽样方法,适用于总体样本量不大的情形,但考虑到准确性,研究人员一般会将简单随机抽样与其他方法结合使用。在不同的影响评估中,调查人员会根据总体特征来选择适当的、准确性较高的抽样的方法抽取样本,使得收集的数据能够很好地代表总体特征。除此之外,抽样应考虑发展项目的溢出效应和

预期的亚组分析,需要注意的是对照组应由不会经历溢出效应的非受益者组成。在收集数据中通常需要多个取样阶段,且需要有专业人员来进行细致的监督检查、核实检验以及一致性检查,从而确保整个过程有充足的证明资料来证实数据的可靠性。

关键词

简单随机抽样　系统抽样法　分层抽样　整群抽样　多阶段抽样　溢出效应　亚组分析　二分变量　连续变量　离散变量　数据清理　抽样调查　概率抽样　代表性样本

复习思考题

1. 简述影响评估需要收集的数据。
2. 简述影响评估的数据来源。
3. 影响评估中数据管理的步骤有哪些?各步骤有何注意点?
4. 抽样调查有何特点?其基本步骤有哪些?
5. 常用的随机抽样方法有几种?它们的区别与适用条件分别是什么?
6. 什么是溢出效应?请举例说明。

 案例分析题 5-1

警察和城市服务对哥伦比亚波哥大犯罪的影响[1]

1. 研究背景

波哥大是一个拥有约 800 万人口的城市,是哥伦比亚的工业和政治中心。犯罪是波哥大最紧迫的社会问题之一。在 1990 年代,波哥大是世界上最暴力的城市之一,每 10 万人中有 81 起谋杀案。本调查的目的是研究密集的警务和市政服务是否提高了目标热点的安全性,探讨这些基于地点的策略是否将犯罪转移到附近的街道。这项研究是有史以来对强化警务进行的最大规模评估,也是拉丁美洲首次进行的此类随机评估之一。

---

[1] Hotspot interventions at scale: the effects of policing and city services on crime in Bogotá, Colombia | 3ie https://www.3ieimpact.org/evidence-hub/publications/impact-evaluations/hotspot-interventions-scale-effects-policing-and-city.

2. 干预措施

这个实验有两个干预。第一个是密集的警务干预,包括将巡逻时间从每个热点街道段的每天约 55 分钟增加到每天 90 分钟。对于对照组的区域,民警没有接到任何特别指示,可以随意巡逻。巡逻活动是标准的,即犯罪记录检查、社区上门走访、逮捕、缉毒等。第二项干预是市政服务干预,包括派出一个市政小组到选定的热点街道清理,以维护国家秩序,市政小组还负责维修路灯和清理涂鸦,每隔几周收集一次垃圾。在与警方合作确定了波哥大 1 919 个犯罪率最高的街区后,研究人员将每条街道随机分成四组:(1)加强巡查组,警方在 756 个目标路段增加了每日巡逻的时间,除此区域之外,警察没有改变任何日常行为或活动;(2)市政服务组;(3)密集的警务和市政服务组;(4)对照组,警察和市政团队没有收到任何特殊指令,他们也不知道哪里是受到干预的街道路段。

为了衡量这些干预措施的影响,研究人员使用了报告犯罪的警察行政数据,对 24 000 名公民以及每间隔 30 秒收集的在该市巡逻的每个警察的位置展开了调查。该调查包括犯罪的数量、安全感以及对警察和当地政府的态度。为了衡量对邻近街区的影响,研究人员使用了来自整个城市(超过 138 000 个街区)的犯罪数据,并从实验性犯罪热点以及非实验性样本中 480 个街道的代表性样本中收集了调查数据。由于该干预存在显著的溢出效应,研究人员将控制热点分为以下几类:距离处理过的热点 0—250 米、250—500 米和超过 500 米。通过比较实验组和对照组的结果,研究可以首先得到 0—250 米和 250—500 米区域的溢出,然后使用未受影响的区域作为对照组来估计直接处理的效果,再以同样的方式估计溢出到非实验样本中的效果。

3. 变革理论

本研究的干预措施有两个主要理论。第一个是犯罪经济学理论,该理论认为个人在决定从事犯罪行为时会考虑被逮捕和惩罚的可能性。因此,增加逮捕和处罚的可能性可以防止犯罪分子参与非法活动。第二个理论是市政服务假说,它通过引入犯罪分子对拘捕和惩罚的主观感知来与之前的理论相协调。也就是说,市政环境条件可能携带有关社会规范和执法能力的信息。如果市政环境高度混乱,犯罪分子可能会认为该地点的警察和其他执法工作较薄弱。

4. 研究发现

研究结果显示,当单独评估时,密集的警务和市政服务干预不会导致热点安全性在统计上显著提高。假设存在溢出并且这两种处理组之间没有相互作用,在密集治安的街道上报告的犯罪数量减少了约 12.6%,在以市政服务为目标的街道上减少了 10.2%。然而,这些差异太小且不够精确,以至于无法确定存在改进。但当这两种干预措施同时实施时,效果显著加强,从而对安全产生了巨大且具有统计学意义的影响。在同时加强警务和市政服务的街道上,报告的犯罪数量减少了约 45.6%。两种干预措施的效果超过了个体效果的总和。调查也表明接受这两种干预措施的街道的安全感有所改善。在犯罪率最高的热点地区,两种干预措施的综合效果最大。

在目标热点地区阻止的犯罪总量存在局限,结果表明,犯罪可能已经转移到邻近的街道,即存在溢出效应,在目标热点路段250米范围内的近77 000条街道中,每条街道的犯罪数量都可能略有增加。估计犯罪还溢出到附近的控制热点,以及实验样本250米内的近77 000个非热点段。在细分层面,这些溢出效应很小。例如,在一个路段中,密集的监管导致相邻非热点地区仅增加了0.016起犯罪。然而,将这些小的影响加起来,在靠近集中监管热点的50 000多个路段中,在估计两种干预措施对所有城市街道总犯罪率影响的置信区间为90%的情况下,犯罪率从下降2%转变成上升5%。所以当这些位移效应加在一起时,该研究不能排除所有直接威慑的犯罪都转移到其他邻近街道的可能性。但是结果也表明暴力犯罪的总数有所下降,尤其是严重的凶杀和性侵犯案件减少了8%。

问题:通过阅读上述案例,分析在该影响评估中为什么存在溢出效应,在存在溢出效应的研究中我们应该注意什么。

案例分析题 5-2

支持性反馈和非货币激励对埃塞俄比亚儿童免疫接种的影响[1]

1. 研究背景

尽管经济和发展取得了长足的进步,埃塞俄比亚的全面免疫率仍然很低,2011年埃塞俄比亚12—13个月的婴儿接种率只有24%,尽管到2016年提高到39%,但这一比例仍然远远低于全球86%的接种率。虽然已经多次尝试让社区参与增加免疫接种,包括提高对免疫接种的认识和兴趣,或采用直接的(通常是经济上)激励措施,但母亲仍有可能认为没有必要为孩子接种疫苗,因此继续教育或提高免疫接种的认识的效果可能有限。此外,有些健康推广工作人员(Health Extension Worker,HEW)虽有意跟进每个应进行免疫检查的儿童,但可能由于认知有限而无法确定哪些儿童需要跟进,或者可能因其他职责而分心。这项研究试图探讨两个问题:(1)如何采取行动来吸引社区积极反馈,以动员医护人员提高免疫接种率;(2)如何使用非货币奖励为这些改进创建一个积极的循环。

2. 干预措施

该影响评估设计是一项随机对照试验,使用随机分配的方法设置对照组和实验组。

---

[1] Impacts of supportive feedback and nonmonetary incentives on child immunisation in Ethiopia | 3ie https://www.3ieimpact.org/evidence-hub/publications/impact-evaluations/impacts-supportive-feedback-and-nonmonetary-incentives.

研究区域包括90个卫生站,其中45个被随机分配到实验组,其余45个为对照组,对照组只接受卫生部的标准培训。主要干预措施是一张名为"受保护儿童"的跟踪海报,该海报使用邮票系统作为HEW跟踪免疫接种成绩和辍学率的一种简单而显著的方式。这种干预的变革理论假设,通过公众对海报的反馈将导致更多的HEW的工作拓展到有需要免疫的孩子的家庭,促使父母带孩子到卫生站或其他免疫中心的诊所,提高社区免疫接种率将增进家庭对HEW的认可,促使他们开启一个积极的强化循环,从而提高自我效能并增加社区的参与度。

3. 研究结果

证据表明,HEW的行为因干预而发生了变化,但没有观察到免疫接种率的变化。一个潜在的原因是,这些数据是在总体免疫接种率迅速上升的时期收集的。考虑到埃塞俄比亚在数据收集期间发生的其他卫生系统变化和经济增长,无法将处理的额外影响与潜在的上升趋势区分开来。同样值得注意的是,由于数据收集期间埃塞俄比亚内乱,政治不稳定,与实验的预分析计划相比,基线和后续行动之间的时间大大延长。

问题: 通过阅读上述案例,分析在该影响评估中采用了哪种抽样方法,该方法的适用条件是什么。

第六章

实 地 调 查

引 言

  影响评估关注可归因于发展干预的结果变化,不仅可以评估干预措施是否有效,而且还能够说明在什么样的情景下干预措施有效或者无效,以及对不同受益人群的影响如何变化。在很多影响评估中,必须通过实地调查才能获取基础数据。实地调查是相对于案头调研而言的,在一些情况下,案头调研无法满足调研目的。当收集资料不够及时准确时,就需要适时地进行实地调研来解决问题,取得第一手的资料和数据,使影响评估工作顺利开展。如果只依靠案头实证分析,没有对项目更深入的实地考察认知,可能会导致评估人员错失数据之外的其他关键信息。实地调查获取的一手数据可以佐证其他层面的统计数据真实性,一手数据和二手数据的结合也有利于提高影响评估的准确性。实地调查一般发生在项目开始实施,影响评估团队通过变革理论确定了影响评估方案中将使用的评估方法以及所需要的数据类型之后。本章将概述如何设计和实施现场调查以获取理想数据并确保数据的准确性。

学习目标:

1. 对实地调查在影响评估中所处的环节有准确认知
2. 对实地调查设计应包括的环节有整体把握
3. 能独立完成一份实地调查设计,制订详细的调查计划

第一节　调查前的准备

通过变革理论确定需要收集的数据,再选取合适的抽样方法来获取有代表性的样本,接下来面临的问题就是样本量大小。样本量要足够大,才能提供足够的统计能力来检测干预措施的影响。为了确保实地调查能够准确获得影响评估所需要的数据来源,在调查前需要做好充足的准备,仔细规划、恰当设计,主要包括制订周密的分析计划、明确影响评估研究的问题和评估所需的数据类型。调查前还要考虑到基线数据无法收集情况下的基准代理和多个假设检验等问题,为之后的调查实施做好充足的准备。

一、制订分析计划

分析计划即提前制订的用于指导数据分析的文档。分析计划需明确需要收集的数据、使用数据的目的以及如何分析数据。分析计划有助于影响评估选择最合适的研究方法和统计工具,也可以确保收集数据和构建数据库以获得可靠的分析结果。

分析计划通常包含:
(1) 研究问题和/或假设;
(2) 使用的数据集;
(3) 数据纳入/排除标准(如只分析成人或儿童的数据);
(4) 确定分析中使用的变量;
(5) 确定使用的统计方法和软件;
(6) 确定关键表格。

为了完整起见,所有变量都应完全定义并链接至问卷中的具体问题。做好一个完整的分析计划,可以保证后面需要的数据不会空缺,也可以避免不必要的数据收集。可以使用在试点调查期间收集的数据,或为调查问卷生成虚拟数据,以进行预期分析的测试运行。这种方法有助于识别编码中不可预见的错误或其他可能需要修改调查工具的问题。

2021 年,3ie 发布的《尼泊尔学校部门发展计划下的中学教师培训评估报告》[1]

---

[1] Schaffner J, Glewwe P, Sharma U. Evaluation of Secondary School Teacher Training under the School Sector Development Programme in Nepal[R]. Impact Evaluation Report 135. New Delhi: International Initiative for Impact Evaluation (3ie), 2021. pp. 1-3.

展现了一份完整的分析计划,通过阐明识别策略的机制帮助目标数据收集,包括要估计的所有模型的规范和要报告的表格。

二、确定影响评估要研究的问题

每组变量的识别将来自评估设计,而评估设计又是基于发展项目如何达到预期结果的变革理论。评估设计应明确的问题包括:

(1) 是否参与发展项目。

(2) 影响评估的结果,包括在项目设计期间可能没有预见或预期的结果。有些结果不是在调查中直接问出来的,而是从一系列调查问题中得出来的。

(3) 对家庭或公司的特征进行匹配,在没有匹配的情况下需进行平衡检查。

(4) 确定可能影响结果的控制变量,如地点或性别。

(5) 确定工具变量法或断点回归设计中的控制变量。

(6) 确定因果关系中的中间结果和过程变量,如对发展项目支持活动的认识,这些活动的可访问性、成本和质量,互补产品或服务的可获得性。这些变量应可以沿着因果链进行事实和反事实分析。通过结构建模进行影响评估的部分,可能需要更多的变量。

(7) 允许重新调查或联系被调查者进行验证、确定后续调查的细节。

变革理论也应该为亚组分析提供信息。例如,发展项目是否会产生性别差异的影响,是否会在贫困,非贫困,或少数群体之间产生差异影响? 如果是,就必须收集数据来识别和表示这些亚组。

三、把握影响评估的数据及数据来源

要明确所需的数据及其类型,包括数据可获取性和收集工具的选择,以及当数据难以或无法收集时的代替方案。评估所需数据有利于确定调查目的和数据分析技术,为后续数据分析工作做好准备。

(一) 定性数据和定量数据

影响评估的设计通常同时使用定量和定性数据。定性数据(qualitative data)在统计学上包括分类数据和顺序数据,是一组表示事物性质、规定事物类别的文字表述型数据,其不能被量化,只能将其定性。

定性数据可以起到以下作用:

(1) 定性数据可用于影响评估的形成阶段,用来帮助形成调查设计;

(2) 定性数据可以解释一些敏感的或是不太容易理解的问题,如参与障碍、实施问题等；

(3) 定性数据可以帮助解释调查的结果和归纳结论。

使用定性工具收集的数据可以来自项目人员与社区领导人的公开访谈,记录口述生活史等。用于定性数据收集的工具与采用结构化调查的工具相同,都需要在调查开始前进行充分的预测试。在某些情况下,定性数据的收集是影响评估设计之前进行初始分析的一部分。

定量数据(quantitative data)指以数量形式存在,并可以对其进行测量的数据。以物理量为例,距离、质量、时间等都是定量数据。

(二) 基线数据

1. 基线数据和数据波

影响效能和样本大小的设计特点要求收集数据波动的情况。基线数据的可用性可以显著增加效能。这是因为在估计发展项目效果时如包括基期协变量可以有效地降低结果的噪声(方差)。效能的最大收益通常来自在项目之前的基期数据,特别是如果影响随着时间的推移高度相关(如健康和教育)的数据。基期协变量可以减少所需的样本量,(至少部分地)降低收集额外数据的成本。

对于随着时间变化,相关性较低的影响(如业务利润),控制干预的基期值提供的效能增益较小。对于这样的情况,如果发展项目随着时间的推移而扩大,那么放弃基线数据收集,转而投入资源来收集多轮后续数据可能更具有意义。[1]

2. 基线数据的代理

影响评估设计需要收集基线数据。如果基线数据收集得较早,评估者可以使用它们来检查基线(实验组和对照组之间)的平衡,还可以匹配不受发展项目影响的指标,并计算双重差分的影响估计值,以此来减少对样本量的要求。

但是基线数据不一定能够收集到。在这种情况下,可以使用基准代理。在没有正式基线但有管理数据的情况下可以采用下列方法来代替基线数据:

(1) 在发展项目开始前,在发展项目区域进行的现有调查可能已收集了研究者感兴趣的结果和特征数据。例如,可以考虑使用人口普查数据,它具有全民覆盖的明显优势。但是采用这种数据也会有劣势,普查日期可能离发展项目开始的时间间隔较远,且数据的广度可能也有限。

(2) 管理数据,如教育管理信息系统中的数据具有覆盖全国的优势,但这类数据通常只覆盖公立学校,私立学校的数据不在其中。

(3) 卫星数据提供了一些土地使用方面的信息,可用于分析诸如种植模式和森林砍伐等调查问题。

---

[1] McKenzie D. Beyond Baseline and Follow-up: The Case for More T in Experiments [J]. Journal of Development Economics, 2012, 99(2): 210-221.

(4) 如果受访者可以准确回忆一些实质性的项目,如购买大型资产,那么也可以使用回忆资料。

除此之外,一些不受发展项目影响的特征可以事后收集,如成年家庭成员的教育程度、宗教信仰、户主的性别等。

四、设定多重假设

影响评估通常使用一种以上的结果来评估发展项目的影响,并通常旨在比较两种以上的实验方法。这些评估往往需要同时测试多个假设(结果的数量乘以不同实验组之间比较的数量)。然而,检验假设的标准方法假定进行的是单一检验。当检验多个假设时,需要调整效能计算,以考虑到任意一个假设检验在随机情况下可能变得显著的概率。因为有更多的尝试,所以,在多次检验中偶然发现显著影响的概率比在单一测试中更高。

在蒙古国校园环境改善影响评估[1]中,报告将检验以下多个假设:

(1) 改善的学校宿舍环境可影响 6 岁儿童接受小学教育的入学率,特别是来自偏远农村地区牧民家庭的儿童。

(2) 改善学校宿舍环境有利于学生特别是幼儿的社会适应程度,提高他们的心理健康水平。

(3) 改善学校宿舍环境可提高住在宿舍的学生小学教育结束时的考试成绩。

(4) 改善学校宿舍环境可减少辍学率,提高小学毕业率。

(5) 训练有素的宿舍员工能以更有效的方式支持和促进学生参与学习、阅读和课外活动,并改善他们的学习成果(如小学教育结束时的测试结果)。

(6) 如果加强宿舍学生委员会组织学习、阅读和课外活动,学生就能更多地参与学习、阅读和课外活动,学习成绩就会得到改善。

(7) 如果家长定期了解孩子的学习情况,学生学习、阅读和课外活动的参与程度就会增加,学习成绩也会提高。

(8) 提高学校宿舍服务的能力,可以减少辍学现象,提高小学毕业率。

调整多个假设的方法分为两大类:控制错误发现率(false discovery rate, FDR)和控制族错误率(familywise error rate, FWER)。FDR 通过控制作为错误发现(I 类错误)的重要结果(拒绝零假设)的预期比例来进行调整,FWER 控制程序更常用于计算效能和样本量,因为它们比 FDR 控制程序更保守。

$$FWER = \Pr(V \geqslant 1) \tag{6-1}$$

---

[1] Asian Development Bank, Impact Evaluation Baseline Survey of School Dormitory Environment in Mongolia.

其中，$FWER$ 表示的是一个概率值，即在 m 重假设检验中错误拒绝原假设次数至少为 1 的概率，V 表示错误拒绝原假设的次数。通过对 m 重假设检验中错误拒绝原假设次数至少为 1 的概率进行控制，将其控制在显著性水平 α 范围内，即 $\Pr(V \geqslant 1) \leqslant \alpha$ 或 $\Pr(V > 0) \leqslant \alpha$。在 m 重假设检验中，为每一个假设检验所分配的 p 值都是 $\frac{\alpha}{m}$ 时，就能确保 $FWER$ 满足 $\Pr(V \geqslant 1) \leqslant \alpha$ 或 $\Pr(V > 0) \leqslant \alpha$。[1]

有许多单独的 FWER 控制方法可用，最简单的是邓恩于 1961 年发展的邦费罗尼（Bonferroni）方法。[2] 使用邦费罗尼方法，只需将所需显著性水平除以假设总数即可获得调整后的显著性水平（α），并使用这一新的显著性水平来计算样本量。例如，如果所需的显著性水平为 0.05，并且有两个假设（要测试的两个结果），则将使用显著性水平 0.025（0.05÷2）。

邦费罗尼方法的缺点是它假定假设是独立的，因此可能过于保守。该方法有一些改进，最佳实践是使用逐步降低（step-down）方法来解释所测试结果的相关性。其中，霍尔多姆向下控制法（Holm's Step-Down）设定 $P_1, P_2, \cdots, P_m$ 为检验假设 $H_1, H_2, \cdots, H_m$ 的对应 P 值。从小到大排列 P 值使得 $P_1^* < P_2^* \cdots < P_m^*$ 对应 $H_1^*, H_2^*, \cdots, H_m^*$。对于设定的显著性水平 θ，使得 k 为最小的指数，满足：$P_k^* > \dfrac{\theta}{(m+1-k)}$，从而拒绝 $H_1^*, H_2^*, \cdots, H_{k-1}^*$，接受 $H_k^*, H_{k+1}^*, \cdots, H_m^*$。

第二节　制订调查计划

除了抽样误差，非抽样误差也会降低精确度（效能），导致偏差从而影响评估结果。非抽样误差包括一些问题导致的误差，如无响应（对某些个体来说数据缺失或不完整）、损耗（不同调查批次之间的个体数据丢失）和测量误差（指标的记录值和真实值之间存在差异）。[3] 抽样误差是在抽样阶段产生的，而非抽样误差是在数据采集过程中产生的。如何设计问卷、用什么措辞描述问题、现场团队的行为以及如何收集和验证数据都会影响非抽样误差。在影响评估中，非抽样误差的代价可能非常高。所有数据分析都受到非抽样误差的影响，它对影响评估构成了更大的威胁，在实验组和对照组之间不平衡的错误会大大降低评估结果的可解释

---

［1］高成. 多重假设检验方法及应用[D]. 湖南师范大学，2019，第 11—12 页。
［2］Dunn O J. Multiple Comparisons among Means[J]. Journal of the American Statistical Association, 1961, 56(293): 52-64.
［3］Banda J P. Nonsampling Errors in Surveys[C]//Expert Group Meeting to Review the Draft Handbook on Designing of Household Sample Surveys. United Nations Secretariat, New York. 2003: 3-5.

性。因此，数据收集的计划应尽可能减少非抽样误差，并确保其误差在实验组和对照组之间得到平衡。实现这一目标的最佳方法是制定统一的标准，并在各个阶段嵌入重复的质量检查。

调查计划是影响评估设计中的一项关键工作，需要投入相当多的时间。本节讨论调查计划中可能遇到的各种问题。

一、确定调查板块

数据收集几乎总是受到各种约束，如预算（可用于收集数据的预算）限制、业务（执行调查的人的能力）限制以及接受采访的人提供信息的能力和意愿。数据收集的目标是制定一项可以减少错误数据并涵盖评估所需的重要指标的数据收集战略。因此，数据收集是一个确定优先级、权衡评估目标和制约因素的过程。影响评估最常用的调查板块是家庭调查，因为大多数感兴趣的结果都与家庭福利或行为有关。分析的深度和质量往往需要通过增加调查板块而得到提高。最常用的调查板块如下：

(1) 住户调查(household survey)：通过访问住户来收集数据。目标被调查者通常是户主，不同的模块可能会针对不同的被调查者，但共同的模块是家庭名册，包括姓名、年龄、性别、受教育程度以及所有家庭成员与户主的关系，另外还有其他根据研究重点而确定的模块，如教育、健康和就业、收入和支出等。

(2) 企业调查(enterprise survey)：通过企业层面收集数据。被调查者以企业所有者或管理者为目标。模块包括雇佣、销售、支出和信用等。

(3) 设施场所调查(facility survey)：在设施场所一级（如学校或医院）收集数据，被调查者为设施负责人（如主任或主治医生）。模块将涵盖服务的数量和质量。子模块也可以针对普通教师或医生。

(4) 社区调查(community survey)：在社区一级（可以是城市地区的行政区域或村庄）收集数据。目标受访者是社区领导人，其中可能包括村政府负责人等。有时需要普通村民核实村长提供的信息或征求村民的意见。

(5) 机构调查(agency survey)：在机构层面收集数据，如实施发展项目的非政府组织或区政府办事处，以发展项目地区的机构领导作为目标受访者。模块可能包括机构的资源、人员（数量和质量）和程序等。

(6) 工人调查(worker survey)：数据是针对目标回答者的个别工人，如教师或卫生工作者收集的。模块可能包括资格、工作环境、工作满意度和技能。如果工人受过培训，作为发展项目措施的一部分，调查可以测试工人在实践中获得的知识和预期的变化。

可以通过一项研究（如社区和家庭）实施多项调查，或通过将自己的调查数据

与现有数据源(如农业研究的降雨数据)联系起来,将多个数据源用于一项研究。为此,可以收集村庄或单个受访者的全球定位系统坐标,当研究中多个调查同时进行时,使用 ID 代码使多个调查相互连接。例如,教师调查中的 ID 代码可能是 ccc.ss.ww,其中 ccc 是三位数的社区识别码,ss 是两位数的学校识别码(学校唯一标识为 ccc.ss),ww 是两位数的教师识别码。

二、设计调查问卷

权衡评估目标和制约因素的过程始于问卷设计。设计问卷时,一般都期望收集尽可能多的数据。然而,收集不必要的数据可能代价高昂。不必要的冗长问卷不仅会增加调查成本,还会影响数据的质量。

(一)问卷设计的基本原则

调查问卷的设计是有效调查的核心。一份有用的调查问卷应该具有以下几个特征:简洁、具体、客观。

影响评估调查中的大多数问题是定量的或是预先编码设定问题的。要保持所有重要的定量信息连续,可以将变量简化为类别。在使用类别的情况下,预期的回答应该是相互排斥和涵盖全面的。如果不是这样,则应该有一个选项表示"适用于其他内容"。

调查设计中通常包含一个跳过模式,它指示调查员下一个要问的问题。例如,如果一个小企业主回答说,他在过去一年中没有贷款,那么就跳过有关去年贷款的问题。但需要注意的是,在调查期间跳过模式可能会出现错误,因此后续需要进行全面测试。

每个问题都需要一个单独的回答,且问题不应该包含隐含的假设。

在设计调查问题时,可以借鉴目前许多相关的典型调查,特别是一些大型的全球调查项目,这些项目花费了大量资源来开发,属于具有最佳实践经验的调查工具。最显著的例子包括世界银行生活标准衡量调查和人口与健康调查。在获得有关机构同意的情况下,需要设计的模块可以从这些调查中进行复制和改编,例如在农业调查中列入管理实践,并进行适当调整与适应,可以使用当地的衡量办法,并将教育问题同当地教育体制联系起来。除此之外,为了研究两项调查之间的可比性,应该采用标准化的方法来收集数据。因此对于一些特定的主题,第一步可能要做的是查找目前有关的大型调查并获得其调查工具的副本。

采用经过验证的调查问卷将避免调查中的一些错误,包括:
(1)在调查中添加过多不必要的问题;

（2）提出被调查者无法合理回答的问题，其中一个典型的例子就是询问总量，如询问农业收入，而不是采用更加精确的分类方法，如询问特定农作物、牲畜的投入成本和生产数量等；

（3）问题不明确或含糊不清；

（4）捕捉连续的特征（如年龄）作为类别，这些特征对分析的解释力不大；

（5）跳过模式不恰当、调查顺序设计不合理等。

（二）设计时参考现有调查问卷

调查问卷和其他调查工具可以针对影响评估需求具体而定。与此同时，大多数调查试图获取过往调查工作所采用的变量。因此，在开始新的调查设计之前，可以参考现有的调查手册。

1996年，世界银行发布了《规划和实施生活水平测量研究调查的手册》（A Manual for Planning and Implementing the Living Standards Measurement Study Survey, LSMS），说明了生活水平测量研究调查程序在不同国家的实施方式。手册涵盖的内容包括：问卷格式和测试技术、样本设计、成功的实地工作和数据管理程序。尽管该手册主题是 LSMS 调查，但其中许多经验适用于一般调查，尤其适用于那些复杂或特别关注质量控制的调查。[1]

调查手册来源包括：

（1）世界银行的影响评估工具包中包含的调查表格。

（2）人口与健康项目的调查表格。

（3）南亚乡村动态研究中使用的调查。

在蒙古国校园环境改善影响评估工作中，评估人员首先查阅了相关评估文献以及现有的关于蒙古国的调查问卷，如住户社会经济调查、社会指标抽样调查、人口和住房普查以及指标聚类调查。随后评估工作人员将调查问卷根据不同的目标群体分为了七个层次，分别是学生、家长、教师、宿舍警卫、宿舍厨师、学校管理人员以及教育专家。根据需要考察指标的特点，针对每个层次的问卷又设计了不同模块，参见表6-1。

（三）使用电子调查问卷

近年来，使用笔记本电脑收集电子数据越来越普遍。虽然初步建立电子调查问卷比纸质问卷要花费更多的时间，但这种方法有以下几个优点：

（1）数据收集往往可以得到监测，以确保调查人员在实地调查中可以有足够的时间与受访者接触；

---

[1] Grosh M E, Muñoz J. A Manual for Planning and Implementing the Living Standards Measurement Study Survey[M]. The World Bank, 1996, pp.1-3.

(2) 通常较容易对调查进行修改，有需要时甚至可以在实地进行调整，但最好是在调查人员能够连接到互联网并可以更新问卷的情况下进行；

(3) 跳跃模式、一致性检查和范围限制被内置到软件中，可以标记语句，避免调查者出错；

(4) 可以通过程序设置，自动否定无效的回复；

(5) 数据可实时传送回研究总部进行核对，从而可以标记哪些受访者需要复查或枚举错误；

(6) 可以节省纸张。

使用电子调查问卷的主要的缺点有两个。首先，许多电子数据收集包具有一定的刚性，它们可能限制问题跳过顺序或者记录格式，也可能使手动计算变得困难。如果仪器在实地调查前没有进行充分的预测试，这种刚性会引入误差。其次，电子设备需要定期接入电源，可能还需要有 Wi-Fi 或强大的移动信号。

> **专栏 6-1**
>
> **计算机辅助个人采访平台**
>
> 目前已有若干可用于电子（无纸化）数据收集的免费软件平台，可以使调查更准确、及时、成本更低。以下列举了一些免费软件，应该还有更多的商业产品可供选用。
>
> (1) CSPro 是最古老的计算机辅助个人访谈（CAPI）平台，由美国人口普查局开发。它采用封闭源代码，在 Windows 和 Android 上可以运行。调查问卷用平台特有的语言编写。与 Dropbox 或 FTP 点对点文件共享结合使用，可以实现实时数据同步。采集的数据可直接导出到各大统计软件。网址为：https://www.census.gov/population/international/software/cspro/index.html。
>
> (2) 开放数据工具包（Open Data Kit, ODK）是由华盛顿大学和谷歌联合开发的一个开源平台，通过 Android 平板电脑或手机收集数据。它有几个工具可以帮助以标准化的 XML 格式[1]构建调查。使用该平台需要安装专用的聚合服务器。它可以包含各种传感器数据，包括全球定位系统和照相机的坐标。数据输入可以通过谷歌 Maps 或其他查询方式进行实时监控。网址为：https://opendatakit.org/。
>
> (3) 调查解决方案（Survey Solutions）是世界银行的 CAPI 平台。它是由世界银

---

[1] XML 是 extensible markup language 的缩写。扩展标记语言 XML 是一种简单的数据存储语言，使用一系列简单的标记描述数据，而这些标记可以用方便的方式建立，虽然 XML 比二进制数据要占用更多的空间，但极其简单并且易于掌握和使用。

行托管的封闭式的云平台,在Android平板电脑上运行,用于管理问卷和数据。尽管该软件是免费的,但使用云数据平台需要付费。它使用简化的c#语法进行问卷设计,也可以通过在线设计工具完成。与ODK一样,它可以直接包含各种传感器数据,并实时监控数据输入。该平台还支持直接将数据导出到主要统计软件中。网址为:http://support.mysurvey.solutions/。

(四)附上说明手册

每项调查问卷应附有一份说明手册(supporting documentation),说明进行调查的一般动机、每个模块的目的,并说明调查者可能面临的任何问题。该手册还应说明如何进入社区,如何向社区领导介绍调查团队,以及在无法找到被调查者的情况下,如何选择和替换被调查者等问题。

(五)处理翻译问题

在大多数国际发展项目的影响评估中,如果调查者与被调查者语言不通,往往需要进行调查问卷的翻译。在国外进行实地调查时,如果被访人员有良好的英语交流能力并对问题有深刻的理解,则调查问卷可能会保留英文。在这种情况下,调查人员培训应讨论一些不常见项目或无法直接翻译的项目的当地语言术语。如果需要翻译,则应该在实地测试之前进行,以便发现误译。

三、编制问卷的基本步骤

大多数调查问卷都是以模块的方式编制和安排的,这意味着类似的问题在调查问卷上被分成不同的模块或部分。例如,模块通常对应于主题,但它们也可以对应于不同的受访者。使用模块既简化了创建和组织调查问卷的任务,又在提问中创造了休息时间,有助于减少调查员和受访者的疲劳。

使用模块化方法,问卷编制可以分为七个主要步骤。

(一)步骤1:设置模块

影响评估通常包含几个层次的调查和问卷,以便获取计划、政策实施的变化以及调节变量的影响。通过将问题降级到适当的级别以提高调查的效率。例如,可能有一个关于设施交付(如学校的教育发展项目)的发展项目调查,这样,村庄或社区调查可捕捉当地是否存在其他项目和该地区的特点,家庭调查可以描述项目目标人群的特点。

对于特定模块的选择应通过参考基于变革的评估理论所识别的指标列表来选择。应在这一阶段开始确定优先次序的过程,选择对评估最重要的主题的模块。表6-1是蒙古国宿舍环境改善针对不同层次问卷调查设计的模块。

表6-1 调查工具

问卷	模块/主题
学生	A. 背景资料 B. 宿舍环境 C. 宿舍学习环境 D. 校园福利 E. 宿舍福利 F. 宿舍食品
家长	A. 背景资料 B. 宿舍福利 C. 与子女的关系 D. 与宿舍老师、警卫的关系 E. 家长知道的信息 F. 儿童疾病和突发疾病
教师	A. 背景资料 **给宿舍老师的问题** B. 工作地点 C. 与学生和学生委员会的关系 D. 与父母的关系 E. 职业发展活动 **给班主任的问题** F. 工作地点 G. 与父母的关系 H. 职业发展活动
宿舍警卫	A. 背景资料 B. 工作地点 C. 与学生的关系 D. 与父母的信息沟通与关系 E. 职业发展活动
宿舍厨师	A. 背景资料 B. 有关工作地点 C. 膳食配制 D. 职业发展活动
学校管理人员	A. 背景资料 B. 学校信息 C. 有关宿舍楼及设备的资料 D. 宿舍人力资源信息 E. 宿舍财务资源信息 F. 对宿舍和宿舍服务的感觉

续表

问卷	模块/主题
学校管理人员	G. 向初等教育培训经理提出的问题 H. 向学校社工提出的问题 I. 向会计提出的问题 J. 向苏姆州长提出的问题
蒙古国教育专家	A. 背景资料 B. 对宿舍的支持 C. 宿舍的财务和预算 D. 职业发展活动

资料来源:Asian Development Bank,"Impact Evaluation Baseline Survey of School Dormitory Environment in Mongolia",http://dx.doi.org/10.22617/TCS190595-2,p.59。

(二)步骤2:设计问题

设计问题是问卷编制中最烦琐的工作。如果可能的话,可以从在指定背景下已经实施并经过验证的问卷中提取问题。只要有可能,问题应以定量和连续的方式提出,连续变量比分类变量具有更多的分析可能性。

即使是问题措辞方式上看似很小的细节,也会对调查回答中的错误类型和数量产生很大影响。此外,还应注意问题的措辞方式,以限制因受访者告诉调查员"他们想听什么"而产生的意愿偏差(desirability bias)。在提供某种好处的影响评估中意愿偏差尤为危险:实验组的受访者如果知道调查和某个特定项目相关,可能会觉得有必要作出积极回应,或者受访者也许觉得他们的回复可能会影响接下来的好处。鉴于围绕问题设计而产生的问题,最好参考有关该主题的一些文本,并广泛地预先测试存疑的问题(见步骤5)。[1]

完成此操作,应以一种对于调查员和受访者均尽可能简单的方式构建问题,并注意访谈之间的一致性。其一些规则包括以下七条。

(1)完整地列出问题,以便调查员可以通过阅读问卷中的每个问题来进行调查。

(2)列出问卷中使用的所有关键概念和术语的精确定义。

(3)问题要尽可能简短,使用日常用语。

(4)以让受访者感到自然的方式提出问题,并尽量减少回答所需的任何心理计算。

(5)使大多数问题都有预先编码的答案选项。

(6)尽可能使用当地语言和方言(即使受访者会说标准的国家语言或方言,使

---

[1] Krumpal I. Determinants of Social Desirability Bias in Sensitive Surveys: a Literature Review[J]. Quality & Quantity, 2013, 47(4): 2025-2047.

用当地语言进行采访时也会更顺利,错误更少)。

(7) 问卷中包括交叉检查,以便保证回答的记录的有效性。

由受访者自己填写的问卷,应将问卷设计得易于阅读和理解。注意受访者自己填写问卷可能会比被询问的问卷有更多的误差。

如图 6-1 所示,蒙古国宿舍环境改善影响评估为了使学生对于福利问卷调查更容易理解,就借鉴《中国农村小学学生宿舍管理与寄宿制》,采用不同程度的卡通笑脸来衡量情感和幸福感。

图 6-1 在调查中用笑脸表达情感和幸福

资料来源:Asian Development Bank, Impact Evaluation Baseline Survey of School Dormitory Environment in Mongolia, http://dx.doi.org/10.22617/TCS190595-2, p. 67。

(三) 步骤 3:为模块排序

下一步是按照模块在问卷中的顺序对它们进行排序。这个顺序应该与面谈进行的顺序相匹配。

建议将概念上相似的模块分在一组。这可以让提问更流畅,避免频繁地转换话题使受访者感到疲惫。如果问卷中有多于一人接受采访,则可按受访者(或可能的受访者)分组提问,让调查员逐一采访每个受访者。一般来说,最好是为不同的受访者开发不同的问卷,但是有时很难预先知道谁是对既定主题最了解的人(如在调查一个组织时)。因此,最好将类似的模块分组,以尽可能避免调查员在不同的受访者之间来回移动。

为模块排序时需要考虑的其他事项如下:

(1) 模块应该从最容易回答的问题开始排序;

(2) 应该在问卷末尾询问更敏感的模块;

(3) 更重要的模块应该设置在提问开始、受访者不那么疲劳时。

(四) 步骤 4:协调

一旦每个模块的问题被起草、编辑并按顺序排列好,就应该协调问卷的各模块及各部分内容,以保持问题的一致性和连贯性。这包括:

(1) 确保问题的措辞一致(如类似的相邻问题应该尽可能指的是相同的回忆时期);

(2) 检查表单中类似问题的答案代码是否一致(以减少数据分析阶段发生错

误的可能性);

(3)在问卷中包含并反复检查跳过代码,根据对先前问题的回答,指明哪些问题不应被问及。

在制作问卷时,还应检查是否与前几轮调查中的问题一致。

(五)步骤5:预测试

一旦起草了调查问卷并经过了优先排序的迭代过程,就有必要对调查工具进行预测试(pretesting)。在进行实地调查之前,也需要对调查问卷进行充分的预测试。测试应首先由调查员在团队内部进行,然后由调查员在现场条件下进行试点测试。预测试包括对许多人(最好不在评估的实验组或对照组中)试用问卷,以观察问卷的执行情况。预测试通常最好在数周内进行,在密切监督下,使用预期进行调查的调查员。这可以揭示现实世界中的问题,也可以使调查员的能力得到增强。一般情况下,项目团队需要进行几周的现场测试和多轮的修改才能得到有意义的测试结果。如果一项调查没有经过良好充分的测试,那么得到的数据质量往往会很差,也可能会产生不确定或虚假的结果。

在预测试期间,评估人员应仔细检查以下事项:

(1)完成问卷需要多长时间?每个单独的模块需要多长时间?在每次预测试期间为各个问题计时是一种很好的做法,这样可以最有效地简化问卷。

(2)调查员和受访者是否疲劳?

(3)是否有任何问题是调查员难以解释或受访者难以理解的?

(4)受访者有哪些问题难以回答?他们回忆起来有困难吗?回答时会觉得不舒服吗?

(5)不同调查员之间是否存在不一致性?是否可以通过培训来解决调查员之间不一致的问题,或是否应该重新表述问题?

如果可能的话,预测试应该在多个不同的地点进行。也可以在此阶段模拟调查问卷之外的其他调查程序如组建调查组、监督程序、程序质量检查等(通常作为后期预测试的一部分)。

(六)步骤6:修改

应根据预测试的情况修改问卷。好的做法是让数据收集团队完整地参与预测试和修改过程。调查员通常最了解哪些问题有效、哪些无效,并且不同的人会发现不同的问题。

(七)步骤7:重复步骤5和步骤6

应重复预测试和修改过程,直到问卷令人满意为止。这意味着问卷尽可

能清晰和易于使用,并充分反映了目标和限制因素。在这个迭代过程结束后,问卷的最终版本应该经过最终的预测试,以确保所有问题都得到解决。

四、确定调查时间

与调查时间有关的问题包括:何时开始收集数据,调查过程需要持续多长时间等。后者取决于样本大小、样本的地理分布和出差旅行时间、问卷的长度以及问卷所需的访问次数等。调查通常需要多次访问,以减少受访者对长时间调查的疲劳。对于持续时间较长的发展项目,可能也需要中期调查,其侧重调查过程方面的内容或中间结果。最后,在发展项目结束后的一段时间还应进行事后调查,以确定项目收益是否还在持续,甚至是否已经扩大到了更广泛的人群。

调查的时间受到两组因素的限制。第一,基线和终线的时间、影响评估项目的开始和结束时间,以及实际为收集数据提供的资金情况。第二,在实际调查中还应考虑其他具体的时间因素,如在雨季不易旅行,主要节日、季节性迁移和高峰季节会影响到受调查者的时间可用性,与教育相关的调查需考虑校历安排。如果变量是季节性的,那么每一轮调查应该在一年的同一时间进行。来自实验组和对照组的数据需要同时收集。

高质量的数据收集往往需要大量的时间。从开始设计调查到调查正式进行通常需要几个月或更多的时间。这期间需要做的工作包括开发和测试调查设计和支持性文件、培训调查员、确定样本和安排数据收集的后勤工作等。调查实施通常需要2—6周的时间,大型调查或较长的调查问卷可能需要更长的时间。纸质调查的数据输入和初步数据清理需要一个月或更长的时间。

第三节 调查的实施

通过一系列影响评估的前期准备和周密的调查计划,调查实施就可以有序地围绕调查本身的前期工作展开,主要是培训调查员、制定调查指导手册和获得调查许可等。实施调查的过程中一方面要进行组织协调,另一方面要进行全面监督以确保调查质量,为后续数据分析工作做好质控。

一、调查前期工作

在实施调查正式开始之前,还需要开展一系列前期工作便于调查的顺利进行,包括对相关的调查人员进行调查内容的培训,并为其制定培训指导手册,还应获取调查所需的许可。

(一) 培训调查员

调查员必须受过良好的培训。培训质量会对获取的数据质量产生重要影响。调查人员培训通常需要大量时间,以确保其充分了解调查的目的与整体结构,掌握调查的实施步骤,包括在现场如何进行测试工作。这种训练会提高调查的质量,从而减少非抽样误差。角色扮演是培训的重要组成部分。在角色扮演中,调查员使用调查工具模拟工作,其他参与者可以观察和讨论这个过程。角色扮演可以识别对工具的改进,以消除歧义或错误(如在跳过模式中)。培训还应包括数据收集的道德问题,如知情同意。调查员培训主要应强调三个方面。

1. 通过培训了解调查的目标和结构

调查员培训不仅应教导调查员如何履行自己的具体职责,还应使他们了解调查的目标和整体结构。即使在最简单的调查中,调查也是一项艰难且经常令人疲惫的工作,对调查目标的深入理解有助于调查员在整个过程中保持积极性。同时,培训过程中必须确保调查员理解调查的整体结构,让他们更好地了解自己的角色如何适应整个调查过程。同时需要了解其他人的责任以简化现场的协调,特别是在不可预见的事件(不可避免地)发生时。

2. 培训需要标准化

培训要以标准化为目标,在一个集中的地点进行,这样可确保参与调查的所有实地调查团队培训的质量和数量是一致的。

3. 培训需要大量的练习

培训过程中需要大量的练习。调查员练习得越多,他们的调查速度、准确性和一致性就会提高得越多。练习最初可以在课堂上进行,调查成员可以相互采访,轮流扮演受访者的角色,但也应该包括相当数量的实地练习。

(二) 制定培训指导手册

应该为调查团队的每个成员准备一套详细而清晰的培训手册。培训手册可以包括如下三个部分。

(1) 管理员手册。该手册应该从明确调查的目标、方法和组织开始,明确指出监督管理人员的职责,以及监督管理人员应如何与调查的核心管理团队和统计部门沟通联系。手册的一个重要部分应说明数据输入,解释如何以及何时将问卷提供给数据输入操作员,并解释输入输出的数据和操作员在问卷上表示的其他不一致之处。手册还应说明如何将数据输入计算机发送给调查核心管理团队。

(2) 调查员手册。调查员手册的基本目标是提供概念和定义,明确现场程序,并确保问卷的不同部分的统一标准。该手册应包括调查目标和方法、对调查员期望的态度和行为、调查员与主管之间的关系、调查问卷的结构、调查问卷设计中使用的惯例和对数据输入的解释,以及问卷每个模块具体内容的解释。

(3) 数据输入操作手册。本手册应详细解释操作员在现场操作设置中的作用以及如何将程序从操作员转移到团队主管。因为计算机或数据输入程序的使用应该已经足够直观,本手册几乎不需要提及计算机或数据输入程序。

建议每本培训指导手册至少印制几百份,因为除了用于指导现场操作之外,这些手册也是调查分析员的重要工具。

(三) 获得调查许可

在许多国家,进行调查需要获得官方许可。由于没有干预措施,在对照组进行调查可能更困难。在这种情况下,来自地方一级相关部门的明确许可尤为重要。

二、调查的组织与协调

调查的实地工作是一项复杂的工作,一般来说,确保数据质量的最佳办法是:确保调查员接受过良好的培训和监督,并将调查过程纳入质量控制系统。

(一) 实地调查的组织

组织调查通常是让各个现场团队负责给定的地点。现场团队一般包括一名主管及数位调查员(通常负责个体问卷调查或采访某些类型的受访者),有时还包括一名负责现场输入和检查数据的数据专家。

关于调查小组与地点匹配问题,最好是将调查小组随机分配到不同地点,并确保每个小组负责相同数量的实验和对照单位。理想情况下应不让调查小组知道哪些单位是实验单位,哪些是对照单位,但这在现实中并不总是可行。

对于受访者抽样中出现的调查时无法接触到的受访者,应该建立一个系统来重新访问或替换未找到的受访者或信息不完整的受访者。

实地工作中应在调查不同阶段并由不同人员进行多重质量检查,以确保调查的准确性、一致性和完整性。调查员应该在完成每次采访后立即自查是否存在错误,主管最好是在离开调查地点之前进行检查。在现场进行这些交叉检查可以快速且低成本地纠正错误。主管还应进行随机抽查,就调查中的部分问题重新采访受访者,以确保调查实施的准确性,及时更正。

(二) 调查中的道德规范

实地调查往往涉及道德规范问题。

(1) 调查要获得必要的伦理批准：如果研究团队来自一个学术机构，那么进行实地调研可能需要该机构审查委员会的批准，进行这项研究的国家当地可能也会有伦理审批的要求。

(2) 调查需要得到受访者的知情同意：在整群随机对照试验中，需要获得受访者整群层面的同意，如村庄的社区领导、学校的校长等。专栏6-2提供了知情同意的文本示例。

(3) 调查需要向受访者支付报酬：对于有许多问题的调查项目，可能需要补偿被调查者的时间机会成本，以确保调查过程的顺利进行。但是支付的报酬不应该影响调查的结果，对于家庭来说，可能一个小礼物就足够了，如钢笔、铅笔和笔记本。此外也可以采用向当地捐款的方式。

专栏6-2

知情同意文本示例

您好，我的名字是_____，我正在进行一项有关道路使用的调查。该研究由_____进行。这一信息将有助于确定道路建设是否会降低价格并为消费者带来好处。调查通常需要30分钟才能完成。您所提供的信息将被保密。我们非常感谢您的参与。

参与这项调查是自愿的，您可以选择不回答任何个别问题或所有问题。您可以选择在任何时候停止调查。我们希望您能参与这次调查，您的观点对我们的调查很重要。

您想询问我关于调查的事情吗？等待回复。

您同意进行这项调查吗？"是"或"否"。

（三）调查的监督

团队主管可通过三张表完成监督任务：调查员评估表、问卷核验表以及访谈检查表。这些表格旨在正式界定任务，而不是将监督任务的界定责任留给主管，并可以依据其监督主管（监督任务可由调查核心人员验证）。下面是这三张表格设计的指导方针，来自巴基斯坦综合家庭调查研究。

(1) 调查员评估。调查员评估的目的是监测调查人员在调查中的表现和态度，至少每周进行一次。监督可由主管旁听每位调查员的访谈，通过旁听观察调查员是否正确地执行了问卷调查。

主管应作为观察员严格鉴察调查员，过程中不应与调查员或受访者交谈。同时告知调查员在访谈期间不得征求主管意见，调查员必须表现得好像主管不在场一样。要确保主管可以在调查员评估表上对调查员可能难以提出或理解的任何问题或概念做笔记。评估表最好是在采访现场填写。设计调查员评估表时要考虑的要点可在巴基斯坦综合家庭调查中得到很好的说明,如表 6-2 所示。

表 6-2 调查员评估表

调查员:_____ 项目名称及编号:_____

评估标准	评价	
	满意	不满意
A. 礼仪		
1. 调查前调查员有没有跟受访者打过招呼?		
2. 调查员有没有自我介绍并解释他的工作单位和工作职责?		
3. 调查员是否说明了调查目的,目标是如何选择的,采访是完全保密的?		
4. 调查员在访谈过程中对受访者是否有礼貌和耐心?		
5. 调查员在最后是否对受访者表示了感谢?		
B. 访谈过程		
1. 调查员是否按照问卷中出现的问题进行了提问?		
2. 调查员是否在问卷的每个部分都采访了合适的人?		
3. 调查员是否没有探究就接受了"我不知道"作为答案?		
C. 调查时间		
1. 调查员是否在保持耐心和礼貌的同时避免与受访者长时间讨论问题?		
2. 如果调查员收到不相关或复杂的答案,他是否打断得太突然?		
3. 调查员是否调查仓促,并鼓励受访者快速回答问题?		
D. 公正性		
1. 调查员在调查过程中是否对所有问题和答案保持中立态度?		
2. 调查员是否主动发表意见?		
3. 调查员是否对任何答案感到惊讶、震惊或不同意?		
4. 调查员提问时有没有暗示答案?		

管理人员:_____ 日期:_____

资料来源:Grosh M E, Muñoz J. A Manual for Planning and Implementing the Living Standards Measurement Study Survey[M]. The World Bank, 1996, p.114。

　　通过对调查员的评估还可发现调查问卷中的弱点并为调查问卷的未来版本提出改进建议。该表格还可能包含用于记录访谈过程中的问题或困难的空间,特别是措辞不当的问题,问卷中是否包含受访者不清楚的概念,或由于部分问题过于私人化或过于敏感而未回答的情况。

(2) 问卷核验。问卷核验的目的是保证问卷填写完整,要求接受采访的每个人都已回复,并且每个部分都已完成。应在问卷完成后的第二天、主管离开该区域之前以及将问卷提供给数据输入操作员之前进行验证。每轮调查结束后,所有问卷都应填写完毕。如发现问卷存在问题,应立即退还给调查员,并在离场前予以改正。问卷核验不应取代数据录入程序详尽的质量控制,而应作为重大遗漏的早期预警,可通过在团队离开该地区之前将调查员送回住户进行修正。

(3) 访谈检查。访谈检查向调查员传达了调查过程中准确性和完整性的重要性。通常认为对15%—25%的样本进行访谈检查是合适的,访谈检查的时间不应超过15分钟。应该记住,重新采访的回答和原始采访的回答不同并不一定意味着调查员没有认真工作。受访者可能在不同时间提供了不同的信息,有时与调查员和主管联系的受访者可能并不是同一个人。应该让调查员知道将进行一些访谈检查,但调查员不应该事先知道会对哪些样本进行访谈检查。访谈检查的内容(即会被重新提问的问题)应该对受访者保密。表6-3是最初用于巴基斯坦情报局的访谈检查表格。

表6-3 访谈检查表

省份	子单元	层	初级采样单元		家庭
部分		问题	结果		注释
			满意	不满意	
2	a) 住户居住在什么类型的住宅? b) 房子是租的还是自己的?				
3	a) 哪些家庭成员上过学校?他们受过多少教育?				
4	a) 家里最近有人生病吗?				
5	a) 家庭成员中有谁是农业从业者吗?他们是固定工人、季节工人还是临时工? b) 有没有成员是农业部门以外的雇员?他们的职业是什么?他们从事哪些行业?				
6	a) 是否有任何家庭成员在自己经营企业?是谁?他们从事什么类型的工作?				
7	a) 你用什么来做饭(如明火、炉子等)? b) 在寒冷的月份,你的房间是如何供暖的?				
9	a) 家里拥有多少土地?村子附近有多少土地?拥有的土地有多少离村子很远。 b) 在最后一个完整的季节里,种了哪些庄稼?如果种植小麦或水稻,每种种植了多少亩地? c) 有什么样的农业机械?				

续表

部分	问题	结果 满意	结果 不满意	注释
12	a) 你的家人在过去两周购买了什么样的食物？这些交易是用现金还是信用卡买的？			
13	a) 你生育了几个孩子？几个男孩？几个女孩？			
15	a) 你现在有没有未偿还的贷款？你向谁借的？			

管理人员：＿＿＿＿＿＿＿＿＿＿　　　　　　　　　　日期：

资料来源：Grosh M E, Muñoz J. A Manual for Planning and Implementing the Living Standards Measurement Study Survey[M]. The World Bank, 1996, p.118。

本章小结

实地调查是影响评估的关键环节，它既是影响评估计划的落实阶段，也是为影响评估后期定量分析收集数据的阶段。从整个影响评估层面来说，准确的影响评估需要高质量的可靠数据，尤其是一手数据，这通常通过实地调查来收集。评估数据质量的好坏决定着管理决策的科学性与可靠性。评估调查阶段就是收集评估数据的阶段，数据质量直接影响到整个评估工作过程的质量。当然，数据收集几乎总是受到多种约束。考虑到预算限制、执行调查的人的能力限制，以及接受采访的人提供信息的能力和意愿，数据收集的目标是制定一项可以减少错误数据并涵盖评估所需的重要指标的数据收集战略。因此，数据收集是一个确定优先级、权衡评估目标和制约因素的过程。实地调查的前提是已有周密的评估计划、确切的问题导向和明确所需的数据类型。在此基础上，实施实地调查的关键是制订调查计划，包括确定调查板块、设计和编制调查问卷、确定调查时间。而实施调查应对相关的调查人员进行调查内容的培训，并为其制定培训指导手册，还应获取调查许可。同时，在实地调查过程中要注意组织协调，确保调查过程符合道德规范，通过调查监督确保整个调查实施的有效性。然而，没有单一完美的调查方案可以普遍适用于所有项目。同领域或不同领域的最优调查环节设计方案都不一样。在采用创造性的实地调查方案设计和数据分析方法来作评估的同时，还应该在不同情境中针对调查可能出现问题的环节进行严格的监督复核，以确保收集到数据的可靠性和真实性。恰当的数据是高质量影响评估的前提，所以值得尽一切努力去采集。事实上，如果在早期阶段，常常是一个新项目刚开始，就仔细规划、恰当设计影响评估，评估的质量和结果的可靠性就会大大提高，同时大幅降低评估成本。因此实地调查的设计、实施和控制各环节应结合本书其他章节的内容，根据评估项目自身特征，尤其是变革理论和实证方法部分制定和完成。

关键词

实地调查　调查计划　抽样误差　非抽样误差　问卷设计　调查许可　问卷核验

 复习思考题

1. 实地调查前的准备工作包含哪些内容?
2. 影响评估的调查计划的主要内容是什么?
3. 编制调查问卷的基本步骤有哪些?
4. 实地调查的组织与协调应注意哪些问题?

案例分析题 6-1

尼泊尔学校部门发展计划下的中学教师培训评估报告[1]

1. 研究背景

在尼泊尔,公立中小学的学生学习成绩很差。为使该国的中小学生获得宝贵的数学、科学和语言技能,当地政府通过七年制学校部门发展计划(SSDP)(2016—2023)优先努力提高教学质量。

SSDP 的一个关键内容是针对九年级和十年级数学和科学教师的新一轮培训,旨在通过以下方式改善学生的学习情况:(1) 提高教师对九年级和十年级课程中具有挑战性的数学和科学概念的理解;(2) 鼓励教师使用新的教学方法,包括用当地材料制作的教具进行示范。教师在教育培训中心接受了 10 天的线下培训,之后他们必须完成 5 天的自学,包括制订 10 个课程计划和学习使用相关教具。

2. 干预措施

该影响评估使用混合方法估计了中学数学和科学教师的 SSDP 培训对其学科知识、教学实践和学生考试成绩的影响。研究结合了一项针对 16 个地区 203 所学校的随机对照试验和几个定性研究组成部分,包括监测数据的收集、面对面访谈的"小 N"研究,以及对参加 SSDP 培训的教师和培训师进行电话访谈的"大 N"部分定性部分定量研究。

3. 研究结果

影响评估发现,没有任何证据表明 SSDP 的教师培训提高学生的考试成绩。事实上,

---

[1] https://www.3ieimpact.org/evidence-hub/publications/impact-evaluations/evaluation-secondary-school-teacher-training-under.

主要结果能够排除除小的积极影响之外的任何影响,在某些情况下,估计了统计上显著的负面影响,发现微弱但有提示性的证据表明,任何负面影响对基线表现最好的学生来说都是最大的。SSDP 培训的费用约为每位教师 130 美元,或每位学生 2.60—3.00 美元,与在其他情况下显著提高学生学习的干预措施类似。因此,我们得出结论,尼泊尔的政策制定者应该寻求改善教师培训,或者用更有效的干预措施取而代之。

根据定性和定量证据,五组原因可以解释为什么 SSDP 培训没有改善学生的学习。第一,治理不力可能会降低教育培训中心培训的质量。培训师似乎没有得到足够的时间和指导来编写培训材料,没有培训培训师,在某些情况下缺乏相关的教材。一些培训师缺乏足够的数学和科学专业知识。第二,将培训课程安排在工作日可能会阻止一些教师参加,因为在培训期间没有代课教师授课。教师对 SSDP 培训的新颖性和价值的期望很低,这也可能降低了参与度。第三,一些教师的必备学科知识存在严重缺陷,这可能阻碍了他们掌握以高等数学和科学概念为重点的培训内容。第四,缺乏对耗时的课程计划和教具开发的责任感以及缺乏所需教材的预算,使很少有教师完成了教育培训中心的自学项目工作或采用了新的课堂教学方法。第五,许多学生进入九年级和十年级时,数学和科学技能低于该年级水平。因此,专注于教授九年级和十年级高级数学和科学概念的新方法的 SSDP 培训可能为教师提供了与许多学生的学习需求基本无关的技能。

该影响评估可能存在两个局限性。首先,SSDP 培训的影响可能会随着时间的推移而增长,报告仅评估了一年后的影响。其次,由于教师流动率高,对培训邀请的接受率低,研究学校在终线的培训完成率异常低,从而降低了准确性。

问题:阅读以上案例,找出该项目评估的假设有哪些?

案例分析题 6-2

蒙古国学校宿舍环境影响评价调查[1]

1. 研究背景

为了确保受教育的机会,尤其是来自牧民家庭的学生的受教育机会,自 1982 年以来蒙古国的学校宿舍系统一直得到《教育法》特别条款的支持。到 1995 年为止,宿舍都由蒙古政府全额资助,是该国中小学入学率高的一个因素。然而,1995 年,在从中央计划经济向市场经济过渡的过程中,为了应对公共教育支出的削减,蒙古国对宿舍膳食和其他服务实行了收费,导致住在宿舍的学生人数和中小学入学人数减少。2000 年,政府恢复全额资助宿舍服务后,住宿的学生人数和入学人数都有了可观的增长。

亚洲开发银行在 2016—2019 年管理了日本减贫基金向蒙古政府提供的赠款援助,

---

[1] https://www.adb.org/publications/survey-school-dormitory-primary-students-mongolia.

旨在改善蒙古最贫困地区之一小学生的学校宿舍环境。该项目是由于蒙古国学校宿舍周围政策环境的变化而开发的。

影响评估旨在促进改进和完善该国可复制的模式，以改善学校宿舍环境，帮助制定宿舍物理环境和服务的综合标准，改进学校宿舍的国家战略和融资政策。它还旨在改善偏远农村地区父母及其送孩子上学的影响因素；并确定住在宿舍的学生对学习、阅读、课外活动的态度和参与程度，以及学习结果。

2. 干预措施

该项目旨在提高6岁儿童的入学率、他们的幸福感和学习水平，支持以下干预措施：

(1) 学校宿舍物理环境升级(2018年2月至2019年9月)。

对宿舍进行改造，以充分应对冬季温度、风和降水。

为宿舍配备符合教育、文化、科学和体育部(MECSS)以及结合性别和低年级学生特点的最低要求的卫生设施，翻新并配备公共休息室，用于学习、阅读和课外活动。

(2) 宿舍员工培训(2018年3月至2019年9月)。

就以儿童为中心的方法对宿舍教师进行培训，以促进学生参与学习、阅读和课外活动，并提高低年级学生的入学准备水平。

就以儿童为中心的方法对宿舍警卫进行培训，以鼓励学生参与学习、阅读和课外活动，并在夜间照顾学生，尤其是低年级学生。

(3) 在学校管理层和教师中促进学生委员会活动以及学生组织的宿舍学习、阅读和课外活动(2018年3月至2019年9月)。

(4) 在学校管理层和教师中，促进为有孩子住在宿舍的家长，特别是小学家长开展外联活动(2018年3月至2019年9月)。

3. 变革理论

在设计影响评估时，与MECSS合作开发了相关工作的变革理论(TOC)。该理论说明了每个项目干预的预期因果途径，以实现即时产出，进一步促进中间结果。预期中间结果将产生高级和最终结果，这些结果是影响评估的重点，包括以下内容：家长将孩子安置在宿舍的态度；住在宿舍的学生入学率；宿舍学生参与学习、阅读和课外活动的程度；通过一年级净入学率衡量的6岁儿童入学率；辍学率；小学五年级(最后一年级)的毛入学率；五年级考试成绩；初级完成率；初中过渡率。

4. 研究发现

研究结果显示大多数父母把孩子安置在宿舍里。一是家长认为他们的孩子在宿舍里会感到舒适和安全。二是大多数住在宿舍的学生主要是因病缺课。报告缺课的学生比例与调查前两周报告生病的学生比例相当。三是在全国五年级学生的数学、蒙古文和科学评估中，处理组的宿舍学生比对照组的学生表现更好。完全处理组住在宿舍的学生比轻度处理组做得更好。四是当包括住在家里和其他地方的学生时，在处理省份

国际发展影响评估

中,全国五年级学生评估的平均分数有所增加。这表明了可能提高住宿学生表现的范围。当包括住在家里和其他地方的学生时,轻度处理学校的平均成绩高于完全处理学校。

问题: 根据本章内容,结合本调查内容拟定一份调查员培训大纲。

第七章

随机对照试验

引言

影响评估要解决的核心问题是归因,即判断发展项目在受援国实施后产生的影响在多大程度上是由发展项目所导致的,其要借助的方法可以分为非实验性影响评估方法和实验性影响评估方法两类,其中非实验性影响评估的主要方法包括双重差分法、断点回归法、工具变量法等,这些方法会在之后的章节进行介绍。本章我们将对影响评估的实验性评估方法——随机对照试验进行重点分析。随机对照试验被称为影响评估的"黄金准则",它是影响评估领域运用最广泛的一种科学试验方法。早期随机对照试验被用来检验某种医疗方法或药物的效果,在医学等自然科学的试验中应用较多。由于能够随机分配研究对象为干预组或对照组,此时样本特征是均衡的,从而可将干预组和对照组在结果变量上的差异完全归因于干预因素,进而得到无偏的最接近项目"净影响"效果的估计值。相较于其他方法,其最大的优点是避免了准实验性评估的选择误差问题,消除了选择性偏误。

学习目标:

1. 掌握随机对照试验的概念,并了解随机化的重要性
2. 把握随机对照试验的类型,及简单随机对照试验、聚类随机对照试验、交叉设计的内容
3. 学习随机对照试验的步骤及随机对照试验报告的主要内容
4. 了解实践中运用随机对照试验的注意事项

第一节 随机对照试验的概念

一、随机对照试验的重要性

作为跨学科交叉研究方法,影响评估方法被越来越广泛地应用于经济研究、政府决策和教育改善等领域,研究者们希望以此来清楚地说明干预措施是否对最终结果产生了影响,并分析影响是如何产生的。在多种影响评估方法中,随机对照试验方法被看作识别因果关系的"黄金准则",尤其是与传统经济学采用的非实验性方法相比。

21世纪初,国际上已有众多政府和研究机构重视应用随机对照试验进行教育、发展和公共政策项目的影响评估。2003年,麻省理工学院三名经济学家阿比吉特·班纳吉(Abhijit Banerjee)、埃斯特·迪弗洛(Esther Duflo)和塞德希尔·穆来纳森(Sendil Mullaination)以减少全球贫困为目标,创建了贾米尔贫困行动实验室(J-PAL),致力于推动运用包括随机对照试验在内的影响评估方法解决贫困问题。同年,发展经济学家迪恩·卡兰(Dean Karlan,也是 J-PAL 成员)创建了贫困行动创新组织(IPA),持续应用随机对照试验方法为发展中国家制定公共政策提供科学的实证研究依据。十几年来,J-PAL 和 IPA 在全球83个国家开展了1 200多项随机干预影响评估研究,将影响评估广泛应用于南亚、非洲和拉丁美洲的发展中国家政府的项目决策中。2019年诺贝尔经济学奖授予了三名应用试验性方案推动全球减贫发展的经济学家阿比吉特·班纳吉、埃斯特·迪弗洛、迈克尔·克雷默(Michael Kremer),再次将随机对照试验引入大众视野。

二、随机对照试验及其逻辑

(一)随机对照试验

随机对照试验也被翻译为随机干预试验,或称随机评估(randomized evaluation)或随机试验设计(randomized experimental design),是将符合条件的研究对象随机分配到一个或多个接受干预的实验组(experimental group),也被称为处理组(treatment group)和不接受干预的对照组(control group),也被称为控制组,然后比较这两组之间结果的差异,其产生的差异即源自干预措施的实施。

第七章 随机对照试验

随机对照试验最初源于医药学中用于检测某种疗法或药物效果的控制性临床试验,其科学的试验设计使得观测结果被广泛接受,进而推广到了其他领域。在发展项目领域,由于采用观察性数据评估社会项目的影响会产生偏差,因此通过开展随机对照试验来进行项目评估越来越受到认可。

当有足够的样本量时,随机分配可以确保组间均衡。也就是说,实验组和对照组的平均特征在基线时,即在没有实施干预措施前是相同的,这对于可观察到和不可观察到的样本特征都是适用的。由于研究对象是被随机分配到实验组和对照组,因此随机化保证了组间不会存在选择偏差,最后可以通过比较实验组和对照组在接受干预措施后产生的差异来测算影响效应的大小。

需要注意的是,随机分配不应与随机抽样(random sampling)混淆。随机抽样是指如何从一个或多个总体中抽取样本,随机分配则是指个人或群体如何被分配到实验组或对照组。但随机对照试验通常需要同时借助随机抽样和随机分配。影响评估分析不需要涉及整个群体,可以通过随机抽样从总体中抽取样本,进而再随机分配到实验组和对照组中。

(二)随机分配的逻辑

随机分配的逻辑是如果从总体中抽取一个具有代表性的样本,那么该样本中任何特征的均值的期望值就是总体均值,抽取的样本数量越多,其样本均值越可能接近于总体均值。因此,如果从同一总体中抽取两个或两个以上的样本,那么每个样本的平均特征应该基本相同,因为两者均具有总体的平均特征。表7-1显示了实验组和对照组内样本的家庭平均特征,两个样本特征的相似程度随样本量的增加而增加,当样本量足够大时,在统计学上是没有显著差异的,也就是说,实验组和对照组内的样本是均衡的。一旦通过随机分配在实验组和对照组中建立了均衡,由于两组在干预实施之前具有相同的特征,那么干预实施后的任何结果差异都应当归因于干预。

表7-1 取自同一总体的样本特征随样本量增大而越相似

样本量	农村户口(单位:个)		显著性检验	教育年限(单位:年)		显著性检验	家庭人数(单位:个)		显著性检验
	实验组	对照组		实验组	对照组		实验组	对照组	
1	1	0	*	12	9	*	9	5	*
10	7	8	*	6.4	5.8	*	6.4	6.7	
25	18	15	*	5.8	5.3		6.4	6.5	
100	64	61		6.0	5.5		6.7	6.5	
1 000	660	640		5.2	5.4		6.5	6.5	

注:*表示在5%的水平上显著。
资料来源:White H, Raitzer D A. Impact Evaluation of Development Interventions: A Practical Guide. 2017.

随机分配的逻辑成立有两个重要的前提条件:

(1) 实验组和对照组必须来自同一总体。该总体不是指由全部个体组成的群体,而是由符合干预资格标准所构成的某一群体。

(2) 样本量必须足够大,才能保证实验组和对照组两个组内具有相同的平均特征。

随机分配可以确保所有符合条件的潜在受益方都有平等的机会被纳入发展项目中。在资源稀缺意味着在无法为整个群体提供支持的情况下,随机分配是一种透明和公平的资源分配方式。与此同时,为了有效地随机实施发展项目,影响评估人员必须密切参与发展项目的实施,包括参与实验组的分配。这种参与对项目制定方和评估方都有好处,因为它增强了评估的相关性,也为在影响评估过程中帮助改进发展项目的设计和管理提供了机遇。

第二节　随机对照试验的设计类型

根据不同的分配层级、分配方法和处理方案衍生出了不同类型的随机对照试验。如何在这些随机对照试验类型中进行选择,通常取决于发展项目的设计,比如发展项目的目标群体和涵盖范围等。对于具体采用哪种随机对照试验的类型,要确保适当的隐藏机制,即接受发展项目的群体不应在随机分配前被提前通知,否则可能会引起人为操纵和选择偏差等。

一、依据分配层级划分

随机对照试验中的分配层级是指确定哪个层面的目标群体接受处理。可分为:简单随机对照试验与聚类随机对照试验。

简单随机对照试验(simple randomized controlled trial)中,分配层级是单个的个体,且分配层级与处理和测量的层级相同。比如评估某市在某项经济政策实施后中小型企业的业务发展情况,在该影响评估中,符合条件的中小企业被随机分配到实验组和对照组,其分配层级是企业层面,处理层级也是在企业层面,因为研究对象是该经济政策的实施对企业业务发展产生的影响,测量层级更是从企业层面进行销售业绩、盈利能力等数据的收集。

出于实践和伦理方面的原因,在现实生活中较常使用的是聚类随机对照试验(cluster randomized controlled trial),其分配层级高于处理或测量层面。在实践中,通常会在社区层面上随机分配一项基础设施服务,比如通电或供水,而不是在家庭层面对某些家庭实施此类随机分配。如果分配发生在家庭或个人层面，比如分配给社区内的某些家庭，那么明显的不平等待遇可能会引发逻辑和伦理问题。比如设计一个家庭通电是否会影响学龄儿童学习成绩的影响评估，拟与不通电家庭的儿童学习成绩进行对比。假若一家中有 4 个学龄儿童，其中 3 个被分配到给予通电组，1 个被分配到不给予通电组。在日常生活中，一个家庭不可能把通电和不通电完美控制，而且两个组内的儿童也会存在互相污染和干扰，进而影响试验结果。因此在类似的随机对照试验中，显然单个个体不适宜作为分配层级，于是就可以以一个社区甚至一个村镇作为随机对照试验的分配层级，将其随机地分配到实验组和对照组，以进行影响评估。又比如评估一个商业发展项目是否在某些城镇发挥作用，城镇内的所有公司都有资格参加该项目。这些城镇将从符合条件的城镇列表中随机选出，那些未被选中的城镇将构成对照组。在此例中，分配层级是城镇，但接受商业发展项目是在公司层面，同时数据的测量和收集也是基于公司层面进行的。聚类随机对照试验的统计能力很大程度上取决于集群的数量，而不是处理个体的数量，这意味着发展项目必须涵盖相当多的集群，以获得足够有说服力的研究。

聚类随机对照试验有助于控制溢出效应和污染。实验组获得的益处通常会在社区内传播。如果分配是在家庭或个人层面，这种传播会产生溢出效应，可能会改变对照组的行为。例如甲被选中可以参加政府资助的就业培训项目，其邻居乙来自对照组，即没有被选中参加该项目，若乙得知甲参加了该项目后收入有了提升，那么乙就会有改变行为去参加就业培训项目的动机。这样就业培训项目的溢出效应就使随机对照试验产生了偏差。但是聚类随机对照试验可以创建足够大型的实验组，例如相隔较远的社区或者乡镇，距离的阻隔可将这些溢出效应降至最低。

案例7-1

印度就业保障的财政改革加强地方公共服务项目[1]

印度的圣雄甘地全国农村就业保障计划（Mahatma Gandhi National Rural Employment Guarantee Scheme，MGNREGS）是世界上最大的社会保护计划，在 2013 年覆盖了近 5 000 万户家庭。MGNREGS 保证家庭每年有 100 天的工作，通常是在基础设施项目上从事非技术性的体力劳动。然而，就业需求往往大于供应，在本次评估的比哈尔邦，2009—2010 年估计有 77% 的家庭想要但找不到 MGNREGS 的工作。有证据表明，

---

[1] https://www.povertyactionlab.org/evaluation/enhancing-local-public-service-delivery-through-financial-reform-indias-employment.

资金流失限制了比哈尔邦的 MGNREGS 工作的获得。其中,行政部门的腐败是一个主要问题,政府资金的不当使用估计占项目支出的 21% 至 30%。资金流动系统的设计是根据每年预测的支出数额向地方政府支付资金,而不是根据实际支出,这为资金不当使用提供了可乘之机。比哈尔邦政府在 2010—2011 年引入了电子政务改革,以改善 MGNREGS 的资金流,并在 2012—2013 年引入了进一步改革。

研究人员进行了一项随机评估以衡量 MGNREGS 现金流的电子政务改革对腐败和整体项目绩效的影响。该评估在 2012 年 9 月至 2013 年 3 月进行,横跨比哈尔邦的 12 个区,覆盖 3 300 万农村人口。在每个区,随机选择了 69 个社区(包括 1 033 个村庄)实施新的资金流动系统,其余 126 个对照社区(包括 2 034 个村庄)保持现状。

电子政务改革通过将资金流与实际支出联系起来并减少参与这一过程的官员数量,提高了透明度。具体而言,改革要求村级官员将曾在该计划中工作并被拖欠工资的受益人姓名输入一个在线数据库,提交这一信息后,资金将自动进入村里的银行账户。然而,这项改革也增加了村级官员的行政负担,他们不得不前往社区政府输入数据,而银行也不得不处理更多的付款业务到村级银行账户。研究人员利用 MGNREGS 的行政数据,以及对参与者和政府官员的调查,来衡量政府支出、工资、项目参与和执行问题等结果。

评估结果发现,电子政务改革减少了腐败和项目成本,但并没有增加 MGNREGS 提供的工作数量。改革甚至导致在最初的实施阶段延迟向工人付款。在项目支出方面,改革使政府在 MGNREGS 项目上的支出减少了 24%。在项目成本方面,电子转账改革减少了处理村账户中的闲置资金,降低了实施 MGNREGS 的财务成本。实验村的平均银行余额比对照村低 30%。总的来说,较低的支出和闲置资金的减少使实验村的项目支出减少了 38%,这相当于节省了大约 600 万美元的成本。通过对受益家庭的调查,研究人员发现,电子政务改革对家庭参与 MGNREGS 或通过该计划获得的工资没有影响。另外,由于干预措施,可能会导致腐败的 MGNREGS 官员的个人财富下降了 19%。他们还发现,由于干预措施,"幽灵"工人(据说有工资但不存在或从未工作过的人)的数量下降了 5%。在付款时间方面,受益人收到工资的时间延迟了,特别是在改革的头三个月。这可能是由于村干部的数据输入和银行付款业务量猛然增加造成的付款压力导致了这些延误。因此,虽然项目的目标是加快支付速度,但似乎产生了相反的效果,至少在短期内是这样。

然而,评估的最终结果表明,改革减少了腐败和项目成本,在研究人员和 J-PAL 南亚分部的努力宣传下,改革在中央政府层面获得了认可。到 2015 年,联邦政府推动了一项新的改革,一个电子资金管理系统(e-FMS)平台几乎在全国范围内被采用,以实施 MGNREGS 计划。这个新系统通过将钱直接从中央政府转到受益人的银行账户,减少了行政负担。

二、依据随机分配方法划分

随机分配包含不同的分配方法,可以根据发展项目的实施规则来选择合适的分配方法。

(一)随机抽取

当一个发展项目有过多的人报名参加,即出现了超额需求(也称超额认购),或符合条件的人数超过了可用资源所能涵盖的数量时,可以使用随机抽样,比如抽签来决定哪些符合条件的申请者可以被纳入发展项目即进入实验组中,哪些人进入对照组。由于该发展项目不会向所有符合条件的人开放,随机抽取申请者可能是最公平和最透明的方式。除此以外,还可以借助计算机使用随机数生成器,但公开的随机抽取可以增加透明度,因此被运用较多。

(二)通过改变资格门槛来实现随机分配

通过改变资格门槛来实现随机分配是指通过放宽门槛,确定一个更大规模的合格群体,然后再在群体中,随机分配实验组和对照组。例如,营养项目的资格门槛是有 24 个月以下子女的家庭,那么可以将这一门槛提高到 30 个月。同样,此方法也可在地理空间上放松门槛。一个计划在 50 个社区内开展的发展项目,可以首先确定 100 个社区,然后从总数中随机选择 50 个社区进行该项目,在这种情况下,分配的随机化技术将增加试验的功效。

(三)阶梯随机设计

阶梯随机设计(pipeline or step-wedged designs)通常用于聚类随机对照试验,其随机分配的只是接受发展项目干预的时间即随机化的是实验组顺序,而不是实验组本身。随着时间的推移,所有组都将接受发展项目的干预。这种设计有两个特点。(1)它通常不设置专门的对照组,随着试验的进行,所有的组别都将接受发展项目。之所以这样做,是为了最终达到"有益"措施的全覆盖,既符合发展项目制定者的目标,也能在很大程度上减轻试验的伦理负担。(2)各个组别不在同一时间,而是按照随机的顺序相继接受发展项目。以一个分 5 次进行项目干预的阶梯设计为例,其实施步骤:先把研究对象分成 5 组,编号为 1—5,并将干预的时间划分为 5 个时间段,一般来说,这 5 个时间段的长度应相等。通过查阅随机排列表或抽签等方式,获得数字 1—5 的随机排列顺序,如 5—1—4—3—2。按照该顺序,在第一个时间段,编号为 5 的组别开始接受干预,其余的组别则处于"等待干预"状态;在第二个时间段,编号为 1 的组别开始接受干预,此前已经接受干预的第 5

组仍继续接受干预,其余的三个组"等待干预";同理在第三个时间段,编号为4的组别开始接受干预,此前已经接受干预的第5组和第1组仍继续接受干预,其余两组等待干预。以此类推,至第五个时间段结束时,所有组都接受了处理。这种设计的一个实例是菲律宾的潘塔维德帕米利亚有条件现金转移计划。该项目是在140个社区进行的试点试验,其中一半社区首先接受该项目,另一半社区等待接受该项目,时间间隔为两年。因此,这些社区被随机分成了两组,分别在第一年和第三年接受该项目,自然地在第三年接受该项目的社区就被当成了对照组,可以给首先接受该项目的组别做比较参考。

(四)配对随机化

当样本量较少时,可用事先分配或分层(prior matching or stratification)来确保组间样本平衡。配对随机化(matched pair randomization)将研究对象(如社区)根据观察到的特征配对,随机分配每对中的一个社区为实验组,另一个为对照组。例如,有两个特别偏远的社区,或人口众多的社区,或有少数民族人口的社区,事先配对可以确保其中一个社区在实验组,另一个在对照组。如果没有事先匹配,两者都可能最终落入实验组或对照组,使组间样本不平衡。通过分层,将研究对象分为低收入、中等收入和高收入三个阶层,然后对每个阶层进行随机分组。分层确保了实验组和对照组在每个层级都有相同比例的样本量(例如,低/中/高收入,农村人口/城市人口,贫困地区/非贫困地区),有助于增加随机对照试验的功效并便利化组别分析。

案例 7-2

摩洛哥农村地区的小额信贷项目[1]

在过去,摩洛哥的大多数小额信贷服务都集中在城市和城郊地区,农村地区的人们则使用各种形式的非正规信贷,从银行或金融机构获得正规信贷的比例非常低。本评估项目的基线调查显示,在对照组村庄中,只有6%的人从正规信贷渠道借款。

2006—2007年,阿玛纳公司在人口稀少的农村地区开设了约60家新的分支机构,其主要业务是在农村地区提供团体责任贷款。自2008年3月起,还在这些地区推出了住房和非农业企业的个人贷款。团体责任贷款要求必须包含三至四名成员,他们同意相互担保偿还贷款,每个小组成员的担保金额从124美元到1 855美元不等。个人贷款通常是针对能够提供一些抵押品的客户。此评估项目在从以前不能获得小额信贷但当

---

[1] https://www.povertyactionlab.org/evaluation/microcredit-rural-morocco/.

前开设了小额信贷机构的社区内选择了 81 对匹配的村庄。在每对村庄中,随机选择一个村庄在分支机构刚开业时接受小额信贷服务,而另一个村庄在两年后接受服务。

根据阿玛纳分支机构在 2006 年和 2007 年间的设立时间和地点,基线调查共进行了 4 次,最终从抽样的家庭中收集了关于社会经济特征、家庭收入、成员外出工作、消费、信贷和妇女在家庭中的作用的数据。在阿玛纳公司干预措施开始两年后又分别进行了终线调查。终线调查中发现,居住在实验组村庄的被调查家庭中,有 17% 从阿玛纳公司获得了贷款。从阿玛纳贷款的人中有 3/4 以上获得了团体责任贷款,而且借款人主要是男性。在提供贷款的地区,住户平均借了 1 310 美元。

阿玛纳公司项目大大增加了获得信贷的机会:对照组村庄大约有 1/4 的家庭拥有贷款,实验组村庄的家庭拥有贷款的概率是 33%。获得信贷的增加有助于扩大家庭现有自营活动的规模,包括饲养牲畜和农业活动,但它并没有帮助家庭开始新的活动。在所有家庭中,小额贷款的提供普遍增加了销售额、家庭消费和利润。

三、随机对照试验的处理方案

未经过处理的对照组提供了一个没有参与发展干预的反事实,因此可以回答"参与发展干预与不参与的差异是什么"这个问题。但这并不是唯一值得关注的政策问题。

(一) A/B 设计

当发展项目可以有多种设计方案时,项目制定者通常有兴趣了解哪种设计方案更有效,这就需要进行设计方案间的比较,即做 A 和 B 的比较。A/B 设计的随机对照试验(A/B design)是比较两个设计方案——一组进行 A 处理,另一组进行 B 处理,然后观察其接受处理后的变化。A/B 设计适用于自适应学习来改进项目设计,有时由于存在更多的设计方案,也会出现 A/B/C 设计的随机对照试验,但是随着设计方案数量的增加,其也会要求提高样本量。

A/B 设计的随机对照试验,由于没有对照组,缺点是无法计算出有效性的绝对值。正在测试的两种干预措施可能会被证明同样有效,但实际上,这两种干预措施可能并没有产生任何影响。因为研究对象受国内经济、社会等因素的推动,其整体上处于一种发展态势,并不能完全剥离出哪些发展是由干预措施引起的。但如果此处理方法已经被以前严谨地证明过是有效的,那么就不会存在这种质疑。但是,出于性价比考虑,仍有必要对绝对效益进行估计。

(二) 析因设计

析因设计(factorial design)在一个研究内比较多种干预措施,整合两个或数个研究为一个研究。与简单随机对照试验相比,析因设计是一种更高效且经济的研究方法。最简单的析因设计通常为 2×2 的形式,即如果在该试验中有 A 和 B 两种干预措施,则 1/4 的研究对象分配实施 A 干预,1/4 的研究对象分配实施 B 干预,1/4 的研究对象分配至安慰对照组,1/4 的研究对象分配实施 A+B 干预。这样设计的好处是实施 A 干预的组可以与没有实施 A 干预的组别如 B 干预组、A+B 干预组以及安慰对照组进行比较。同样,实施 B 干预的组也可以与没有实施 B 干预的组别如 A 干预组、A+B 干预组以及安慰对照组进行比较。析因设计可以验证不同的干预措施是互补的还是替代的。人们常常声称不同的干预措施(例如小额信贷和企业发展、发放补贴和服务拓展、改善水和卫生教育等)之间存在互补性,析因设计可以验证这些说法。

(三) 交叉设计

交叉设计(crossover design)与析因设计有一定的关联性,但交叉设计的处理是有先后顺序的,而不像析因设计是同时进行的。这意味着第三组需要先实施 A 干预后再实施 B 干预,最后一组需要先实施 B 干预后再实施 A 干预,而不是同时实施 A 和 B 干预。此试验设计可以测试干预措施的顺序是否重要。又因为此种设计是在同一个组内比较两种干预措施的效果,所以可以消除组间差异,具有更好的一致性,并且在一定意义上增大了样本容量。

第三节 随机对照试验的步骤

如何开展随机对照试验呢?首先要设计随机对照试验方案,正如国际影响评估倡议组织(3ie)所强调的,应在设计评估方案之初即进行从投入到影响之间的整个因果链分析,再据此确定干预单位、随机方法、控制变量和试验规模等。

一、随机对照试验的设计

在大规模实施发展项目之前,就需要做好随机对照试验的规划,因为随机对照试验是随着项目的进行而进行,不能追溯。随机对照试验的影响评估可以在发展项目的早期阶段就开始执行,以便通过研究收集证据来改善项目设计。

设计随机对照试验包括以下十个步骤。

(一) 确定随机对照试验的目标群体

为了确保实验组有足够的样本量来支持试验功效,随机对照试验应侧重关注那些很可能参与的发展项目或被评估的发展项目所针对的目标人群,因为随机化是在这些人群中而不是在全部人群中进行的。为此,必须明确界定项目参与者的资格标准或涵盖范围。其资格标准可以是地理上的,如某些地区的所有村镇;也可以根据特点,如由女性领导的小型企业。当然也可以将若干标准结合,比如贫困指数低于某一临界值的 10 个地区中,由女性领导的小型企业。

可以通过"身份识别"、"自我选择"或者"身份识别+自我选择"等方式来确定符合条件的目标群体。若通过身份识别途径,需要将符合条件的"群体"名单列出。这里的"群体"不仅包括个人、家庭或企业,也包括村庄、城镇、街道或地区。通过自我选择的形式,则可以让感兴趣的人申请加入,对申请人进行资格审查。假设超额申请,则在符合条件的申请者中随机分配。

(二) 确定要研究的问题

整体影响评估的设计包含从变革理论衍生的评估问题的选择,即确定随机对照试验要研究的问题。另外,随机对照试验要重点关注随机化这一原则。实施发展项目的工作人员,从项目管理人员到项目现场工作人员,必须坚持随机化设计,确保随机化在试验中是可操作的,在项目执行中也要确保随机化能贯穿在整个影响评估过程中。

(三) 剥离其他相关利益的影响

剥离相关利益方对研究问题的影响会提高随机对照试验的质量,从而得到具有说服力的结论。评估中的干预措施必须有明确的界定以便能够以统一的方式运用。一般而言,干预措施应尽可能地分散,采用析因或交叉设计进行评估。不能明确界定干预措施将使外部效度受到限制。此外,评估人员应确定是否要在试验的对照组中使用安慰剂。安慰剂可以消除干预措施带来的偏差,提高试验的严谨性。然而,在现实生活中,安慰剂往往引起有关试验代表性和知情同意的伦理问题,因此在实践中很少用于发展干预措施的影响评估。

(四) 确定分配、处理和分析的层级

随机化设计需明确地确定分配、处理和分析的层面,其中主要是分配层面。随机分配应发生在有足够的样本量支持随机抽取等量的实验组和对照组个体,此时可以进行抽样能力计算,以确保实验组和对照组可以包含足够多的个体,得出一个具有高概率的效果。研究团队还应在试验开始时确定想要研究的子组,以确保试验有足够的能力进行亚组分析。

(五) 确定随机对照试验的类型

随机对照试验类型的选择取决于发展项目、要评估的问题和随机对照试验的可行性。因为发展项目通常以地理位置为标准进行分配,而且溢出效应也通常发生在社区内,基于以上发展项目的性质,往往需要进行聚类随机对照试验。

第一代问题(发展项目是否有效)需要一个未经处理的对照组和一个足够大的样本,因为最终的影响效应通常较小。第二代问题(哪种发展项目更有效)更有可能采用 A/B 设计。在某些情况下,这类试验仅需要相对较短的时间和较小的样本量,因为两种发展项目的结果可能会比较接近。这样,此类试验设计的影响规模更大,最终结果出现的速度更快。

(六) 抽样分析

如果不需要对整个目标群体进行分析,则需要从符合条件的目标群体中抽取具有代表性的样本。在聚类随机对照试验中,如果存在比试验所需还多的集群数量,则抽样可采用两阶段设计,首次确定抽样群,再进行群内抽样。

(七) 实验组和对照组组间分配

在接受处理前,需要将符合条件的个体分配到实验组和对照组。实验组的样本规模是由项目的预期覆盖范围决定的,接受处理的全部人员不一定都会被选中进行影响评估,这取决于样本功效计算得出的样本量需求。

如果能提供足够的样本量,随机分配可以被限制到一个项目的子集中。例如,假设一个贫民窟改造项目计划在 5 年内改造 200 个居民点,即每年 40 个居民点。样本功效计算表明,每个样本中应包含 40 个居民点,各 20 个进入实验组和对照组,每个居民点抽样 15 户。一种可能的设计是随机分配第 1 年和第 5 年的 20 个定居点,后者作为第 1—5 年的对照。项目工作人员可以根据自己的意愿在其他年份自由分配剩余的 160 个居民点,这 160 个居民点即属于项目的子集。

(八) 收集基线数据并检查组间样本平衡

理论上随机对照试验不需要基线数据,但在实践中,收集基线数据可确保实验组和对照组之间的样本平衡。基线数据通常需要在发展项目产生效果前收集。若允许的话,也可以在随机分配之前收集,以避免数据收集中的偏差。

一旦数据收集结束,个体也已分配到实验组接受发展项目,接下来就应该进行组间样本平衡检查。如果组间样本不平衡,随机化方案的现场实施可能会受到影响,应进一步明确随机化要如何实现。

(九)确保试验设计的完整性、监控污染和摩擦情况

试验团队需要在发展项目实施过程中密切参与,以确保随机对照试验的完整性,严格遵循随机化方案,确保实验组得到处理,而对照组没有被处理。随机化通常意味着现场工作人员要做更多的工作,比如需要去接触很多的社区,有些可能地理位置比较偏远;需要与沟通能力较差或做事低效的潜在受益人打交道。因此,如果没有非常严密的监督和问责机制来确保试验遵循随机化流程,那么现场工作人员很有可能会简化随机化。

即使试验设计的完整性在启动时得到了保证,它也可能在以后因为污染而受到损害。重要的是要检查对照组不遭受污染,这些污染可能是对照组进行了与实验组类似的干预,或者是自我污染,即试验参与者从研究的一个处理措施中跨越到另一个处理措施,从而污染了最初的随机化过程。例如,一个在中国实施的随机对照试验,研究向高中生提供眼镜的项目,试验发现一些对照组的眼镜使用量也有所增加。根据进一步的调查确认,进行视力测试的医生们带着实验组遗留下的眼镜,并把它们给了对照组的学生,这就是自我污染的一个例子。对该研究采用配对随机设计,即可去掉对照组被污染的个体。

检查实验组和对照组之间的摩擦也很重要,以免产生误导。摩擦是指项目参与者在轮与轮间的数据收集中退出样本。如果对照组提供结果数据的人数少于实验组,即那些退出的参与者没有计入数据,那么结果就会发生偏差。

(十)考虑溢出效应

如果变革理论表明随机对照试验会产生溢出效应,那么在试验设计中就需要考虑这些溢出效应。分配层级应足够集聚,以防止实验组和对照组之间产生溢出效应。当预期溢出效应显著时,可对做过处理的组、未处理但有溢出效应的组和未处理且没有溢出效应的组这三组进行随机分配。

二、随机对照试验的执行

随机对照试验方案设计完成后,其执行包括三个步骤:基线调查、随机分配样本实施干预、评估调查。

(一)开展基线调查

对所有项目研究对象开展同样的基线调查来获取样本信息,包括主要结果变量及可能影响结果变量的控制变量信息。在设计基线调研问卷时,要涵盖因果链

分析中各个环节的所有影响因素。同时可通过开展预调查不断完善调研问卷，以收集尽可能完整的信息，为下一步进行随机分配提供数据支撑。

（二）随机分配样本实施干预

基于随机分配原则，按照设计好的干预方案将所有样本分配为实验组和对照组，并在分组完成后进行平衡性检验，以确保实验组和对照组在统计意义上无显著差异。之后对实验组样本实施干预，对对照组样本则不采取任何措施。

需要注意的是，干预过程中要通过多种方式实时监测，以确保干预的依从性（compliance）和因果链中的各项因素都得到控制，避免因果链断裂。试验过程中可能会出现干预对象不完全依从的现象，这些信息也要详细记录，为后续改善试验设计提供实践基础。

（三）开展评估调查

当干预实施到预先设计好的时长后，应对所有样本开展评估调查。评估调查内容通常与基线调查内容保持一致，即再次收集调研对象的结果变量和控制变量信息，以进行结果变量干预前和干预后的差异分析。此外，有时也需要根据实际情况再增加一部分样本的定性访谈，以帮助深入分析干预影响的因果链。根据项目干预的不同性质，评估调查可以是一次评估，也可以是多次追踪评估。

在评估调查中，虽然项目实施方会采取实时监测等方式尽力追踪全部样本，但仍会遇到样本流失的问题，因此，分析结果时要计算样本流失率并进行平衡性检验，以确保实验组和对照组的流失样本不存在统计意义上的系统性差异，从而确保追踪样本分析结果无偏。

（四）随机对照试验的报告

随机分配的适当性和随机化的一贯性是随机对照试验最基本的两个原则。只有在试验进行中确保这两个原则，才能保证随机对照试验的质量。因此，报告随机对照试验时，应充分描述如何在项目开展中维持随机分配的适当性和随机化的一贯性。首先，要详细描述发展项目的内容并介绍试验方法。其次，随着时间的推移和发展项目的推进，需要充分说明抽样方式、实验组和对照组的集群数量、家庭或个体数量。最后，在公布调查结果时需要提供足够多的细节。此外，报告还应包括平衡检查表，讨论收集的数据中是否存在任何可能的偏差。当有基线数据时，可以使用双重差分方法分析影响评估，经济学家经常用回归模型来估计影响，将剩余变量的变化控制在观察到的协变量中，分析报告可以涵盖全部样本来分析异质效应。

第四节　随机对照试验的应用

严谨的科学试验能够给政策制定者提供实证决策依据。从全球发展中国家开展的发展领域的试验研究的结果来看,通过科学的试验设计、严谨的试验执行以及精确的结果分析,不仅能告诉政策制定者哪些发展干预有效、哪些发展干预无效,还能清楚地展示出为什么有些发展干预有效、有些发展干预不起作用,从而帮助政策制定者快速筛选出可能的政策方向。借鉴国际成功经验,我们可以开展更多的发展领域的随机对照试验研究,以识别精准有效的发展政策。

一、随机对照试验的优势

随机化最初通常会遭到项目实施团队的反对。然而,有许多理由表明随机化是一个好方法,且不像人们想象的那么任务繁重。

(一) 可清晰描述因果关系

按照试验设计,随机分配能确保实验组和对照组组间个体特征平衡,到最后,任何结果上的差异都应该来自发展项目的实施,而不是实验组和对照组的潜在差异。

(二) 有效设计的随机对照试验可以揭露影响如何发生的"黑匣子"

随机对照试验不用只关注"该发展项目是否有效"的问题,还可以研究发展政策的变化,以确定如何更好地发挥作用。即使一个发展项目的因果链过于复杂而无法解开,随机对照试验仍然可以对影响发生的途径提供见解。

(三) 试验结果易于分析

影响效果等于实验组和对照组之间的平均结果之间的差异。这不需要复杂的统计,很容易计算和表示。

(四) 可以更好地锁定目标群体

随机对照试验不是在全部的个体中进行随机分组,而只在符合条件的人群中进行。由于随机对照试验要求项目工作人员清楚地列出符合条件的目标群体,因此会比没有这一规则的情况下更好地实现目标。

（五）随机选择提高了公平性和透明性

在一个有效设计的随机对照试验中，工作人员和参与方都无法预测谁或者哪个社区会被选中从而接受实施发展项目。随机选择提高了公平性，而人为安排可能会受到政治考虑或赞助因素的影响。受益者也会赞成公开抽签等方式。这是公平透明地选择参与者的一种积极的方式。

（六）未经处理的对照组有时可以忽略

一个随机对照试验可能有多个实验组，最简单的是包含两个实验组，即比较实验组 A 和实验组 B。像许多临床试验一样，实验组 B 可能是已经存在的现状，因此就可以忽略 B 实验组。在析因设计随机对照试验中增加了一个同时接受 A 和 B 的实验组，有助于回答两种干预措施是一起还是分开更好的问题。

（七）随机化不一定会影响整个项目

通过功效计算，可以估算随机化所需的样本数量。当一个发展项目涵盖的目标受众很广时，可能只评估预期受益群体的一部分即可，没有纳入随机对照试验的很可能是大多数人。

（八）随机化并不一定意味着在项目推出时要做出很大的调整

（1）可以对资格门槛进行微小的调整（如提高阈值设计等），以不影响试验结果的方式生成有效的对照组。通过对资格门槛的微调可能会产生超额需求，此时申请者可以通过抽签等方式被随机挑选。

（2）激励设计是随机分配一个激励到项目中，但并不是针对项目本身进行激励。此时激励设计对项目的运行方式不会产生任何影响，实践上可能还会产生增加发展项目普及率的有用信息。

（3）阶梯设计随机对照试验利用了这样的一个事实，即随着时间的推移，该发展项目正在推广，而且几乎可以肯定，符合条件的目标群体中有未经处理的成员可以组成一个有效的对照组，因此随机对照试验只是将处理顺序随机化。

二、随机对照试验的设计和完成注意事项

从各国的实践经验来看，成功地设计和完成一项随机对照试验需要特别注意以下几点。

（一）重视对项目作用机制的分析

在随机对照试验的设计、执行和分析等各个环节中，依托因果链进行的机制

分析都发挥着重要作用。一个被很好地设计和执行的随机对照试验不仅能够厘清项目与潜在结果的因果关系、准确评估项目的影响效果，而且能够打开政策影响的"黑箱"，厘清项目影响的作用机制。因此，基于因果链设计进行作用机制分析无论是在项目的设计、项目执行过程中，还是在项目评估结束的数据分析时都能发挥重要作用。

在随机对照试验中进行作用机制分析，需注意操作流程、分析内容、识别方法三个方面。

（1）从操作流程上看，作用机制的探索体现在随机对照试验的全过程中，而不只是项目结束以后的数据分析中。

在项目设计时，就应基于变革理论厘清项目的因果链：每项干预的投入、活动、产出、短期结果、长期结果分别是什么？每个环节的测量指标是什么？各环节成立的假设条件是什么？为探索作用机制，在问卷设计时就要明确收集哪些数据、关注哪些指标，在项目执行时要明确重点监测哪些环节，在数据分析时要明确如果项目没有效果，可以检验哪些假设以发现改进项目的线索。

（2）从分析内容来看，作用机制的探索既可以指向实践、服务政策，也可以指向理论、促进创新。

在实践层面，可以通过对中间过程变量的变化情况、各环节的假设条件是否成立等进行监测、分析，明确项目执行过程中的难点，及时调整监督管理的重点。例如，对于没有影响效果的干预项目，要检验哪些应发生改变的中间变量未发生改变、哪些假设条件未如预期一样成立，这对于不断改进项目、形成项目的标准化操作流程、提高项目推广后的有效性具有重要意义。在理论层面，可以根据理论假设设计干预项目（如基于理论的影响评估），从多个竞争的理论中检验哪一个理论成立。例如学校的激励问题和资源问题是相互替代还是相互补充，也可以通过多个随机对照试验的对比，总结、提炼出理论。例如，对学生缺铁性贫血问题进行信息干预难以达到预期效果，这可能是由于健康教育的知信行理论（knowledge attitudes practice，KAP）的某个环节难以实现。

（3）从识别方法上看，可以通过项目的干预设计、项目的异质性分析以及对试验结果的对比分析进行作用机制的探索。

一是项目的干预设计。例如，在养育项目中，研究人员向干预组提供了特殊信息，这些信息只有干预组对象才知道。因此在评估时向对照组同样询问这些特殊信息时，便可以明确是否存在溢出效应。在探讨解决学生缺铁性贫血的激励问题和资源问题的关系时，随机对照试验可以使用交叉设计，在激励组和补贴组之外增加同时包含这两项干预的实验组，从而可以检验两者之间是相互替代还是相互补充的关系。二是项目的异质性分析。对学校学生进行缺铁性贫血的信息干预时，对项目的影响效果根据学生是否住校进行异质性分析，则可以明确这种干预效果是通过直接改善学生在校期间的饮食行为实现的,还是通过改善学生和家长的知识、行为实现的。三是对一系列试验的结果进行对比分析。通过信息干预改善学生的贫血状况,涉及接受信息的对象、接受信息的形式、接受信息的频次等多个具体环节,而针对该问题设计的一系列试验恰好瞄准了不同的环节(接受对象从家长到校长,接受频次从一次到两次再到多次,接受形式从宣传页到现场培训再到短信等),这些试验分别检验了信息干预的不同环节,对于理解信息干预的作用机制有重要意义。最后,基于因果链收集中间变量信息,运用中介分析方法探究和对比不同中间变量与最终变量的相关性强度,以识别与项目效果最为相关的因素,从而得出项目效果的产生机制。

(二)项目设计需要尽量简单

对于一个社会问题,人们可能想到的干预是多方面的、多层次的,其解决通常需要整合社会资源、上下联动、多方参与。但由于开展发展项目影响评估的随机对照试验最终是为了推动发展政策或发展干预的改善,如果试验方案过于复杂、对实施者的要求过高,则会给后续政策推广造成一定的困难。

例如,为解决学生的营养问题,可能的解决办法包括:(1)让学生每天服用一片含铁的维生素片;(2)通过财政补贴改善学生饮食;(3)通过激励让学校领导更重视学生的营养问题;(4)给学生开设健康教育课程;(5)给学生定期进行体检;(6)给家长进行营养健康知识培训。这些干预措施协调了各方面资源,调动了各方面的积极性,政府、社会(企业)、家长、学生都参与进来了。这些干预使用了多种方法,包括激励、物质干预、制度设计等。这些干预可以同时实施,作为一套"组合拳"去解决学生的营养问题。

尽管使用随机对照试验可以把"组合拳"作为一个整体进行影响评估,但当项目的设计内容过多时,其作用机理难以厘清。在随机对照试验中,如果要严格评估每一个措施本身的有效性及其与其他措施的有效性的差异,样本量需要呈几何级数地增加——而这往往由于成本和样本数量所限在现实中难以做到。

无法厘清发展项目机理对项目大规模推广复制的有效性和可行性都提出了巨大挑战。除了需要更多的资源,相比于一个适用于"一刀切"执行的项目,复杂项目在执行过程中的有效性要大打折扣。在"组合拳"中,真正起作用的是哪些干预措施?是全部都有用,还是有些干预措施其实没有发挥作用,甚至相互冲突、抵消?如果在政策推广中不能完全复制"组合拳",只执行其中几项措施,项目还会有效吗?在规模化阶段,大规模执行无效的项目就是一种资源的浪费。

(三)理解、接受并积极应对随机对照试验实践性的特点

一般的研究是思维性的,重在理论构建、数据分析、假设检验等。而随机对照

试验不仅是思维性的,更是实践性的。从方法来看,随机对照试验属于行动研究,因其极强的政策导向,也被视为"政策模拟"。随机对照试验的开展不仅需要思维层面的理论思考与分析,更需要实践层面的具体执行与落实,需要思考和解决各种现实的、有时可能是非常琐碎的问题。某些理论研究者可能不屑于思考和面对一些琐碎的现实问题,例如,如何建立一个工作群联系对照组和实验组的联系人。但这些现实问题能否处理好,会极大地影响随机对照试验的成败。如果把对照组和实验组的联系人放在同一工作群中通知信息,很可能出现严重的样本污染问题。

因此,将一项随机对照试验称为一项复杂的工程并不为过。要通过随机对照试验方法找到解决社会现实问题的有效方法、真正推动社会的进步,需要根据实践的需求,不断进行方法层面的理论创新和实践层面的经验总结,解决好内部效度、外部效度等各种问题,做到理性分析、大胆假设、精准设计、高质量执行。

随机对照试验被称为影响评估的"黄金准则",国内外已应用该方法开展了大量教育发展及减贫方面的研究,但它并不完美,仍存在局限性。除在理论和实际操作方面的局限外,面对复杂的现实环境和各种各样的资源、条件限制,随机对照试验还并不能适用于所有研究问题。

(四)随机对照试验需要政府的积极参与

发展项目影响评估的随机对照试验的最终目标是制定有效的发展政策,作为政策制定者的政府部门的参与尤为重要。为推动政策制定者有效参与到发展领域的随机对照试验当中,研究者可采取三种渐进式不断探索的实践模式与政府合作。

1. 观察模式

在观察模式下,政府以一个纯粹的观察者的角色来参与解决发展政策关注的某一方面或多个方面的问题。项目团队主要负责开展项目,但从选题到试验设计等各阶段均需得到政府部门的认可,以此促进政府在科学研究证实问题后作为主体参与到项目下一阶段的实施中。当政府官员还没有完全理解研究问题本身或某一干预方案时,通常会采取规避风险的做法,以一种谨慎、缓慢的方式参与项目试验。面对这样的挑战,实证研究应该先于政策制定者的行动。研究团队需要向政策制定者展示详尽的项目报告,重点介绍为何关注该问题、做了什么干预、结果如何以及下一步如何改进等,以此让政府部门意识到针对这一特定问题研究团队将开展随机对照试验研究,希望为政府部门提供科学的决策依据。这样一来,政府在下一阶段参与项目时就会减少很多顾虑。

2. 部分参与模式

在部分参与模式下,政府部门从项目执行的早期阶段开始参与。研究团队让政策制定者部分地参与该项目的实施,但在项目构思及设计等比较复杂、零散的前期部分,政府部门还是更多地以观察者的形式参与。对于一些问题,已有经国际研究验证的潜在可行的解决方案,但尚未在中国进行本土化的尝试和改善,项目团队需要与政府部门密切合作,以推动政府全面参与项目的实施。从理论上讲,研究团队已经知道某种干预是起作用的,但在方案实施过程中,研究团队需要与政府合作共同探讨一些基本问题:这种干预在当地的政策环境中是否可行?在已知多种干预方案都有效的情况下,哪一种在本地政策环境下最有效?等等。如果政府部门实地参与项目实施,并且对研究团队评估干预方案的过程进行观察,那么在验证了干预效果后,项目实施将会逐渐转化为政府的行动,政府部门也可以在自己的管辖区域内大规模推广项目成果。

3. 全程参与模式

在全程参与模式下,政策制定者在项目的早期构思阶段便参与进来,成为项目团队的一部分,参与项目选题构思、试验设计、方案实施、结果分析和政策推广。对于一些发展问题,基于国际成熟经验和国内本土化的试点验证,政府已经接受并认可这些成功的项目干预方案,并将作为主体探索下一步推广方案。经过研究团队与政府部门共同探索,政府可以独立总结出更适合自己管辖区域的有效方案,并向其他区域推广。

(五)政策制定与推广需要成本效益分析

除了通过建立更为直接和严谨的评估标准,如何在影响评估中应用随机对照试验研究结果为政策制定者提供更为有效的建议十分重要。在发展政策制定过程中,实现目标的干预方案往往不止一种,在众多方案中选择以及更大范围的项目推广都需要项目成本效益的研究证据。因此,进行基于影响评估结论的成本效益分析极为重要。

成本效益分析通过分析比较项目的全部成本和效益来评估项目所产生的价值。将这一分析方法运用于发展政策制定过程中,可以分析出每一分钱在发展项目中产生的价值。通过对比不同项目的成本效益可以帮助决策者在多种政策或项目中作出选择,以实现在公共政策实施中用最小的成本获得最大的收益。

以学生佩戴眼镜与学习成绩关系的项目为例。该项目采用了信息干预、直接发放免费眼镜干预和发放眼镜兑换券干预三种形式,其目标是通过提高学生的戴镜率改善学生学业表现,项目的最终结果指标是标准化数学测试成绩的提高。干预的成本包括项目成本、税收成本(假设该项目成本由财政性税收承担)和家庭成本(眼镜兑换券家庭需自行前往县城兑换眼镜的时间与交通成本)。信息干预未能改善项目的最终目标,即改善学生学业表现,说明信息干预方案不具备成本效益。直接发放免费眼镜干预和发放眼镜兑换券干预均显著提高了学生学业表现,但对比两种干预方案的成本,可以发现,发放眼镜兑换券方案的成本低于直接发放免费眼镜的成本,更具有成本效益优势。

（六）随机对照试验在研究问题上的局限性

随机对照试验在研究问题上，主要有伦理和逻辑两方面局限。

1. 伦理原因

有些问题的干预需要试验者有目的地给实验组提供却不给对照组提供好处，这不符合伦理要求。例如，在评估教育对人力资本的重要性时，若通过直接开展随机对照试验评估随机分组后教育水平供给的不同对实验组和对照组样本群体收入水平的影响，则不能禁止对照组样本接受同等水平的教育。因为这样的随机对照试验是不符合伦理要求的，也是无法开展的。

2. 逻辑原因

有时候在研究者开展基线调查数据收集或者随机分配之前，已经实施了与干预类似的政策或项目方案，从逻辑上看，这种情况是不能开展随机试验的。比如，为改善农村学生营养健康状况，中国于2011年推行"农村义务教育学生营养改善计划"，主要是由中央给予经费支持，提高农村学生在校的营养状况。由于政策已经在各地学校推行，若应用随机对照试验评估营养改善对学生身体健康状况及学业成绩的影响，则无法创造出没有推行政策的对照组样本群体。因此，很难通过随机对照试验方法评估已推广政策的实施效果。

三、随机对照试验可能出错的十种情况

虽然使用随机分配可以提供有效的影响评估，但也需要防止进行昂贵的、不必要的试验。以下是随机对照试验可能出错的十种情况。其中许多观点对一般的评估方法也同样适用。

（一）评估参与率远低于预期

许多影响评估之所以失败，是因为发展项目渗透得不深入，或者压根没有实施发展项目。如果只有一小部分预期受益人对发展项目感兴趣，则可能没有必要进行影响评估。在影响评估之前进行诊断性研究可以提供有关项目参与的促进因素和阻碍因素的信息。损耗漏斗工具可以帮助识别低渗透率，并评估它是否可以被修复。

（二）研究人员的局限

研究人员进行一项试验研究可能是以学术论文或著作的发表或出版为目的，而不是回答项目制定者感兴趣的评估问题。然而，这个目的可能会使影响评估偏离项目制定者的初衷和信息需求。而且，如果影响评估是由不了解相关领域背景的研究人员设计的，那么这些评估可能本身就包含严重的设计缺陷。

（三）执行动力不足

影响评估通常被设计成具有80%的功效，这意味着试验人员将很难捕捉到另外20%的干预影响。事实上，许多随机对照试验的实际功效只有50%左右。即使影响效果能够被正确测算出来，试验也可能面临着动力不足的窘境。在大多数情况下，人们认为发展项目会比评估结果产生更大的影响，或者项目参与率比评估结果的要高。

（四）弄错标准误

大多数随机对照试验是聚类随机对照试验，其随机分配层级高于处理和测量层面。此时应对聚类标准误进行调整，否则未经调整的标准误较小，难以具有统计意义，而且不调整聚类标准误的随机对照试验可能会错误地得出影响是显著的结论。此外，如果在计算样本量时不考虑聚类，可能会由于样本量太少而导致试验动力不足。比如若在省级层面进行随机对照试验，而中国总共只有34个省级行政区，样本量过少。如果不把聚类考虑进去，那么会由于样本量太少而研究动力不足。

（五）对随机化没有足够的监督

随机分配原则是许多项目工作人员的"魔咒"，因为随机分配工作烦琐，耗时较长。此外，对于项目现场工作人员来说，有些随机分配可能违背直觉，并可能形成大量额外工作。如果试验人员没有得到项目实施方、项目现场工作人员等的支持，随机分配就可能随时面临失败。例如，随机分配可能意味着绕过一个容易访问的位置而去访问一个偏远地区，或者忽略一个易于参与项目的人群，而支持一个困难的人群。如果没有充分的监督或问责机制，项目工作人员很可能面临偏离或操纵随机化的问题。

（六）自我污染

当本不应该接受处理的对照组暴露于与实验组相同的干预措施下，或者其他产生相同影响结果的干预措施存在时，就会发生污染。当发展项目本身形成污染，就会出现自污染。这种污染可能通过外溢效应发生，例如社区群众间的口耳相传，或者对照组的人使用了实验组的工具等。此外，当工作人员从实验组地区的发展项目中获得剩余的资源时，他们可能会将这些资源用于对照组地区而导致污染。

（七）没有衡量重要的结果

项目的影响评估可能进行得很好，但如果它不是衡量项目制定者感兴趣的结果，或受益人获得的影响效果，那么此影响评估就无法影响预期的受众。没有衡量重要结果的一个常见原因是，本该在变革理论中捕捉的非预期结果被忽略了。

在影响评估设计之前进行定性分析,并与项目制定者、预期受益者和其他关键利益相关方进行接触,可以降低这种情况发生的概率。

(八)把预期当成真正的干预效果

在发展项目真正实施前,对发展项目的预期也会在当地产生影响。例如某地区预期会建设新的基础设施,对新基础设施的预期会导致当地投资和房地产价格等的变化。在没有安慰剂的情况下,往往不能准确区分出哪些影响是由于预期基建项目的实施引起的,哪些是由于基建预期引起的。

(九)过度关注显著性

经济学领域往往存在"显著性狂热",对于显著性的关注有时可能大于统计意义本身,而对处理效应系数的大小和重要性关注过少。试验人员可能会忽略这样一个事实,即一个非常显著的影响实际上对项目制定者来说绝对意义上太小了。如果发展项目有一个明确的结果,那么成本效益是分析发展项目影响的好方法,最好是将其与有相同影响效果的其他干预措施进行比较。当试验人员核实成本效益时,这可能会改变只关注统计显著性而得出的政策结论。

(十)报告有偏差的结果

影响评估应该讨论和报告所有估计的结果,最好在评估设计阶段就能确定要讨论哪些结果。这些设计最好也登记在册,比如登记在国际影响评估倡议组织网站的国际发展影响评估页面。许多影响评估过度关注显著系数(通常是正的),却忽视了一些"反常的"(大多是负的)和无关紧要的结果。这是一种隐性偏见,即未识别到影响并不表示确定没有影响。不确定的结果很难在同行评议的文献中发表,可能会遭到大量怀疑。实验组和对照组之间的摩擦也可能导致无意识的偏差。

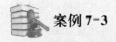

案例 7-3

随机对照试验——尼泊尔教育部门的中学教师培训的影响评估[1]

与许多低收入发展中国家一样,尼泊尔公立中学的学生学习成绩很差。为此尼泊尔政府通过了七年制(2016—2023 年)教育部门发展项目(School Sector Development Program,SSDP)以努力提高公立学校的教学质量。教育部门发展项目的一个关键部分是针对九年级、十年级数学和科学老师的新一轮培训,旨在通过以下方式改善学生的学

---

[1] https://www.3ieimpact.org/evidence-hub/publications/impact-evaluations/evaluation-secondary-school-teacher-training-under.

习成绩:(1)提高老师们对九、十年级课程中数学和科学概念的理解;(2)鼓励教师使用新的教学方法,包括使用当地可用资料制作的教具进行示范。参与培训的老师们在教育培训中心参加为期10天的面对面培训,之后他们需要完成5天的自学项目工作,包括开发10个教案和相关教具。

  这项影响评估是针对尼泊尔16个主要地区203所学校的随机对照试验。其评估了九、十年级数学和科学老师进行SSDP培训是否会加强老师的学科知识和教学实践以及对学生考试成绩的影响。评估者通过与政府沟通确定了随机对照试验设计的四个目标。第一,样本量应足够大,以产生足够精确的影响评估。保守的功效计算表明,样本需要包括大约100个实验组学校和100个对照组学校,以评估教育发展项目对学生考试成绩的影响,并提供足够的功效。第二,样本应能够代表尼泊尔所有包含有1—10年级的学校(使用人口权重),这样的数据有助于描述尼泊尔所面临的中等教育挑战;项目制定者认为,将全国主要地区的学校都包括在内非常重要。第三,在教师培训课程的开发过程中,似乎与教育部门改革项目(School Sector Reform Program,SSRP)的培训内容存在大量重叠,因此,在评估者选取的学校中,九、十年级数学和科学的老师们很少完成SSRP培训。第四,抽样过程应最大限度地减少溢出效应,从而减少偏差。为了在控制成本的同时获得尼泊尔主要地区的代表性样本,评估者进行了两阶段设计,首先对地区进行抽样,然后对地区内的学校进行抽样。为了降低数据收集成本,评估者与尼泊尔政府合作伙伴协商取消了10个最偏远或其他困难地区的采样。评估者从剩余65个区(尼泊尔94.3%的1—10年级学校位于这些地区)随机选择了16个区,然后仅在这16个区对学校进行抽样。评估者将16个区内的学校分为两个层级——优先级和非优先级,对前者进行了优先抽样。优先学校被定义为那些没有证据证明学校内的老师们完成了SSRP培训的学校。在所有地区,从优先级中选择了2/3的样本学校,从非优先级中选择了1/3的样本学校。考虑到实验组学校对对照组学校的潜在溢出影响,评估者在分别选择优先学校和非优先学校时,尽量减少了不同组别两个样本学校靠近的可能性。

  评估者发现,首先,薄弱的治理能力可能降低了教育培训的质量。比如培训人员没有足够的时间来准备培训材料,缺少针对培训员的培训,一些培训人员缺乏足够的数学和科学专业知识。其次,将培训课程安排在正常的上课日,与老师们上课时间冲突导致有些教师无法参加。另外,教师们对SSDP培训的新颖性和价值期望不高,可能也降低了参与度。再次,评估人员发现一些教师在学科知识方面存在严重缺陷,这可能妨碍了他们对培训内容的理解。最后,很少有教师完成了教育培训后的自我研究项目工作或采用新的课堂教学方法。有两种可能解释:(1)缺乏对耗费时间的教案和教具开发的责任感和计划;(2)缺乏所需教材的预算。研究发现,许多学生在进入九年级和十年级时,数学和科学技能低于年级水平和科学技能。因此,SSDP培训的重点是教授九年级和十年级高级数学和科学概念的新方法。掌握的技能与许多学生的学习需求基本无关。评估者得出结论,尼泊尔的项目制定者应该寻求改善教师培训的其他方式,或以更有效的干预措施取而代之。

本章小结

影响评估可以借助双重差分法、断点回归法、工具变量法等进行研究,但无疑随机对照试验是最重要的一个方法,其又被称为影响评估的"黄金准则"。本章主要对随机对照试验的概念、为什么要随机化、随机对照试验的设计类型、实施随机对照试验的步骤、随机对照试验报告的内容,以及实践中运用随机对照试验的一些注意事项进行了讨论。随机对照试验是将符合条件的研究对象随机分配到实验组和对照组,然后比较这两组之间结果的差异,其产生的差异即源自干预措施的实施。随机化可以确保实验组和对照组间的样本平衡,减少由于样本误差带来的试验偏差,从而提高试验结论的质量。根据不同的分配层级、分配方法和处理方案衍生出了不同类型的随机对照试验,如简单随机对照试验、聚类随机对照试验、A/B设计、析因设计、交叉设计的随机对照试验等。随机分配的方法包括随机抽取、阶梯随机设计、配对随机化等。实施随机对照试验的步骤主要包括:首先要确定试验研究的问题,剥离出其他相关利益对研究问题的影响;其次要确定分配、处理和分析的层级,选择试验类型,考虑可能的溢出效应对试验的影响;最后在实施中,要确定符合条件的目标群体,要随机分配样本到实验组和对照组内,要收集基线数据并在试验中确保试验设计的完整性,监督试验中的污染和摩擦。分配机制的适当性和随机化的一贯性是随机对照试验最基本的两个原则,因此随机对照试验报告中要尽可能详细列出是如何在试验过程中维持这两个原则的。

本章最后总结了随机对照试验设计和完成的一些注意事项。包括重视对项目作用机制的分析、项目设计要尽量简单、理解随机对照试验的实践性特征、政策制定与推广需考虑成本收益、试验需要政府的积极参与等。项目工作人员要克服随机化的阻力。本章还罗列了实践中随机对照试验经常出错的一些地方,如评估参与率低、弄错标准误、过度关注显著性、报告结果有偏等,以期在实践中能避免这些错误。总之,随机对照试验在影响评估中起着举足轻重的作用,当前如贾米尔贫困行动实验室、贫困行动创新组织和国际影响评估倡议组织等国际评估机构最常运用的试验方法便是随机对照试验。

关键词

随机对照试验 简单随机对照试验 聚类随机对照试验 随机分配 随机抽样 A/B设计 析因设计 交叉设计

复习思考题

1. 什么是随机对照试验？其最重要的原则是什么？
2. 为什么要进行随机分配？随机分配的方法有哪些？
3. 什么是析因设计和交叉设计？两者的区别是什么？
4. 举例说明随机对照试验的设计步骤和执行步骤。
5. 随机对照试验在设计和完成过程中应注意哪些问题？

 案例分析题 7-1

短信提醒改善纽约未出庭情况研究[1]

不出庭对个人记录会产生严重影响，也会给法院带来额外的费用和工作。诸如超速、闯红灯等违规行为的潜在后果还较小；但是，如果被告未能出庭，他们将自动获得缺席判决。这意味着他们可能要承担额外的罚款和费用、暂停驾驶执照，甚至被逮捕。尽管有可能产生严重的后果，但在本评估项目实施的县，在所研究的刑事轻罪、普通法庭和交通法庭中，超过 1/4 的被告仍然没有出现在第一次听证会或提审中。在 2017 年第一季度，大约 8 188 个被告没有出席庭审。

在其他项目的随机对照试验中发现，接收到与法律相关的信息可以激励被告主动解决其案件。这项评估测试了接收信息通知的有效性，以及通知与他人协助相结合的有效性。研究人员还试图了解降低不出庭率的具体机制。此评估的研究对象中有 64% 男性，白人占比 71%、黑人 18%，平均年龄 35 岁，居住在平均年收入超过 66 000 美元的地区。超过 2/3 的案件为交通法庭审理案件，其余案件为刑事案件。研究中几乎有一半的人有过案底，近 21% 的人以前没有出庭。研究人员进行了一项随机评估，以测试不同类型的提醒对不出庭率的影响。

首先，被告人被随机分到对照组和两个实验组中。对于对照组是不发送提醒函的。实验组一是短信组。在开庭前两周、前一周和前一天，发送短信进行提醒。这些短信包含开庭日期、时间和地点，以及未能出庭的后果。实验组二是短信加他人协助组。在与短信组相同的时间间隔内发送相同的提醒短信，并邀请他们将问题发回给法院工作人员。法院工作人员将能够看到这些问题并通过短信作出回应。

调查人员收集了不出庭率，并在被告被提审后跟踪了 6 个月。短信提醒将出庭率从 47.3% 的基线提高了 4.5%。相比之下，短信提醒加他人协助只增加了 1.9% 的出庭率。但是短信提醒加他人协助在重新安排出庭日期方面更有效。在这一组中，重新安排出庭

---

[1] https://www.povertyactionlab.org/evaluation/text-message-reminders-decreased-failure-appear-court-new-york-city

时间,出庭率从3.7%的基线增加到了7.8%,而短信提醒组重新安排出庭时间只增加了1.8%。可能是短信加协助组的被告方认为有了个性化的协助,更容易重新安排时间。

降低不出庭率的机制的差异也反映在干预措施对案例结果的影响上。总的来说,短信干预在改善刑事司法结果方面效果更好。所有案件中的撤诉或无罪判决比基线的7.3%增加了0.8%,这表明在边际上,亲自出庭会改善案件结果。鉴于不认罪或陈述案情必须由被告亲自完成,这是有道理的。因此,增加出庭的可能性也会增加无罪判决和案件驳回的可能性。

问题:此评估试验是简单还是聚类随机对照试验?从中可获得什么经验?生活中是否接触过此类干预措施?

案例分析题 7-2

美国大公司的歧视性招聘做法研究[1]

研究人员经常使用简历回应来研究公司的招聘行为。雇主们经常根据简历中的信息对求职者的种族等信息做出判断。通过改变简历信息,研究人员能够挖掘出这些先入为主的观念,并发现雇主在种族、性别和年龄方面对待求职者有所不同。特别是,有越来越多的证据表明,雇主歧视黑人求职者。然而,目前还不清楚美国各地和不同行业的公司是否同样具有歧视性,或者只是某些雇主存在违规的歧视性招聘行为。因此,研究人员在本研究中旨在描述美国大型雇主歧视的问题。

美国于1964年颁布的《民权法案》中,禁止雇主歧视,并成立了平等就业机会委员会(Equal Employment Opportunity Commission, EEOC)来执行职场就业平等。受EEOC保护的身份包括种族、性别、性别认同和年龄(40岁或以上)。然而在美国,就业和招聘中的歧视仍然是一个重大问题。这种歧视反映在失业率的差距上,特别是种族方面的差距。研究人员在美国范围内进行了一项简历回应研究,以确定歧视性的招聘做法并描述这种歧视的性质。首先,研究人员确定了108家财富500强公司,这些公司的地理分布很分散。然后,他们为每家公司确定了125个职位空缺,每个空缺收到8份简历。每个空缺职位的简历都是成对发送的,一份简历上有一个明显的白人名字,另一份有一个明显的黑人名字。其他人口统计学信息在这些简历中是随机的,且没有配对。人口统计学数据包括性别(由姓名表示)、年龄(由高中毕业年份表示)、性别中立代词(他们/她们)或性别典型代词(她/他或他/她,与姓名一致)、政治俱乐部参与情况和学位完成情况。研究人员总共向108家公司的125个空缺职位发送了超过84 000份简历。

---

[1] https://www.povertyactionlab.org/evaluation/revealing-discriminatory-hiring-practices-major-us-employers.

国际发展影响评估

> 研究人员统计在申请后的30天内收到雇主的答复,发现求职者带有明显黑人姓名的联系率比带有明显白人姓名的低2.1%,这种差异在不同的地理区域和行业是一致的,且高度集中在特定的公司中,有23家公司其黑人和白人求职者之间联系率差距近40%。就年龄而言,如果申请人超过40岁,联系率会有下降,但幅度很小(0.6%)。总体而言,男性和女性求职者之间的联系率没有明显差距,但某些公司更有可能雇用女性,而另一些公司则更有可能雇用男性。
>
> **问题:**针对此材料,你会得到什么经验?

第八章

非实验方法

由于一些实际的原因,随机分配通常无法进行。例如,执行机构可能不愿意接受随机性,或者影响评估研究可能是在项目已经开始甚至完成之后才进行的。当无法进行随机化时,通常可以通过一系列非实验设计来进行影响评估。非实验方法大致可分为准实验方法和回归法两类。准实验方法通过统计方法形成对照组,而非通过随机分配形成,方法包括双重差分法、倾向得分匹配法等,以建立一个与实验组尽可能相似的对照组。实验组和对照组是均衡的,其可观测特征的平均值大致相同,通过计算发展干预前后结果的差分,或基线和终点之间结果的双重差分得出影响。回归法指利用数据统计原理,对大量统计数据进行数学处理,并确定因变量与某些自变量的相关关系,建立一个相关性较好的回归方程,并加以外推,用于预测因变量变化的分析方法。回归法基于指定底层结构模型,即导致项目影响的一组行为关系集,这种结构模式体现了变革理论。如果处理是连续的变量(数量/级别的变化),而不是二元变量(实验组与对照组),回归法通常是唯一的选择。

学习目标:

1. 熟悉非实验设计囊括的六种方法
2. 掌握非实验设计中双重差分法、合成控制法等六种方法的应用条件
3. 把握六种非实验方法是如何分配干预措施的
4. 通过案例分析了解非实验方法在发展评估中的应用条件
5. 区分非实验方法在数据量以及处理效应等方面的不同

第一节 双重差分法

准实验方法需要来自实验组和未实验组的两组数据。后者的数据用于形成对照组。由于并非所有未经处理的观测值都适合进行比较，因此通常需要比随机对照试验更大的样本量。近年来，双重差分在政策评估研究上得到了广泛应用。若基线数据可用，由于基线数据允许计算双重差分估计，而不是事后单差分，那么就可以进行更强有力的设计，从而得出更可靠的影响估计，而且用于匹配的变量必须不受发展干预的影响。[1]

一、双重差分法原理

在寻找反事实对照组的过程中，有些干预（个体层面上的干预）可以通过匹配法(matching)找到一个没有得到干预的"双胞胎"，而另一些整体层面上的干预，可以通过双重差分法比较干预前后实验组平均结果和干预前后对照组平均结果的变化来识别因果。

（一）平行趋势假设

双重差分法的关键假设为平行趋势假设，即如果实验组没有进行实验干预，那么实验组的干预前后变化与对照组的干预前后变化遵循相同的趋势，也就是说对照组的平均结果变化代表未经干预的实验组的平均反事实的变化。由于双重差分法依赖于两个或两个以上的时间点的实验组和对照组结果变量的变化来识别因果关系，因此不要求两组样本在基线时有相同的特征，但必须同时有实验组和对照组样本在干预前后的结果变量的观测值。

如果平行趋势假设成立，双重差分法提供了一个项目影响的无偏估计。如果只有一组（而不是另一组）由于与处理无关的因素而在处理期间改变其趋势，那么就违反该假设。[2] 与匹配法和工具变量法的基础假设一样，该假设通常无法

---

[1] 需要注意的是，如果干预产生了预期效应，那么这些效应可能会影响基线值。例如，如果人们知道他们将在不久的将来获得小额信贷，那么他们可能会调整储蓄或投资行为。
[2] 除了违反平行趋势假设之外，双重差分法的有效性还存在其他的潜在威胁。这些包括实验组和未实验组（在处理期间）组成的差异变化。还包括阿森费尔特沉降(Ashenfelter's dip)现象，其中，项目参与者在进入计划之前会经历他们的预处理结果变量突然下降，然后在计划之后恢复到他们的自然状态（但不一定是因为计划）的情况。最后，用于建模和估计处理效应的回归规范也必须谨慎选择。

检验。[1]

平行趋势假设可以用发展干预前的有效数据检验,但这个检验只是支持这个假设,而不是证明它是有效的。如果采用匹配法,如倾向得分匹配法,则该假设更有可能成立,并可用于控制轨迹差异的可观测原因。

(二)双重差分法的基本思想

双重差分法(DID)主要用于估计基于实验组和对照组之间随时间变化的结果差异。固定效应模型将差异与多元模型相结合,可用于解释观测变量随时间的变化。双重差分法以对照组的轨迹作为实验组的反事实轨迹,对照组发生的结果变化被视为在没有发展干预的情况下实验组所发生的变化。因此,从实验组中观测到的结果减去对照组中观测到的结果的变化,即可得出影响的真正度量。

DID 处理选择偏差的基本思想是:允许存在不可观测因素的影响,但假定它们是不随时间变化的。假定不可观测因素 U_{it} 可分解为 $U_{it}=\varphi_i+\theta_t+\mu_{it}$,其中 φ_i 是个体固定效应,不随时间变化;θ_t 是个体所处的共同的环境带来的效应,对于所有个体而言都相同;μ_{it} 是个体时点效应。DID 假定实验组和对照组在研究的区间内具有相同的个体时点效应,也就是说 μ_{it} 相同,因此,通过对截面单位在项目实施前后的结果取差值,就能排除 φ_i、θ_t 的影响。反之,若在政策实施条件下,个体时点效应 μ_{it} 不相同,则 DID 就不再是一致估计量。

双重差分影响估计值是两组随时间变化的差异(图 8-1)。换言之,它是以实验组从基线(干预前)到终点(干预后)的变化减去对照组从基线到终点的变化为基础的:

$$\text{DID}=(Y_E^1-Y_B^1)-(Y_E^0-Y_B^0) \tag{8-1}$$

应用双重差分法评估政策效应的基本步骤是利用面板数据建立双固定效应模型并估计参数:

$$Y_{it}=\beta_0+\beta_1 T_{it}+\beta_2 A_{it}+\beta_3 T_{it}A_{it}+\varepsilon_{it} \tag{8-2}$$

其中,$T_{it}=1$ 表示实验组对象,$T_{it}=0$ 则表示对照组对象;$A_{it}=1$ 表示政策实施后的区段,$A_{it}=0$ 表示政策实施之前的区段;$T_{it}A_{it}$ 是交叉项,其系数 β_3 表示实验组对象在接受政策后结果变量的变动程度,反映了政策变动的效应,是目标变量。参数 β_1 表示没有政策干预时,实验组与对照组的经济行为如何随时间变动,而参数

---

[1] 评估人员不能用两期的数据来检验平行趋势假设的合理性,但在某些情况下可以用两期以上的数据来检验。例如,如果评估人员有两期或两期以上的预处理数据,他可以检查实验组和未实验组的预处理趋势是否平行。Ryan A M et al. Why We Should Not Be Indifferent to Specification Choices for Difference-in-Differences [J]. Health Services Research, 2015, 50(4): 1211-1235.

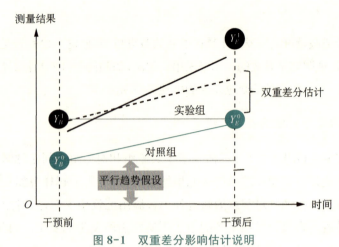

图 8-1 双重差分影响估计说明

资料来源：White H, Raitzer D A. Impact Evaluation of Development Interventions: A Practical Guide. 2017。

β_2 则反映实验组和对照组中任何不随时间变动的差异。应用双重差分法评估政策效应的一个关键假设是：当不存在政策干预时，$\beta_3=0$，这一假设只有在实验组与对照组性质非常接近时才是合理的（见表 8-1）。

表 8-1 双重差分法的基本原理

	政策变化前	政策变化后	差分
实验组	$\beta_0+\beta_1$	$\beta_0+\beta_1+\beta_2+\beta_3$	$\beta_2+\beta_3$
对照组	β_0	$\beta_0+\beta_2$	β_2
差分	β_1	$\beta_1+\beta_3$	β_3

双重差分法的实施需要实验组和对照组在基线和终点的结果数据。最好提供结果受到干预前的数据，以检验平行趋势假设。如果要使用匹配，那么还需要用于匹配的数据，若要应用固定效应模型，结果的其他决定因素也应该用数据来描述。

二、双重差分法的优势和劣势

采用 DID 允许不可观测因素的存在，而且允许不可观测因素对个体是否接受干预的决策产生影响，从而放松了政策评估的条件，使得政策评估的应用更接近于经济现实，因而应用更广。但 DID 也存在一些局限性。

（1）数据要求更加苛刻。DID 以面板数据模型为基础，不仅需要横截面单位的数据，还需要研究个体的时间序列数据，特别是干预实施前的数据。因此，相比于匹配法，DID 要求更多的数据。

(2) 个体时点效应 μ_{it} 未得到控制。DID 要求很强的识别假设,要求在干预未实施时,实验组和对照组的结果变量随时间变化的路径平行,该假设并没有考虑个体时点效应 μ_{it} 的影响。由于 μ_{it} 的影响,在项目实施前后,实验组和对照组个体行为的结果变量并不平行,此时应用传统的 DID 就会出现系统性误差。

(3) 未考虑个体所处的环境对个体的不同影响。DID 假定环境因素的冲击对处于相同环境中的个体会产生相同的影响,即 θ_t 对所有个体都相同。但实际上,实验组和对照组个体可能受某些不可观测因素的影响,使得其在面临相同的环境因素的冲击时作出不同的反应,此时应用 DID 就会出现问题。

由于 DID 存在数据通常不可用和测试模型有效性的问题。因此,DID 和匹配法一起使用或应用于固定效应模型时会更加合理,以更好地控制可观测混杂因素。赫克曼等提出了"条件 DID"(conditional DID estimator)这一新的估计量,将匹配法与 DID 结合起来应用,不仅大大降低了选择偏差,而且结果更为可信。但条件 DID 仍要满足"共同支撑域"假定。

三、双重差分法在影响评估中的应用

在国外,赫克曼等(1985,1986)最早提出使用 DID 对社会公共政策的实施效应进行评估,此后对 DID 的研究和应用成果层出不穷,典型的有:对移民政策、最低工资制度对工资和就业的影响进行的研究[1];普汉尼对波兰 1991 年实施的失业救济政策改革对失业持续期的影响进行的评估[2]。

21 世纪以来,国内学者也逐渐开始运用 DID 对政策效应进行评估,主要的研究有:周黎安等就农村税费改革对农民收入增长所产生的影响进行的评估;朱宁宁等对我国建筑节能政策的实施效应进行的评估[3];黄清对 2002—2005 年电力行业放松规制的政策效应进行的实证检验和研究[4];刘生龙等对西部大开发对于西部地区经济增长及中国区域经济收敛的作用的评估[5];胥佚萱等使用上市公司数据对 2004 年开始在东北地区实行的增值税转型政策的影响进行的研究[6];

---

[1] Card D, Kruger A B. Minimum Wages and Employment: A Case Study of the Fast-Food Industry in New Jersey and Pennsylvania[J]. American Economic Review. 1994, 84(4): 772-793.
[2] Puhani P A. Poland on the Dole: The Effect of Reducing the Unemployment Benefit Entitlement Period during Transition[J]. Journal of Population Economics. 2000(13): 35-44.
[3] 周黎安,陈烨. 中国农村税费改革的政策效果:基于双重差分模型的估计[J]. 经济研究,2005(08).
[4] 黄清. 电力行业放松规制改革政策效果的实证研究——基于发电侧数据的双重差分模型检验[J]. 山西财经大学学报,2009,31(01).
[5] 刘生龙,王亚华,胡鞍钢. 西部大开发成效与中国区域经济收敛[J]. 经济研究,2009,44(09).
[6] 胥佚萱,林志伟. 增值税转型改革与企业固定资产投资决策——基于中国上市公司数据的面板双重差分模型分析[J]. 税务与经济,2011,(01).

俞红海等基于上市公司数据，对股权分置改革的有效性进行的实证分析[1]；李楠等利用中国工业企业数据，对国有企业改革的绩效进行的评估[2]等。

以下案例即双重差分法在发展项目的影响评估中的应用。

案例 8-1

中国农村地区小学合并项目对学生学业表现的影响评估[3]

一些人认为，将偏远地区规模较小的小学合并到规模较大的中心小学，会对学生的学习表现产生一定的负面影响。那么，合并小学确实会导致学习成绩下滑吗？研究者在中国西北农村地区选取了 62 所小学共 2 446 名小学生参与调研，其中，561 名学生来自被关闭的小学（实验组 A），820 名学生来自合并前的中心小学（实验组 B），其余 1 065 名学生来自非合并小学（对照组）。该实验研究假设，如果不存在小学合并的情况，两个实验组的学生与对照组学生学习成绩的变化趋势是相同的。那么，分别研究两个实验组与对照组学生在小学合并前后学习成绩的差异就可以识别出小学合并对学生学业表现的影响。使用双重差分法的分析结果表明，合并小学并不会对学生的学习成绩产生显著的负面影响。但是，合并时的年龄与学习成绩的变化有显著关系：年龄较大的学生合并后成绩显著提高了，而年龄较小的学生成绩显著降低了。

案例 8-2

语音提醒对马里锡卡索地区农民加强收成汇总服务培训的影响评估[4]

该项目出自非洲绿色革命联盟（A Green Revolution in Africa，AGRA）资助的一项旨在加强马里锡卡索地区粮食营销支持服务的项目，通过双重差分法分析通过培训提高农民收获前后粮食处理实践的知识对于加强农民与买家之间的联系的影响。项目由 2014—2017 年的耐用发展协会（Association Malienne d'Eveilau Developpement Durable，AMEDD）实施。

在该项目中，所有方案村都采用培训师对农民进行培训的方法。根据项目的变革理论，培训农民将有助于减少收获前和收获后的粮食损失、提高粮食质量，然而，统计、

---

[1] 俞红海,徐龙炳.股权分置改革有效改善了公司绩效吗？——基于双重差分模型的估计[J].浙江工商大学学报.2010,(01).

[2] 李楠,乔榛.国有企业改制政策效果的实证分析——基于双重差分模型的估计[J].数量经济技术经济研究,2010,27(02).

[3] Liu C, et al. The Effect of Primary School Mergers on Academic Performance of Students in Rural China[J]. International Journal of Educational Development. 2010, (30)6: 570-585.

[4] Impact of Voice Reminder Store in Force Harvest Aggregation Services Training for Farmers in Mali, https://www.3ieimpact.org/evidence-hub/publications/impact-evaluations/impact-voice-reminders-reinforce-harvest-aggregation.

社会和经济研究所也假设,一次面对面培训不足以确保有效应用,在特定期间提醒农民这些知识将超过一次性培训的影响。

基于上述假设,在锡卡索地区的库提亚拉、锡卡索和约罗索地区(次区域或区)的99个方案村庄中,所有AMEDD指导的农民都接受了在收获前和收获后谷物处理和质量管理方面的相同培训。根据随机对照试验设计,44个村庄被随机分配到实验组:在这些村庄中,AMEDD目标农民的随机样本在需要应用这些知识时收到了基于培训模块的特定手机提醒。其余55个村庄的农民作为对照组没有收到任何手机提醒。每个村庄中AMEDD目标农民的随机样本由平均14个(12—15个)受过训练的农民家庭组成,总样本量为1 434个(对照=821,处理=613)。

具体来说,影响评估了手机培训提醒对收获前和收获后粮食处理和管理活动的以下指标的影响:收获时间和收获成本,通过谷物销售聚合中心销售粮食,采用改进的存储方法,收获前和收获后粮食损失,粮食作物收入和家庭粮食安全。影响评估的方法为双重差分估计方法。主要结果可以总结如下:手机提醒对粮食收获时间有显著影响;手机提醒对采用改进的粮食储存方法有显著的积极影响;手机提醒对通过聚合中心销售粮食的可能性没有影响;手机提醒显著降低了收获前粮食损失的发生率,但对收获后粮食损失没有影响;手机提醒显著降低了饥饿发生率,但对粮食作物收入没有影响。

第二节 合成控制法

合成控制法是基于双重差分的理念建立的,即结果和对照组观测值之间的趋势差异提供了对影响的估计。然而,合成控制法放松了平行趋势假设且通过加权对照组的观测结果来建立控制,从而使得合成控制的协变量和结果趋势与干预前的实验组相匹配。

一、合成控制法原理

合成控制法能够克服选取控制对象时出现的样本选择偏误以及内生性问题。合成控制法将未处理的样本加权后合成为一个更合理的对照组,该对照组优于主观选定的对照组,可有效克服实验组和对照组之间存在的差异问题。然后根据对照组的数据特征构建反事实,明确实验组和对照组在政策实施之前的相似程度,避免因对比地区差异过大而引起的误差。在合成控制法下,要对协变量(不包括实验组)的结果进行面板回归,并指定一个表示个体观测处理状态的二元变量。采取一个优化程序以识别各个对照组观测值的权重，使得协变量和结果的加权合成控制趋势尽可能地匹配处理前的处理单元。在处理期间，将这些权重应用于对照组的观测以进行合成控制，或者与实验组的实际趋势进行对照的反事实。

合成控制法假设非干预结果由一个因子模型驱动，该因子模型由具有系数 α 的共享未观测共同因素（如时间固定效应）、独立可观测变量 X、具有系数 φ 和误差项 ε 的独立不可观测变量组成，如下所示：

$$Y_{it} = \alpha T_t + \gamma X_{it} + \varphi \mu_{it} + \varepsilon_{it} \tag{8-3}$$

可以假设有一组权重 ω_j 应用于未处理观测项，允许结果和独立可观测变量在处理之前模拟处理单位的模式，即以下两者：

$$\sum_{j=2}^{j+1} \omega_j \times Y_{jt} = Y_{1t} \quad \forall t \in \{1, \cdots, T_0\} \tag{8-4}$$

以及

$$\sum_{j=2}^{j+1} \omega_j \times X_{jt} = X_{1t} \tag{8-5}$$

在这些条件下，可以假设权重是 $\varphi\mu$ 简化形式的表示。因此，通过对未处理观测值加权、求和以及与已处理观测值进行比较，可以恢复平均处理效应，用 Δ 表示。

$$\Delta = Y_{1t} - \sum_{j=2}^{j+1} \omega_j \times Y_{jt} \tag{8-6}$$

该方法可以通过单独估计处理单位向量并且均等化跨单位间的处理效应来扩展到多个处理单元。不通过常规的推断来检验显著性。相反，安慰剂检验是在数据上运行的，并且估计了随机复制效应与处理估计一样大的概率。

二、合成控制法的优缺点

合成控制法的主要优点如下：
（1）即使在处理单元数量较少的情况下，也能对处理效果进行估计；
（2）当支持双重差分法的"平行趋势"假设不成立时，偏差会减少；
（3）合成控制法是对传统的双重差分法的拓展，可避免研究者主观选择对照组的随意性造成偏差。

与传统方法不同的是，合成控制法不需要很多经过处理的观测值，因此它们可以适用于小规模的干预，比如大型基础设施。然而，在进行处理之前，它还需要进行一系列的观测，以便使权重与合成控制的时间动态和处理单元相匹配。

合成控制法的主要缺点在于：

(1) 合成控制法只适用于面板数据，其中处理是二元的，且只适用于观测值的后期时间段；

(2) 目前的技术只适用于完全平衡的面板，而不平衡面板的方法仍在开发中；

(3) 和双重差分一样，在最后的观测期内肯定仍有未经处理的单位，当平行趋势假设有效时，合成控制法不如双重差分法有效率，并且该技术仅适用于满足相对特定数据要求的现有统计数据包(具有长期预处理观测和二元处理的平衡面板)。

另外，需要确保所考虑的对照单位不包括随时间发展而出现混淆的观测结果。缺乏传统的统计显著性检验也可能使政策受众对结果的解释感到困惑。

三、合成控制法在影响评估中的应用

以下两个案例是合成控制法在影响评估中的应用。

案例8-3

美国加州1989年实施的禁烟法案的影响评估[1]

由于加州禁烟法案只在加州范围内有政策效果，实验组就只有一个成员——加州，因此无法很好地应用传统DID。合成控制法通过使用38个未实施禁烟法案的州的加权平均来合成一个"加州"，提案之前所得到的合成的加州最好地再现了一组预测加州香烟消费量的值。通过对比真实的加州和合成的加州在1989年禁烟法案之后香烟消费量的差异来识别出政策效应，合成控制法提供了一种系统化的方法来估计这种反事实，以此评估99号提案对加州吸烟的影响。

此案例的安慰剂检验就是从控制地区中随机抽取一个不是加州的其他州进行合成控制估计，观察能否得到类似效应。

案例8-4

乌拉圭科洛尼亚地区集群旅游政策的影响评估[2]

乌拉圭科洛尼亚地区集群旅游政策是美洲开发银行支持项目的一部分，为了分析集

---

[1] Abadie A, Diamond A, Hainmueller J. Synthetic Control Methods for Comparative Case Studies: Estimating the Effect of California's Tobacco Control Program[J]. Journal of the American Statistical Association, 2010, 105: 493-505.

[2] Diego A, et al. Impact evaluation of a cluster program: An Application of Synthetic control methods. https://publications. iadb. org/publications/english/document/Impact-Evaluation-of-a-Cluster-Program-An-Application-of-Synthetic-Control-Methods. pdf.

群旅游政策实施对科洛尼亚旅游业的影响，本研究主要关注需求指标，特别是国际游客的人数及其支出。处理单元是一个区域，一组聚集的单元（或区域）可以作为一个潜在的对照组，由于在这种情况下难以应用传统的影响评估方法，应用合成控制法是产生严格的定量影响评估的唯一途径。

这是一次将合成控制方法应用于集群策略，对科洛尼亚与该国其他旅游区进行的比较分析。这种识别反事实的方法在控制单元数量有限的比较案例研究中特别有用。评估显示，2008—2015年，集群计划对国际游客流入科洛尼亚的人数产生了30%的积极影响；然而，研究没有发现对总支出有显著影响。

第三节 倾向得分匹配法

匹配法是一种非实验方法，是对于一些没有采用或不方便采用实验方法区分实验组和对照组的数据采用的一种近似实验的方法。倾向得分匹配法试图利用项目参与者和非参与者的可观察性特征来模拟干预的选择过程。严格来说，倾向得分匹配法算不得一种分析方法，而是一种处理数据的方式，常用于观察性研究混杂因素的控制。比如你想研究施加某种干预对结果指标是否有改善，数据来自回顾性的既有资料的收集，由于是观察性研究，大概率存在混杂因素在组间不均衡的问题（如基线不平），这时就可以考虑倾向得分匹配法。

一、倾向得分匹配法原理

匹配法假定，控制协变量之后，具有相同特征的个体对政策具有相同的反应。换句话说，不可观测因素不影响个体是否接受政策干预的决策，选择仅仅发生在可观测变量上。因此，对每一个实验组个体而言，可以根据可观测特征为其选择一个对照组个体构成反事实。

在倾向得分匹配中，匹配针对的不是每个单一特征而是针对一个数字：倾向得分值。倾向得分值是一个条件概率。更具体地说，它是一个个体或单位在给定其可观测特征的情况下参与干预的可能性。假定有 N 个个体，每一个处在干预中的个体 i ($i=1, 2, \cdots, N$) 都将有两种潜在结果 $Y_i(0)$，$Y_i(1)$，分别对应未被干预状态和干预状态中的潜在结果。那么对一个个体进行干预的效应标记为 δ_i，表示干预状态的潜在结果与未干预状态的潜在结果之间的差，即 $\delta_i = Y_i(1) - Y_i(0)$。令 $D_i=1$ 表示接受干预，$D_i=0$ 表示未接受干预，同时 Y_i 表示所测试的结

果变量。那么,反事实框架可以表示为以下模型:

$$Y_i = Y_i(D_i) = \begin{cases} Y_i(0), & \text{if } D_i = 0 \\ Y_i(1), & \text{if } D_i = 1 \end{cases} \tag{8-7}$$

该模型也可以表示为 $Y_i = (1-D_i)Y_i(0) + D_i Y_i(1)$,表明两种结果中的哪一种将在现实中被观测到,取决于干预状态,即 D 的状态。用平均处理效应 ATT 来测度个体在干预状态下的平均干预效应,即表示个体 i 在干预状态下的观测结果与其反事实的差,称为平均干预效应的标准估计量:

$$\begin{aligned} \text{ATT} &= \text{E}\{Y_i(1) - Y_i(0) \mid D=1\} \\ &= \text{E}\{Y_i(1) \mid D=1\} - \text{E}\{Y_i(0) \mid D=1\} \end{aligned} \tag{8-8}$$

很明显,反事实 $\text{E}\{Y_i(0) \mid D=1\}$ 是我们观测不到的,所以我们只有使用个体 i 在未干预状态下的观测结果 $\text{E}\{Y_i(0) \mid D=0\}$ 作为替代来估计个体在干预状态下的潜在结果——反事实。所以,该公式可以进一步表示为:

$$\begin{aligned} \text{ATT} &= \text{E}\{Y_i(1) \mid D=1\} - \text{E}\{Y_i(0) \mid D=0\} \\ &= \text{E}\{Y_i(1) \mid D=1\} - \text{E}\{Y_i(0) \mid D=1\} + \text{E}\{Y_i(0) \mid D=1\} \\ &\quad - \text{E}\{Y_i(0) \mid D=0\} \\ &= \text{ATT} + \text{selection bias} \end{aligned}$$

$$(8-9)$$

在实验数据中,个体是随机分配的,所以个体的所有特征在实验组和对照组之间是相等的,也就无须考虑用 $\text{E}\{Y_i(0) \mid D=0\}$ 作为替代对反事实 $\text{E}\{Y_i(0) \mid D=1\}$ 进行估计时存在的偏差了,这里称为选择偏倚(selection bias),换句话说,实验数据能够确保数据的选择偏倚为0,所以在实验设计中,随机性能保证实验组和对照组之间的数据平衡。而对于观测数据,往往由于缺乏随机性,而导致实验组和对照组不仅仅在干预统计量上存在不同,还在第三方变量 X(这个变量是可观测的)上存在区别。这时,必须要考虑到这些区别以避免潜在偏倚。考虑匹配法的两个假设:

(1)条件独立假设(conditional independence assumption, CIA):给定 X 后干预状态的潜在结果是独立的,换句话说,控制住 X 之后,干预分配就相当于随机分配。

(2)共同支撑条件(common support condition):对于 X 的每一个值,存在于实验组或对照组的可能性均为正,即 $0 < P\{D=1 \mid X\} < 1$。

第二个要求称为覆盖条件,即匹配组变量 X 需要在实验组和对照组上有足够的覆盖,即实验组每一个个体在对照组中都能找到与之匹配的 X。

若 X 只有一个变量,则对于给定的 $X = x$,ATT(x)的表达式为:

$$ATT(x) = E\{Y(1) - Y(0) \mid D=1, X=x\}$$
$$= E\{Y(1) \mid D=1, X=x\} - E\{Y(0) \mid D=1, X=x\}$$
$$= E\{Y(1) \mid D=1, X=x\} - E\{Y(0) \mid D=0, X=x\}$$

(8-10)

显然，X 只有一个变量时，实验组和对照组针对 X 的匹配标准是清晰的：对于实验组个体和对照组个体，X 变量的值越近，这两个个体的特征也就越相似。

倾向得分匹配通过 Logit 回归获得，从而将 X 由多维降到了一维的水平。所以，倾向得分中包含了 X 中所有变量的信息，综合反映了每个个体 X 变量组的水平。显然，倾向得分匹配的优势很明显——降维，它由单个变量（倾向得分）对个体进行匹配来代替了以 X 所有变量为基础对个体进行匹配。所以，倾向得分匹配的 $ATT(x)$ 的表达式为：

$$ATT = E\{Y(1) \mid D=1, X=x\} - E\{Y(0) \mid D=1, X=x\}$$
$$= E\{Y(1) \mid D=1, X=x\} - E\{Y(0) \mid D=0, X=x\}$$
$$= E\{Y(1) \mid D=1, p(x)\} - E\{Y(0) \mid D=0, p(x)\}$$

(8-11)

图 8-2 显示了一个典型的倾向得分分布。实验组的分布在对照组的右侧，即实验组个体的倾向得分往往高于对照组的个体。实验组的任何成员的倾向评分都不低于 0.3，且对照组的任何成员的倾向评分均不超过 0.8。因此，在建立共同支持区域时，有 39% 倾向评分为 0—0.3 的对照组观测值和 19% 倾向得分为 0.8—1.0 的实验组观测值未被使用。

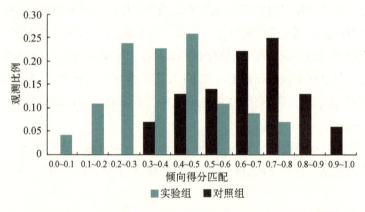

图 8-2 倾向得分分布示例

资料来源：White H, Raitzer D A. Impact Evaluation of Development Interventions: A Practical Guide. 2017。

二、倾向得分匹配的优缺点

倾向得分匹配(PSM)作为非参数方法,不需要对可观测因素的条件均值函数和不可观测因素的概率分布进行假设,因而相比参数方法具有优势。倾向得分匹配的主要优点是,如果有足够的数据,总是可以进行二元处理(因此可以被视为"最后的方法"),并且能在事后进行,在缺少基线数据的情况下也可以。如果基线数据不可用,则可以对不随时间变化的特征(如性别和宗教)进行匹配,并且回忆一些可靠的干预前特征,如户主学历和主要资产的所有权。倾向得分匹配还可以生成受处理的群体的参与者平均处理效应(ATT)和平均处理效应(ATE)。

但是,PSM 也有局限性。PSM 依赖于对可观测值的匹配。如果选择(参与)受不可观测项的影响,PSM 对于事后单一差异分估计将产生有偏差的影响估计。

(1) 极强的前提假设。PSM 的应用必须满足条件独立假设和共同支撑条件假定,这两个假定合起来称为强可忽略性假设。一旦违背这一假定,ATE 和 ATT 就会出现偏误。赫克曼等(1997)通过假设检验表明当强可忽略性假定不满足时,不宜应用 PSM 的方法对政策效应进行评估;赫克曼(2008)通过理论分析认为当存在未观测到的混杂因素时,PSM 方法不仅不能消除系统误差,反而会带来新的偏差。刘凤芹等(2009)运用蒙特卡罗模拟实验的结果也表明 PSM 对强可忽略性假设非常敏感,即使是轻度的违背,PSM 的估计结果偏差也超过 50%;通过运用实际数据,对比参数方法与 PSM 方法的结果,进一步验证了 PSM 的应用需要满足"强可忽略性"假定。

(2) 不能为所有的实验组个体找到对照组个体。匹配法仅能为处在域上的个体找到合适的对照个体。如果对于不同个体而言,处置效应是同质的,那么共同支撑域的假定不会对政策效应的大小造成影响;反之,如果处置效应是不同质的,共同支撑域的假定使得某些实验组个体很难找到反事实,处置效应无法识别。换句话说,如果匹配过程损失了大量的观察值,处置效应的估计量就仅在共同支撑域上具有一致性特征。在异质性响应中,如果实验组个体的处置效应差别很大,估计出的 ATT 就不能代表政策的平均回报。

(3) 数据量要求极大。匹配法往往应用于截面数据,为了保证条件独立假设成立,需要尽可能多地搜集协变量信息,将混杂因素分离出来。同时,为了保证能找到与实验组个体特征最为接近的对照组,研究者也需要收集大量的个体数据,以保证结果的精度。

(4) 结果的稳健性受到多种挑战。PSM 计算得到的 ATE 或 ATT 的稳健性受到多种因素的影响,如干预分配机制方程的设定、匹配算法的选择等。刘凤芹

等(2009)运用蒙特卡罗模拟实验的结果表明,PSM对误差项分布不敏感,对隐指标方程的误设极为敏感;在共同支撑域较小时,PSM对具体匹配法的选择极其敏感。

综上所述,匹配法的应用必须满足很强的假设前提,并且要具有相当的数据量。如果研究者认为无法验证强可忽略性假定,手头的数据样本量又不够大,就必须选用其他的政策评估方法,如DID和样本选择模型等,它们都明确允许有未被观测到的混杂因素的存在。

三、倾向得分匹配法在影响评估中的应用

倾向得分匹配法是一种统计学方法,用于处理观察研究的数据。在观察研究中,由于种种原因,数据偏差(bias)和混杂变量(confounding variable)较多,倾向得分匹配的方法正是为了减少这些偏差和混杂变量的影响,以便对实验组和对照组进行更合理的比较。这种方法最早应用于经济学、医学、公共卫生等领域。

在实证分析中,根据选择对照组时匹配法的不同,匹配法又可分为协变量匹配(covariant matching, CVM)和倾向得分匹配(propensity score matching, PSM)等。其中,CVM涉及多个协变量,会导致维度灾难、计算过于复杂等问题。如果协变量能使得条件独立假设成立,那么倾向得分(propensity score, PS)作为协变量的一个函数,也能使得CIA成立。通过将协变量中蕴含的信息转移至PS中,PSM可以克服CVM的劣势,成功降维,从而在实践中应用更多。

罗森鲍姆等提出利用PSM来消除混杂因素所引起的偏差[1],在提出之初并没有受到很大关注,但是近些年被广泛应用于医药、经济、政策评估等领域,成为政策效应评价中最常用的方法。伍兹等讨论了此方法在流行病药效学上的应用[2],吉利根等对仕埃塞俄比亚农村实施的应急食品救援政策的效应进行了评估[3],桑德拉等对法国的一项再就业培训项目的效应进行了评估[4]。

---

[1] Rosenbaum P R, Rubin D B. the Bias Due to Incomplete Matching[J]. ETS Research Report Series. 1983, 2: 1-22.
[2] Woods C W, et al. Emergency Vaccination Against Epidemic Meningitis in Ghana: Implications for the Control of Meaning ococcal Disease in West Africa[J]. The Lancet. 2000, 355(91): 30-33.
[3] Gilligan D O, Hoddinott J. Is There Persistence in the Impact of Emergency Food Aid? Evidence on Consumption, Food Security, and Assets in Rural Ethiopia[J]. American Journal of Agricultural Economics. 2007, 89(2): 225-242.
[4] Cavaco S, et al. Estimating the effect of a Retraining Program on the Re-employment Rate of Displaced Workers[J]. Empirical Economics. 2013, 44(1): 261-287.

案例 8-5

吸烟对于大众健康影响的评估

对于吸烟对大众健康影响问题的研究,研究人员常常得到的数据是观察研究数据,而不是随机对照试验数据,因为吸烟者的行为和结果,以及不吸烟者的行为和结果,是很容易观察到的。但如果要进行随机对照试验,招收大量被试,然后随机分配到吸烟组和不吸烟组,这种试验设计不太容易实现,也不符合科研伦理。因此,观察研究是最合适的研究方法。但是面对最容易获得的观察研究数据,如果不加调整,很容易得到错误的结论,比如拿吸烟组健康状况最好的一些人和不吸烟组健康状况最不好的一些人作对比,得出吸烟对于健康并无负面影响的结论。从统计学角度分析原因,这是因为观察研究并未采用随机分组的方法,无法基于大数定理的作用,在实验组和对照组之间削弱混杂变量的影响,很容易产生系统性的偏差。倾向得分匹配就可以用来解决这个问题,消除组别之间的干扰因素。

案例 8-6

接受职业技能培训对个人收入影响的评估

根据收集到的观测数据,将被试分为接受培训的实验组和未接受培训的对照组。如果由此直接计算接受培训带来的处理效应,那显然是不可以的,因为存在一个协变量集,其中的变量会对个人收入和是否接受培训产生影响,比如个人能力、家境、学历等。通俗点说,假设小明接受了培训,我们想要研究培训对他收入的影响,PSM 就能让我们从一群没有接受培训的人中,对每个人接受培训的概率进行估计,然后选出拥有和小明相似的接受培训概率的,但是没有接受培训的个体来作为小明的对照,然后再看他们的区别。当样本中的每个"小明"都找到了匹配的非培训的个体,也就是说,个体除是否接受处理外并无显著差异,之后就能对这两组样本进行比较研究了。然后再通过特定的匹配法来将倾向得分值接近的个体进行匹配,重构新的对照组和实验组。接着,在完成平衡性检验后,便可以开始计算处理效应。

第四节 双重稳健估计

一、双重稳健估计的原理

匹配是倾向得分的一种应用形式。倾向得分也可用于观测值的加权,以实现处理和未处理观测值之间的协变量平衡。[1] 其中,最简单的方法称为逆概率加权(inverse probability weighting, IPW),计算处理和未处理观测值的因变量单个值的加权平均值差分。当协变量和结果之间存在已知关系时,加权可以与回归技术相结合。此外,加权和结果回归的组合可以通过双重稳健的方式完成,以便在正确指定倾向得分回归或结果回归时能获得无偏的平均处理效应估计。双重稳健估计是逆概率加权的回归调整方法(inverse probability weighted estimator with regression-adjustment, IPWRA)和增广的逆概率加权回归(augmented inverse probability weighted estimator, AIPW)的统称。

双重稳健估计(doubly robust estimation, DR)是回归估计和逆概率加权回归的结合,由鲁宾等人在1994年提出。双重稳健估计的独特之处在于,它是在观察性研究存在混杂因素时,提出的更为稳健的方法,该模型结合了针对结果的回归模型和针对处理的逆概率加权模型,从而得到一个具有双重稳健性的平均处理效应估计量,即只要回归模型和逆概率加权模型中有一个正确,就能保证估计量的一致性和无偏性。假设某人现实中接受了处理,那么他接受处理下的估计量等于其实际测量值和假设不接受处理时预测值的结合,权重为倾向性评分的逆概率加权;而他未接受处理下的估计量则单纯是假设不接受处理时的预测值。

在逆概率加权估计之后的第二步,分别为实验组($W_i=1$)和对照组($W_i=0$)的协变量结果拟合模型,然后根据协变量的两组系数得到Y的预测值,分别记为$m_1(X_i, \hat{\beta}_1)$和$m_0(X_i, \hat{\beta}_0)$,假定

$$E(Y_i | W_i=1, X_i, \hat{\beta}_i) = \hat{Y}_1 = m_1(X_i, \hat{\beta}_1) = \alpha_1 + \beta_1 X_1$$

$$E(Y_i | W_i=1, X_i, \hat{\beta}_0) = \hat{Y}_0 = m_0(X_i, \hat{\beta}_0) = \alpha_0 + \beta_0 X_0 \quad (8-12)$$

---

[1] Lunceford J K, Davidian M. Stratification and Weighting via the Propensity Score in Estimation of Causal Treatment Effects: A Comparative Study[J]. Statistics in Medicine, 2004, 23: 2937-2960.

估计量通过取 $1/\hat{p}_i$ 来控制混杂因素的权重,即取实验组权重 $1/\hat{p}_i$,对照组权重 $1/(1-\hat{p}_i)$ 来权衡观察数据和切换回归的预测值。通过此加权创建了一个伪总体,在这个伪总体中,被处理和未处理的混杂因素的分布与这些混杂因素在原始总体中的分布相同。将得到的 Y_1、Y_0、p 的预测值和实际值应用于双重稳健估计,如式 8-13 所示:

$$\begin{aligned}\hat{\Delta}_{DR} = & n^{-1}\sum_{i=1}^{n}\left[\frac{W_iY_i}{\hat{p}_i} - \frac{\{W_i-\hat{p}_i\}}{\hat{p}_i}m_1(X_i,\beta_1)\right] \\ & -n^{-1}\sum_{i=1}^{n}\left[\frac{(1-W_i)Y_i}{1-\hat{p}_i} + \frac{\{W_i-\hat{p}_i\}}{1-\hat{p}_i}m_0(X_i,\beta_0)\right] \\ = & \hat{\mu}_1,DR - \hat{\mu}_0,DR\end{aligned} \quad (8\text{-}13)$$

双重稳健回归由倾向评分模型和因变量相对于调节自身的自变量转换结果回归组成。结果回归正在转换是因为它是针对处理过的和未处理过的观测值分别估计的。逆概率加权是根据倾向评分计算的,并与来自两个结果方程的预测值结合使用,以生成代表 ATE 的加权平均值。

双重稳健估计量 $\hat{\Delta}_{DR}$ 表示平均处理效应。在实施该方法时,干预前所有可观察到的影响结果的变量通常都包含在此选择方程中,为了提高精确度,还可以加入其他影响结果的变量。

二、双重稳健回归的优缺点

双重稳健技术模型的优点在于只要正确使用其中有一种方法(PSM 和 IPW)且没有不可测的混淆因子,就能产生一致的估计量。双重稳健估计具有与 PSM 相同的通常要求,且可以用于相同类型的数据,但比 PSM 更不容易出现设定偏误或偏差,因为它提供了两个适当指定关系的机会。相对于单一使用倾向得分匹配模型或者回归模型,双重稳健估计有更高的准确性。

缺点是该方法只能估计平均处理效应(ATE)。逆概率加权(IPW)可以估计参与者(参与项目的人)平均处理效应,但不会获得对设定不太敏感的双重稳健特性。这两种技术与 PSM 一样,都不能解释对不可观测项的选择。然而,如果对 ATE 感兴趣,并且可以在结构模型中识别出调节结果的变量,那么双重稳健回归提供了一个允许多种可能性以避免偏误的优势。

三、双重稳健估计的应用

以下两个案例是双重稳健估计在影响评估中的应用。

案例 8-7

全球价值链嵌入是否会改善制造业企业的生产效率[1]

本研究以 2000—2006 年中国工业企业数据库和中国海关进出口数据库微观数据为样本,测算企业层面的全球价值链嵌入程度指标,在倾向得分匹配法的基础上,进一步结合双重稳健估计,对匹配后样本进行了加权最小二乘法估计,以解决不可观测因素的选择偏差问题。

无偏估计需要正确指定回归方程,而一旦回归模型选择错误就会造成有偏估计。然而我们永远无法知道一个模型是否准确反映了变量之间的关系。双重稳健只要其中有一种方法被正确指定且没有不可测的混淆因子就会产生一致的估计量:

$$\hat{\Delta}_{DR} = n^{-1} \sum_{i=1}^{n} \left[\frac{Z_i Y_i}{e(X_i, \hat{\beta})} - \frac{Z_i - e(X_i, \hat{\beta})}{e(X_i, \hat{\beta})} m_1(X_1, \hat{\alpha_1}) \right]$$
$$- n^{-1} \sum_{i=1}^{n} \left[\frac{(1-Z_i) Y_i}{1-e(X_i, \hat{\beta})} - \frac{Z_i - e(X_i, \hat{\beta})}{1-e(X_i, \hat{\beta})} m_0(X_1, \hat{\alpha_1}) \right]$$
(8-14)

其中,Y 为可观测的因变量,Z 是实验组的二元变量,取值 0 或 1,X 代表匹配变量。$e(X_i, \hat{\beta})$ 为倾向得分匹配的假设模型。$m_0(X_1, \hat{\alpha_1})$ 和 $m_1(X_1, \hat{\alpha_1})$ 是匹配变量与因变量在每一分层上的假设模型。该式第一项可以表示为:

$$E(Y_{Z=1}) + E\left\{ \frac{Z - e(X, \beta)}{e(X, \beta)} [Y_{Z=1} - m_1(X, \alpha_1)] \right\}$$
(8-15)

当 PSM 模型被正确指定而回归模型不正确,或者 PSM 模型不正确而回归模型正确指定时,上式中的第二项都等于零,也就是在没有不可测的混淆因子、两个模型中至少有一个正确指定时,双重稳健估计的估计量是一致的。相对于单一使用倾向得分匹配模型或者回归模型,双重稳健估计有更高的准确性。

案例 8-8

农地确权对小农户信贷可得性的影响[2]

本研究基于中国 9 省小农户调查数据,研究了农地确权对小农户信贷可得性的影响及其作用机理,采用双重稳健估计分析平均处理效应模型,将农地确权视作干预措施,

---

[1] 吕越,吕云龙. 全球价值链嵌入会改善制造业企业的生产效率吗——基于双重稳健倾向得分加权估计[J]. 财贸经济,2016(03):109-122.

[2] 姜美善,米运生. 农地确权对小农户信贷可得性的影响——基于双稳健估计方法的平均处理效应分析[J]. 中国农业大学学报,2020,25(04):192-204.

设定干预模型,将农户信贷可得性、贷款需求、农业投资等视作干预结果,设定结果模型。基于双重稳健估计的平均处理效应的思想,实证分析设计分为以下四步。

第一步,运用 logistic 模型设定确权和不确权情况下的结果模型,结果模型的被解释变量为信贷意愿和贷款可得性。而结果变量农业长期投资设定了多元线性回归模型。协变量包括农户人口特点、经济特点和地理位置特点。

第二步,干预政策是农地确权,农户境况可分为农地确权和没有确权。干预模型设定为 logistic 模型,协变量包括农户人口、经济、地理位置特点等。

第三步,用来自第二步的概率对第一步的结果模型的条件均值进行逆概率加权。

第四步,得到农地确权对农户信贷需求、信贷可得性和农户投资的影响。报告对总体样本平均处理效应的估计结果,样本中既包括确权农户,也包括没有确权农户,两组样本的反事实的结果同样都是通过 PSM 确定的。

结果表明,农地确权可以提升小农户信贷可得性。需求方面的影响路径是:确权提高了小农户的土地安全性,增加了农业长期投资,并提高了信贷意愿。供给方面的影响路径是:确权增加了小农户的财产权并使其拥有了可流转的大额财产,传递了还款可能性增加的信号;而且可将农地作为抵押品获得农地抵押贷款,增加了金融机构的贷款供给。不过,农地的信号传递作用大于抵押作用,农地抵押作用的发挥需要进一步的制度和组织创新。

第五节　断点回归法

断点回归法(RDD)是一种类似于随机受控实验的准实验方法,其主要思想是:当个体的某一关键变量的值大于阈值时,个体接受政策干预;反之,则不接受。在 RDD 中,小于阈值的个体可以作为一个对照组来反映个体没有接受干预时的情况,在变量连续的情况下,阈值附近样本的差别可以很好地反映干预和结果变量之间的因果联系,进而计算出 ATE、ATT 等政策效应变量。例如:贫困线,行政边界两侧的村庄,或用于对潜在子项目进行评分排名。[1]

一、断点回归法的前提条件

使用断点回归法识别因果关系,必须同时满足四个条件:

---

[1] Thistlewaite D L, Campbell D T. Regression-Discontinuity Analysis: An Alternative to the Ex-Post Facto Experiment[J]. Journal of Educational Psychology. 1960, 51: 309-317.

(1) 用于区分样本的游动变量必须是连续的,如年龄、考试成绩、收入等。反之,分类变量(如性别、就业情况、受教育程度等变量)则不能用来区分样本。

(2) 该游动变量必须存在一个"阈值",使阈值两边的样本分别参与或不参与干预。例如,对于所有助学金申请者,只有家庭资产不高于 1 万元的学生能获得,则 1 万元就是游动变量(即家庭资产)的阈值。

(3) 这个阈值只可以用来区分该研究项目。如果 1 万元的家庭资产不仅可以决定学生是否收到助学金,还决定其家庭的医疗保险等其他社会救济,那么就不能通过断点回归法来评估助学金项目的效果。

(4) 任何个体都不能精确地将其游动变量值控制在阈值的左右,在阈值周围的个体无法操纵使其落在它所在的阈值的任一边。这就好像使样本个体被随机分配到阈值的左侧或者右侧,从而模拟了随机干预实验的场景。

中断时间序列(ITS)是 RDD 的具体应用,其中断点是项目生效的时间点。[1] 这是一种特殊的相关方法,其干预效果是突然的,而不是渐进的,如桥梁或主要电力传输连接的完成。假设存在一个 A 地区于 2020 年 1 月推出政策"每周只工作 3 天,每天 8 小时",想要对比研究工作效率在政策出台的前后是否获得了提高,可以收集 2020 年 1 月至 2022 年 12 月的每月平均工作效率数据,然后以 2020 年 1 月为中断点,采用中断时间序列进行分析,探索政策出台对工作效率的影响。这样的设计就称为单组中断时间序列分析,或简单中断时间序列分析。

如果在上面例子的基础上,再加入一个对照组 B 地区,B 地区并没有出台任何工作时间调整的政策,即依然是"每周工作 5 天,每天 8 小时"。然后比较 A、B 两个地区的差异,则为复合中断时间序列设计。

二、断点回归法描述

(一) 断点回归法原理

当存在决定项目资格标准的断点规则时,可以使用断点回归(RDD),并且断点是基于所有潜在合格的赋值单元(个人、家庭、公司等)评估的连续赋值变量。例如,高于或低于贫困线的家庭,高于或低于特定信用等级的公司,高于或低于特定考试分数获得奖学金的学生,或参加健康计划的高于或低于特定年龄的女性。

在中断时间序列的情况下,断点是引入政策或项目的时间点。如果是引入政策,如电信放松管制,那么这个时间点对所有家庭来说都是相同的。但是其他干预措施,如电气化或与污水处理系统的连接,可能会在不同的时间点影响不同的

---

[1] Sween J A, Campbell D. The Interrupted Time Series as Quasi Experiment:Three Tests of Significance[D]. Northwestern University. 1965.

社区。

断点对于项目来说应该是唯一的。例如,在印度,官方的"贫困线以下"状态被用作许多项目的资格标准。在这种情况下,RDD无法在其他项目使用相同断点的区域中放松使用"贫困线以下"特定项目的影响。同样,人们一旦达到退休年龄就有领取养老金的资格,然而他们同时还会停止工作,因此RDD无法将养老金发放和退休对许多结果(如健康状况)的影响区分开,这些结果都可能同时受到两种因素的影响。

非常靠近断点两侧的项会更加相似。例如,考试成绩为58.0—59.9的学生虽然不会被选入资格门槛为60.0的奖学金,但他们与获得60.0—60.9的学生并没有太大区别。在大多数情况下,这两组之间的差异可能更多地归因于测量误差而不是其他因素。断点回归正是基于这两组平均结果差异的比较。

此外,断点标准可能与结果相关,因此如果只进行简单的比较,就会存在选择性偏差。例如,颁发奖学金是为了提高学习成果,但是被选入该项目的往往都是那些学习成果更好的人;又如,年龄较大的女性更容易患上乳腺癌,而被选中进行筛查的都是年龄较大的女性。但如果是ITS的情况下,其他因素对研究结果产生影响是可以接受的。因为它们在如此短的时间内不会发生太大的变化,随着时间的推移,在引入干预的每一侧,这些其他因素不会立即发挥如此大的作用。

(二) 如何确定断点

迭代法可用于确定资格断点的边界。最初,设置一个较小的边界并检查所得到的实验组和对照组之间是否平衡。如果匹配相近,那么可以小幅度扩大范围并再次检查平衡。重复几次,直到样本开始变得不同为止。尽管观测值达到了平衡,但如果资格标准是强制性的并且符合条件的参与总体范围很大,那么没有任何理由去预期不可观测项会出现不平衡。

样本建立后,回归线将在断点附近拟合样本(见图8-3)[1]。通过一个或多个带宽,回归样本仅限于断点任一侧的观测值(见表8-2提供了一个示例)。具体来说,结果指标在赋值变量上进行回归,如代理均值检验(proxy means test, PMT)分数和一个截距虚拟变量。截距虚拟变量是一个二元变量,对低于断点的观测值取0,在断点和高于断点的取值1。斜率虚拟变量也同样可以被包括其中,即截距虚拟变量和赋值变量相乘的交互项。

---

[1] 为简单起见,假设存在线性关系。在实践中,测试了非线性形式,因为假设线性可能会给人一种实际上并不存在的不连续性的印象。然而,测试更复杂的函数形式可能需要使用整个样本,从而赋予远离截止值的观测值权重。

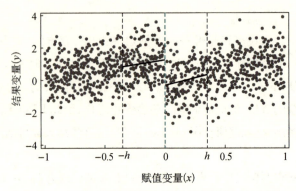

图 8-3 围绕赋值变量的合格断点的断点回归示例

资料来源:Orbeta, A., A. Abdon, M. delMundo, M. Tutor, M. Theresia Valera, and D. Yarcia. 2014. Keeping Children Healthy and in School: Evaluating the Pantawid Pamilya Using Regression Discontinuity Design Second Wave Impact Evaluation Results. Unpublished draft。

表 8-2 菲律宾有条件现金转移支付和家庭生计计划在断点回归下对年度人均支出影响评估

(单位:菲律宾比索)

评估对象	评估指标	带宽		
		CCT	IK	抽样
教育 (每位 3—20 岁 学龄孩子)	影响	206.61**	200.56**	77.67
	标准误	70.51	55.32	50.5
	非家庭均值	251.82	230.48	252.49
	观测值	1 402	2 018	2 939
医疗用品	影响	14.67	14.42**	14.60**
	标准误	8.13	6.912	5.5
	非家庭均值	35.34	34.56	34.37
	观测值	1 789	2 100	3 107
服装和鞋	影响	75.28**	73.41**	44.27**
	标准误	25.63	24.93	17.12
	非家庭均值	91.52	95.9	107.01
	观测值	1 351	1 453	3 108

* 表示 10% 水平显著,** 表示 5% 水平显著。

注:带宽是指 Imbens 和 Kalyanaraman 提出的最佳带宽[1],称为 IK;Calonico、Cattaneo 和 Titiunik,称为 CCT,是指对贫困群体提供带有一定附加条件的现金补贴[2];"抽样"带宽采用 Grover 的带宽估计方法[3]。

资料来源:Imbens, G. and K. Kalyanaraman. Optimal Bandwidth Choice for the Regression Discontinuity Estimator[J]. Review of Economic Studies. 2012:79. pp. 933-959。

---

[1] Imbens G, Kalyanaraman K. Optimal Bandwidth Choice for the Regression Discontinuity Estimator[J]. Review of Economic Studies. 2012,79:933-959.

[2] Calonico S, et al. Robust Nonparametric Confidence Intervals for Regression-Discontinuity Designs[J]. Econometrica. 2014, 82:2295-2326.

[3] Grover D. Sampling Recommendations for Second Wave Impact Evaluation of the Pantawid Pamilya Program Applying Regression Discontinuity Design. Project Document. 2013.

(三)清晰断点回归和模糊断点回归

1. 清晰断点回归

在清晰断点回归(sharp RDD)中,接受处理的概率在赋值变量 X_0 的断点从 0(没有接受处理的机会)到 1(100%接受处理的机会)不连续地变化。换句话说,该程序有一个实施良好的严格的资格标准。清晰断点回归由以下公式表示:

$$Y_{0i} = \alpha + f(X_0 + \delta_i) + \varepsilon_{0i} \tag{8-16}$$

$$Y_{1i} = \alpha + \tau_i + f(X_0 - \delta_i) + \varepsilon_{1i} \tag{8-17}$$

其中,Y_0 是资格阈值以上的结果,Y_1 是资格阈值以内的结果,$f(X_0)$ 是资格阈值附近的连续函数,τ 是处理效应,δ 是到阈值的距离。

条件的差异可以揭示处理效应,如式 8-18 所示:

$$Y_1 - Y_0 = \tau + f(X_0 - \delta) - f(X_0 + \delta) + (\varepsilon_1 - \varepsilon_0) \tag{8-18}$$

因为赋值变量存在一些随机变化,并且个体无法控制他们是否高于或低于项目资格的断点,所以断点回归类似于在断点附近进行的随机试验。刚好高于断点的个体与刚好低于断点的个体相似,只是断点一侧的个体接受了处理,而另一侧的个体没有接受。因此,刚好高于和低于断点之间平均结果的任何差异都可以完全归因于是否接受处理。

在清晰断点回归下估计处理效应相对比较容易。在断点周围有足够观测点的情况下,可以通过在断点上方和下方对结果均值进行差分来估计处理效应。如果断点周围的数据稀疏,评估人员还可以单独建模:(1) Y 沿赋值变量的趋势,从断点以下到断点;(2) Y 沿赋值变量的趋势,从断点以上到断点。然后,评估人员可以在断点处获取两条线的截距之间的差,这就是处理效应。参数、非参数和半参数回归方法可用于估计这种情况下的处理效应。

清晰断点回归与其他类型的准实验设计(如匹配法和双重差分法)相比来说具有重要优势。因为资格标准是已知的,所以对不可观测对象的选择变得不成问题,并且可以通过选择资格阈值附近的样本来控制可观测对象。同时,断点回归估计的是资格阈值附近样本的局部平均处理效应,而不是整个样本的平均处理效应。

2. 模糊断点回归

在许多情况下,资格标准没有得到高度精确的实施,或者项目的推出没有达到 100%的合格样本。对于接受处理的概率在断点不连续变化但小于 1(小于 100%)的情况,可以使用模糊断点回归(fuzzy RDD)。

为了估计模糊断点回归下的处理效应,评估人员必须分别建模:(1) Y 沿赋值变量的趋势,从断点以下到断点;(2) Y 沿赋值变量的趋势,从断点上方到断点;

(3)W 沿赋值变量的趋势,从断点以下到断点;(4)W 沿赋值变量的趋势,从断点上方到断点。

然后,评估者可以在断点(模糊断点回归估计的分子)处获取两个趋势(1)和(2)的截距之间的差分,并将其除以在断点(模糊断点回归估计的分母)处获取两个趋势(3)和(4)的截距之间的差分。参数、非参数和半参数回归方法可用于估计这种情况下的处理效应。尽管符号略有不同,但模糊断点回归法的估计量实际上与工具变量法中的两阶段最小二乘估计量相同。

三、断点回归法的优缺点

比起其他准实验匹配方法,断点回归对于不可观测项有着更完全的控制。它还可以在很大程度上利用行政数据,从而减少数据收集的需要,尽管可能需要收集被拒绝申请人的结果数据。

断点回归法的局限性之一在于需要有明确的分配标准和足够的分析样本。断点回归法的一个挑战通常是在断点两侧都需要有足够的观测值。

断点回归法的另一个局限是仅对接近断点的人群影响进行估计。该估计值称为局部平均处理效应,而不是整个处理总体的平均处理效应。原则上,这种局限性限制了该方法的外部有效性。同样也可能认为局部平均处理效应提供了关于资格边缘影响的信息,因此如果项目进一步扩大,该方法是一个预期会发生什么的良好代表性方法。

四、断点回归法在影响评估中的应用

断点回归法是一种类似于随机实验的方法,也是准实验方法中最具有可信性的方法。断点回归法应用的关键假设是要求在断点附近的个体的特征相同,这一假设可以通过统计分析得到检验。在随机实验不可得的情况下,断点回归能够避免参数估计的内生性问题,从而真实反映出变量之间的因果关系。[1] 由此可见,断点回归法的吸引力不仅在于它的实验性,还在于它的因果推断可以方便地得到检验。

断点回归法最早是由美国西北大学的心理学家坎贝尔于 1958 年首先设计出来的,但一直没有得到广泛的应用。哈恩等[2]为断点回归法的模型识别和模型估计进行了严格意义上的理论证明,并提出了相应的估计方法。自此之后,断点

---

[1] Lee H H. Using the Chow Test to Analyze Regression Discontinuities[J]. Tutorials in Quantitative Methods for Psychology. 2008, 4(2): 46.
[2] Hahn J, et al. Identification and Estimation of Treatment Effects with a Regression-Discontinuity Design[J]. Econometrica 2001, 69(1): 201-209.

回归法在经济学上的应用开始盛行。到目前为止,对这一方法的研究成果还主要集中在劳动经济学领域。国内学者近年来也开始逐渐运用断点回归法进行分析研究。

案例8-9

使用断点回归法对就读重点高中学生学业表现的影响的研究[1]

在该项目中,干预方式为是否就读重点高中。区分实验组和对照组的游动变量为样本学生的中考成绩,而录取分数线则为该游动变量上的阈值:高于录取分数线的学生可以进入重点高中(即实验组),低于录取分数线的学生则只能在普通高中(即对照组)就读。为降低选择性偏误,研究者为样本分组进一步设定条件,即实验组为在重点高中就读且中考成绩略高于录取分数线的学生,而对照组则是在普通高中就读且中考成绩略低于录取分数线的学生。假设实验组和对照组学生的其他基本特征相似,其差异只在于是否就读于重点高中,那么分析两组学生在三年后高考成绩中的差异就能识别出干预对学生学业表现的影响。

该项目满足使用断点回归法的四个条件:其一,基线调研时,区别样本特征的游动变量(即学生的中考成绩)是连续的;其二,样本特征存在明显的阈值,即录取分数线;其三,落在录取分数线两边学生的其他基本个人特征是非常相似的,其差异只在于是否就读于重点高中;其四,在录取分数线周围的学生,其就读的高中只取决于中考分数,而不能人为操纵。使用断点回归法分析结果表明,就读重点高中比没有就读重点高中的学生高考成绩高出0.387个标准差,同时,就读重点高中可以将大学入学率显著提高27.8个百分点。

案例8-10

小额索赔程序司法改革对菲律宾法院拥堵的影响[2]

本案例是采用断点回归法评估菲律宾最高法院改革对法院效率的影响。研究收集了在一级初审法院的电子行政记录中捕获的高频案件数据,并辅以在法院收集的有限的案件信息。使用货币索赔的价值进行分类,以确定处理和对照案例。低于阈值的案例是被改革"处理"的案例,高于阈值的则是"比较"或"控制"案例。

---

[1] Lee J, et al. A Survey on SW Club Activities in Science Core High Schools[J]. Journal of Gifted, 2015, 25(6): 971-987.
[2] Impacts of judicia lreform in small claims procedures on court congestion in the Philippines, https://www.3ieimpact. org/evidence-hub/publications/impact-evaluations/impacts-judicial-reform-small-claims-procedures-court.

先使用货币索赔的中心价值(即货币索赔的实际价值与案件提交时的现行阈值之间的差异)作为运行变量,对小型索赔案例(small claims cases,SCP)资格阈值的不同变化进行统一的分析。所包括的案件是在引入 SCP 后提出的案件。再将处理和未处理的案例分配如下:将货币价值高于现行阈值的案例分配给对照组,而将货币价值达到或低于现行阈值的案例分配给处理组。影响评估将最初假设清晰断点回归在所有情况下都假定遵循他们的处理任务(即那些低于阈值的货币索赔盛行的情况下提起处理小型索赔和那些价值索赔高于阈值提起处理普通民事案件)。

该研究发现了支持 SCP 改革的强有力但微妙的证据。虽然在考虑到所有货币阈值时,改革的平均影响是混合的,但对于最低阈值(100 000)的影响估计很大,显著和明确地提高了效率,而对于第二低(200 000)的影响估计相对温和。关键的结论是,无论程序如何,更高的货币价值索赔都更复杂,需要更长的时间来解决。

增加阈值以允许更多的索赔通过 SCP 从而稀释改革的影响(与第一阶段和第二阶段进行比较),进一步增加效果,使 SCP 的影响完全无效(比较第一阶段和第二阶段的平均影响)。这说明了一个简单的政策方法:门槛设定是 SCP 改革成功的关键,长期提高门槛不太可能产生持续提高效率的影响。

第六节　工具变量法

标准的计量经济学提供了一种处理内生性问题的方法——工具变量法(Ⅳ)。假设有一个可观测变量,该变量满足以下两个条件:(1)这个变量是外生的,即它与误差项不相关;(2)与内生解释变量相关。符合这两个条件的变量称为解释变量的工具,即工具变量。使用工具变量法的核心在于工具外生性(instrument exogeneity),这意味着通过工具变量估计的结果变量的变化是无偏的,因为工具变量与其他影响结果变量的不可观测因素不相关。但是工具变量的外生性假设是无法检验的,通常情况下若要使用该方法,就需要借助经济行为或反向思考来维持这一假定。需要注意的是,工具变量估计不代表平均处理效应,而是估计所谓的局部平均处理效应。也就是说,工具变量法估计的是对那些由外生工具所引起的实验组或对照组样本的平均干预效果。

一、工具变量法原理

(一) 内生性问题与工具变量

工具变量是经济学、计量经济学等相关学科中无法实现对照试验时,用于估计模型因果关系的方法。工具变量法最好用线性回归的框架来说明。假设有以下线性回归方程:

$$Y_i = \alpha + \beta_1 W_i + \gamma X_i + \varepsilon_i \tag{8-19}$$

在回归模型中,当解释变量 W_i 与误差项 ε_i 存在相关性(内生性问题),即 $\text{cov}(W_i, \varepsilon_i) \neq 0$,使用工具变量法能够得到一致的估计量。

内生性问题一般产生于遗漏变量、互为因果、测量误差等。总的说来,内生性主要由以下原因造成。

(1) 遗漏变量:如果遗漏的变量与其他解释变量不相关,一般不会造成问题。否则,就会造成解释变量与残差项相关,从而引发内生性问题。

(2) 解释变量与被解释变量相互影响。

(3) 测量误差:由于关键变量的度量上存在误差,使其与真实值之间存在偏差,这种偏差可能会成为回归误差的一部分,从而导致内生性问题。

当内生性问题出现时,常见的线性回归模型会出现不一致的估计量。此时,如果存在工具变量,那么人们仍然可以得到一致的估计量。工具变量的思想其实很简单。虽然内生变量是"坏"(与扰动项相关)的变量,但仍可能有"好"(与扰动项不相关)的部分,如果能将内生变量分解为内生部分与外生部分之和,则可能使用其外生部分得到一致估计。实现这种分离通常需要借助另一变量,即工具变量。工具变量应该是一个不属于原解释方程并且与内生解释变量相关的变量,工具变量必须满足以下两个条件。

(1) 外生性。工具变量要严格外生,与扰动项不相关,也被称为排他性约束或工具变量的效度。工具变量要能够帮助内生变量分离出一个外生部分,则工具变量自身必须是"干净"的,即满足外生性(与扰动项不相关)。这里的外生性意味着工具变量影响被解释变量的唯一渠道是通过与其相关的内生解释变量,它排除了所有其他的可能影响渠道。

(2) 相关性。工具变量要与内生解释变量高度相关,即工具变量影响内生解释变量的力度要大。也就是说,$\text{cov}(X, Z)$ 要大。

(二) 两阶段最小二乘回归

用最小二乘法拟合回归模型时有一个默认条件:因变量的大小会受自变量的

影响,自变量应当独立取值,不应受因变量的影响,即自变量单向对因变量产生影响。但在实际研究中,会出现自变量与因变量相互影响的情况。比如,在分析价格与需求的关系时,价格与需求存在互相影响。价格可以影响需求,价格低会促使需求上升;需求也会影响价格,需求上升可能会使价格上涨。因此,在进行回归分析时,如果因变量和自变量间存在双向作用,就应该使用两阶段最小二乘法(2SLS)。这也是使用工具变量法最普遍的方法。

两阶段最小二乘回归用下列公式表示:

$$\widehat{W}_i = \beta_0 + \beta_3 Z_i + \beta_2 X_i + \eta_i$$
$$Y_i = \alpha + \beta_1 \widehat{W}_i + \gamma X_i + \varepsilon_i \tag{8-20}$$

顾名思义,2SLS 回归分两个阶段进行。通过两次线性回归解决自变量与因变量双向影响的问题。两次回归都使用最小二乘法拟合,因此得名。

两阶段最小二乘法中的第一阶段是从自变量中选取一个作为工具变量(第一阶段中用于预测自变量的变量称为工具变量)。在这一阶段,还需判断工具变量是否有效,判断是否是好的工具变量(即工具变量和内生解释变量之间的相关性,具有强相关性就是好的工具变量)。这一阶段就是用内生解释变量对工具变量和模型中的其他变量进行回归分析。

第二阶段是用第一阶段中拟合的自变量估计值代入原模型中进行回归分析。此时所用的拟合的自变量估计值与因变量不存在相互影响关系。

二、工具变量法的优缺点

工具变量法的关键是选择一个有效的工具变量。其优点是可观测和不可观测的选择偏差来源都将得到控制。缺点是很难找到有效的工具变量,因为许多影响处理的因素也会以某种方式影响结果,另外由于工具变量不唯一,因而工具变量估计量有一定的任意性,且由于误差项实际上是不可观测的,因而要寻找严格意义上与误差项无关而与所替代的随机解释变量高度相关的变量事实上是比较困难的。

工具变量法是一个相对简单的估计方法,但是有两个重要的缺陷。

(1) 工具变量的选择问题。在政策评估问题中,要找出满足条件的工具变量并不容易。在实践中,尤其是当纵向数据和政策实施前的数据可以获得时,研究者多使用因变量的滞后变量作为工具变量。但是,这同样会引发相关性,并不能从根本上解决问题。

(2) 如果个体对于政策的反应不同,只有当个体对政策反应的异质性并不影响参与决策时,工具变量才能识别 ATT、ATE。但这是一个很强的假定,有时研究者不得不假定非理性,或忽略研究对象的异质性。[1]

三、工具变量法在影响评估中的应用

工具变量法最早出现在赖特的《动植物油类税》(*the Tariff on Animal and Vegetable Oils*)一书中[2],随后切尔维亚科夫等为了处理分位数回归模型中解释变量的内生性问题,提出并验证工具变量分位数回归模型,将这一估计方法应用于美国学校教育回报率的研究中。[3] 埃利希运用时间序列数据和截面数据就美国执行死刑对降低谋杀率的影响进行的研究具有典型性。[4] 埃利希认识到谋杀率与死刑执行率之间的双向因果关系,并试图应用 IV 来解决其内生解释变量和遗漏解释变量的问题。他选择了此项政策支出的滞后量、总的政府支出、人口、非白人比例等变量作为 IV,但并没有解释为什么这些变量是 IV,所选出的这些 IV 与内生的解释变量之间又具有怎样的关联。卡德等将学生的出生所在州与出生所在队列作为 IV,研究了教育投入对教育质量的影响,从而使得教育产出、教育质量领域的研究出现了重大转折。[5] 有研究指出了弱工具变量的问题,从而将 IV 的效率问题以及 IV 的选取准则引入研究。此后,有关 IV 研究的理论问题都主要集中在如何寻找最优的工具变量上。

案例 8-11

佩戴眼镜对学生学业表现的影响[6]

该项目首先分析了给学生发放眼镜与学业表现的因果关系。然而发放眼镜不等于学生佩戴了眼镜,考虑到不完全依从的问题,我们还需要对真实佩戴了眼镜的这部分学

---

[1] Heckman J J, et al. Making the Most Out of Programme Evaluations and Social Experiments: Accounting for Heterogeneity in Programme Impacts[J]. The Review of Economic Studies, 1997, 64(4): 487-535.
[2] Wright P G. The Tariff on Animal and Vegetable Oils[M]. Macmillan, 1928.
[3] Chernozhukov V, Hansen C. Instrumental Quantile Regression Inference for Structural and Treatment Effect Models[J]. Journal of Econometrics, 2006, 132(2): 491-525.
[4] Ehrlich I. The Deterrent Effect of Capital Punishment: A Question of Life and Death[J]. The American Economic Review, 1975, 65(3): 397-417; Ehrlich I, Gibbons J C. On the Measurement of the Deterrent Effect of Capital Punishment and the Theory of Deterrence[J]. The Journal of Legal Studies, 1977, 6(1): 35-50.
[5] Card D, Krueger A B. School Quality and Black-White Relative Earnings: A Direct Assessment[J]. The Quarterly Journal of Economics, 1992, 107(1): 151-200; Card D, Krueger A B. Does School Quality Matter? Returns to Education and the Characteristics of Public Schools in the United States[J]. Journal of Political Economy, 1992, 100(1): 1-40.
[6] Glewwe Paul, West Kristine L, Lee Jongwok. The Impact of Providing Vision Screening and Free Eyeglasses on Academic Outcomes: Evidence from a Randomized Trial in Title I Elementary Schools in Florida[J]. Journal of Policy Analysis and Management, 2018, 37(2): 265-300.

生的学业表现进行无偏估计。由于佩戴眼镜这个变量本身具有潜在的内生性,不仅受到发放眼镜的影响,还可能与家庭到学校的距离以及家长对学生视力和学习的关注程度有关,而这些因素都可能对学生的学业表现产生影响。为识别佩戴眼镜与学业表现真实的因果关系,研究者引入了一个外生变量即"是否得到免费发放的眼镜",这个变量既与内生的解释变量相关,又与误差项不相关。在这个项目中,发放眼镜仅通过影响学生佩戴眼镜的概率来影响学业表现,与其他不可观测变量不相关,因此不再有内生性问题,可以作为工具变量来识别佩戴眼镜与学业表现之间的因果关系。使用工具变量法分析结果表明,参与该项目的4—6年级学生佩戴眼镜8—9个月就可以将学业成绩显著提高0.41个标准差。

案例8-12

使用工具变量衡量通电对农村家庭的影响[1]

发电、输电和配电是发展支出的重大焦点之一。然而,关于此类干预措施对贫困农村家庭有益的证据较少。挑战之一是只有比较富裕的家庭才能负担得起电力连接的费用,从而混淆了因果关系。

汉德克等人探讨了孟加拉国电力供应的定价策略,发现距离电线杆30.48米(100英尺)以上的家庭的连接成本大幅上涨,因为距离限制了获得补贴的资格。然而,在通电之前,电线杆的距离与电价之间没有正显著关系。这表明电价和电线杆位置距离的关系无法确认,但可以预测处理。因此,家庭距离电线杆不到30.48米(100英尺)被用作农村固定效应回归的工具变量。[2]

第一阶段是根据工具变量的作用、家庭和村庄特征估计家庭通电后的电费支出(二元变量)。第二阶段根据预测工具变量、家庭和村庄特征来估计收入、支出、学业完成情况和学习时间。通过这种方法,该研究发现通电对几乎所有评估的结果都有显著影响。

第七节 非实验影响评估方法总结

当随机试验不能进行时,就可以采用一系列非实验方法。然而,所有方法都需要实验组和对照组的数据,而不仅仅是干预前后的数据(除了中断时间序列)。

---

[1] 亚洲开发银行. 发展项目影响评估[R]. 2017.
[2] Khandker S R, et al. Seasonal Migration to Mitigate Income Seasonality: Evidence from Bangladesh[J]. The Journal of Development Studies. 2012, 48(8): 1063-1083.

即使在基于回归的方法中,例如工具变量法,即使隐含反事实,对影响的估计也需要来自对照组的数据。除了双重差分法和合成控制法以外,所有方法都需要一个指定的模型,该模型包括决定项目选择的变量。

一个特定的研究要选择合适的方法取决于研究背景和数据(见表8-5),这包括处理的性质、有效观测的数量、对不可观测对象进行选择的重要性以及想要研究的处理效果。

表8-5 非实验影响评估方法总结

方法	评估处理的类型	最少需要数据量	是否可以对可观测对象的选择进行校正	是否可以对不可观测对象的选择进行校正	处理效果估计
双重差分法/固定效应模型	二项/二项、连续	面板数据(两期及以上)	是	是,不随时间改变的不可观测值	ATT
合成控制法	二项	经过几轮预处理观测的面板数据	是	校正的近似值	ATT
倾向得分匹配	二项	横截面数据	是	否	ATT, ATU, ATE
双重稳健估计	二项	横截面数据	是	否	ATE
断点回归法	二项	围绕阈值门槛的横截面数据	是	是	LATE

注:ATE=平均处理效果,ATT=对处理项的平均处理效果,ATU=对未处理项的平均处理效果,LATE=局部平均处理效果。

资料来源:White H, Raitzer D A. Impact Evaluation of Development Interventions: A Practical Guide. 2017。

(1) 处理的性质。无论处理变量是二元的(如是否加入项目)还是连续的(如新的基础设施使得行程时间减少量)都会影响可以使用的模型。使用参与方程的方法(内生性问题处理、内生转换回归、倾向得分匹配)仅能应用于二元处理,如双重差分法和合成控制法。而当处理项是连续的时候,也能使用固定效应模型和工具变量法。

(2) 基线数据的有效性。双重差分法、固定效应模型和合成控制法只有在面板数据可用时才能使用,以便在干预前后以及有无干预时都能有观测值。合成控制法还需要在干预之前进行多次观测。如果在面板数据上进行,其他方法就能够得到增强,但如果只有一个观测期是可用的,那么只能用于横截面数据。

(3) 工具的存在。工具变量法、内生处理回归和内生转换回归依赖于是否存在至少一个适合作为工具的变量。该工具需要满足排斥性约束并且具有相关性。一个断点回归设计的赋值变量本质上也是一种工具。

(4) 不可观测项的选择。如果预计要对不可观测项进行选择,那么基于倾向得分的技术不能横断面上使用(即没有基线)。此外,如果这些不可观测项或其影响会随时间变化,那么固定效应和双重差分同样会导致有偏估计。

(5) 想要研究的影响度量。不同的方法也会产生不同的影响度量。双重差分法/固定效应模型、合成控制法、倾向得分匹配和内生转换回归可以估计 ATT,或对选择参与干预项的影响。双重稳健估计和内生处理回归能估计 ATE,或对整个总体(参与项和非参与项)平均的影响。工具变量法和断点回归能估计 LATE,或就工具而言边际参与的影响。ATT 可能是迄今为止影响的问责制应用最多的,而 ATE 可能更想为有关扩展计划的决策提供信息。

随机试验方法与准实验方法均可广泛应用于国际发展领域影响评估的政策研究中,用来分析发展干预措施是否对最终结果产生了影响。尽管随机对照试验有其局限性,但仍是因果推断的"黄金准则",可以识别出干预或政策产生影响的作用机制,有效模拟政策实施效果。在不适用开展随机干预或资源有限没有条件开展随机对照试验的情况下,可应用准实验方法进行影响评估政策实验来识别有效的教育类政策(或项目),从而促进贫困群体的发展。

需要强调的是,不管是随机对照试验还是准实验方法,均具有其适用性与局限性。研究者在开展实证研究时,更应注重社会问题本身,而非仅关心验证完美的科学实验方法。在开展发展项目影响评估时,研究者需结合研究问题和研究项目的实际可能性,判断是应用随机对照试验还是准实验方法来进行政策评估,从而为政府制定发展政策提供更加科学的决策依据,以进一步促进国际发展目标的实现。

本章小结

发展政策贯穿于经济发展之中,而评估政策的影响则是经济学的三大核心任务之一。对于政策有效性的研究不仅仅在于回答"是否起作用",更在于回答"什么时候起作用以及为什么起作用"。致力于因果识别的随机对照试验、自然实验以及非实验推动了政策评估方法由传统的结构方法向处理效应方法的转变。同时,这些实验方法带来了实证经济学的可信性革命。非实验方法是在随机对照试验无法进行时,通常可以通过一系列设计来估计发展项目与影响间的因果关系,通过统计方法建立一个与实验组尽可能相似的对照组来估计影响。

双重差分法基于实验组和对照组之间随时间变化的结果差异,从实验组中观测到的结果减去对照组中观测到的结果的变化,即可得出影响的真正度量。合成控制法将未处理的样本进行加权后合成为一个更合理的对照组,该对照组优于主观选定的对照组,可有效克服实验组和对照组之间存在的差异问题。倾向得分匹配将对照组的个体按照各自倾向得分相近的方法与实验组中的个体进行匹配,这就使得匹配过后的个体除是否接受处理外并无显著差异,在一定程度上缓解了自选择偏误。双重稳健估计是在逆概率加权的基础上得出的,当倾向得分模型假设错误时,同样会带来最终分析结果的偏差,而双重稳健估计是针对这一问题提出的更为稳健的方法。断点回归基本思想是存在一个连续变量,该变量能决定个体在某一临界点两侧接受政策干预的概率,由于 X 在该临界点两侧是连续的,因此个体针对 X 的取值落入该临界点任意一侧是随机发生的,即不存在人为操控使得个体落入某一侧的概率更大,则在临界值附近构成了一个准自然实验。工具变量法是解决内生性问题的方法,通过使用一个或多个影响处理而不影响结果的变量作为干预的代理来获得一致的估计,具有排他性和相关性。

关键词

非实验方法　平行趋势假设　双重差分法　合成控制法　倾向得分匹配　双重稳健估计　断点回归　清晰断点回归　模糊断点回归　工具变量　内生性问题　工具变量法

复习思考题

1. 非实验方法有哪些种类?并分别简述其核心思想。
2. 请简述倾向得分匹配法的优势和劣势。
3. 应用断点回归法识别因果需要哪几个条件?

案例分析题 8-1

互联网发展对营商环境的影响

近年来中国互联网快速发展,中国互联网络信息中心(CNNIC)于 2021 年 8 月发布的第 48 次《中国互联网络发展状况统计报告》显示,中国网民人数已经从 2005 年的首次过亿增长到 2021 年 6 月的 10.1 亿,互联网普及率相应地从 8.5% 上升至 71.6%,增长了近 8.5 亿人。作为数字经济时代最关键的基础设施,互联网已成为地区竞争优势的源泉。而营商环境是企业生存发展的土壤,良好的营商环境既是生产力又是竞争力,也是地方政府治理能力现代化的体现。如何优化营商环境已成为近年来社会各界普遍关注的重要问题。通过工具变量法分析互联网发展对于营商环境是否产生了优化的影响可使用工具变量两阶段最小二乘法进行实证分析。基于工具变量的回归结果表明,地区互联网发展对其营商环境的优化具有显著的积极作用。

问题： 为控制内生性问题，采用地区历史邮政网点数量作为互联网发展指数的工具变量进行回归估计是否可取？

案例分析题 8-2

校企合作对企业技术创新绩效的影响

持续不断的创新是企业在日趋激烈的竞争中保持生存和发展的根本之道，然而，由于资源和能力的限制，企业往往难以仅凭自身实现创新。校企合作被认为是开放式创新时代企业获取互补性资源掌握新知识和开发新技术、提高企业技术创新能力，进而促进区域经济发展的有效手段。近年来，越来越多的企业选择同大学合作，以更快地打通创新链条。基于上述环境，利用世界银行大样本企业调查数据，在有效识别企业的校企合作行为和全面刻画企业技术创新绩效的基础上，利用倾向得分匹配法控制样本选择偏差的影响，深入考察中国制造业企业校企合作对企业技术创新绩效的影响效应。其基本思想是通过企业的可观测特征，为校企合作企业（实验组）样本匹配样本特征尽可能相似的非校企合作企业（对照组）样本，使得参与和未参与校企合作的企业趋于均衡可比的状态，然后比较二者创新绩效水平的差异。

问题： 如何通过倾向得分匹配来处理产生的处理样本选择偏差问题？

REFERENCES

1. Independent Evaluation Group (IEG). World Bank Group Impact Evaluations: Relevance and Effectiveness[M]. The World Bank: Washington, DC. 2012.
2. Andres L, Deb S, Joseph G, et al. A Multiple-Arm, Cluster-Randomized Impact Evaluation of the Clean India (Swachh Bharat) Mission Program in Rural Punjab, India [M]. The World Bank, 2020.
3. Maruyama A, et al. Impact Evaluation Baseline Survey of School Dormitory Environment in Mongolia[M]. Asian Development Bank: Manila. 2019.
4. Bamberger M. Conducting Quality Impact Evaluations Under Budget, Time and Data Constraints: Doing Impact Evaluation[M]. The World Bank: Washington, DC. 2006.
5. Banda J P. Nonsampling Erorsin Surveys[C]. Expert Group Meeting to Review the Draft Handbook on Designing of Household Sample Surveys. United Nations Secretariat, NewYork, 2003.
6. Keniston D. The Efficient Deployment of Police Resources: Theory and New Evidence from a Randomized Drunk Driving Crackdown in India[R]. Massachusetts Institute of Technology, 2014.
7. Banerjee A, et al. Remedying Education: Evidence from Two Randomized Experiments in India[J]. Quarterly Journal of Economics, 2007, 122(3): 1235-1264.
8. Banerjee A, et al. On the Road: Access to Transportation Infrastructure and Economic Growth in China[J]. Social Science Electronic Publishing, 2012, 11(1): 1-53.
9. Barrett C B, Carter M R. The Power and Pitfalls of Experiments in Development Economics: Some Non-random Reflections[J]. Applied Economic Perspectives & Policy, 2010, 32(4): 515-548.
10. Dedi T, et al. Impact Evaluation and the Project Cycle. Doing Impact Evaluation. The World Bank: Washington, DC. 2006.
11. Behrman J R. The International Food Policy Research Institute (IFPRI) and the Mexican PROGRESA Anti-Poverty and Human Resource Investment Conditional Cash [J]. World Development, 2010, 38(10): 1473-1485.
12. Björklund A, Robert M. The Estimation of Wage Gains and Welfare Gains in Self-Selection Models[J]. Review of Economics and Statistics, 1987, 69(1): 42-49.
13. Bowen A, et al. Association between Intensive Handwashing Promotion and Child Development in Karachi, Pakistan: A Cluster Randomized Controlled Trial[J]. JAMA Pediatrics, 2012, 166(11): 1-8.

14. Saleh I, et al. The Concepts, Process and Methods of Social Impact Assessment[J]. Community Development, 2018, 44(3): 329-330.

15. Caliendo M, Hujer R. The Microeconometric Estimation of Treatment Effects: An Overview[J]. Allgemeines Statistisches Archiv, 2006, 90: 199-215.

16. Caliendo M, Kopeinig S. Some Practical Guidance for the Implementation of Propensity Score Matching[D]. DIW Berlin, German Institute for Economic Research, 2005.

17. Cameron D B, et al. The Growth of Impact Evaluation for International Development: How Much Have We Learned?[J]. Journal of Development Effectiveness, 2015, 8(1): 1-21.

18. Cathy J. Theory of Change Review[R]. Comic Relief. 2011.

19. Chun N, Jiang Y. How Households in Pakistan Take on Energy Efficient Lighting Technology[J]. Energy Economics, 2013, 40: 277-284.

20. Data S. The Impact of Improved Highways on Indian Firms[J]. Journal of Development Economics, 2011, 99(1): 46-57.

21. Dercon S, et al. The Impact of Agricultural Extension and Roads on Poverty and Consumption Growth in Fifteen Ethiopian Villages[J]. American Journal of Agricultural Economics, 2009, 91(4): 1007-1021.

22. Dhaliwal I, et al. Comparative Cost-Effectiveness Analysis to Inform Policy in Developing Countries: A General Framework with Applications for Education[M]. University of Chicago Press: Chicago. 2013.

23. Dinkelman T. The Effects of Rural Electrification on Employment: New Evidence from South Africa[J]. American Economic Review, 2011, 7: 3078-3108.

24. Dunn O J. Multiple Comparisons among Means[J]. Journal of the American Statistical Association, 1961, 56(293): 52-64.

25. Jackson E T. Interrogating the Theory of Change: Evaluating Impact Investing Where It Matters Most[J]. Journal of Sustainable Finance & Investment, 2013, 3(2): 95-110.

26. Faber B. Trade Integration, Market Size, and Industrialization: Evidence from China's National Trunk Highway System[J]. The Review of Economic Studies, 2014, 81(3): 1046-1070.

27. Funk J M, et al. Doubly Robust Estimation of Causal Effects[J]. American Journal of Epidemiology, 2011, 173(7): 761-767.

28. Gertler P. Do Conditional Cash Transfers Improve Child Health? Evidence from PROGRESA's Control Randomized Experiment[J]. American Economic Review, 2004, 94(2): 336-341.

29. Grosh M E, Munoz J. A Manual for Planning and Implementing the Living Standards Measurement Study Survey[R]. World Bank — Living Standards Measurement, 1996.

30. Hansen H, White H, Andersen O W. Impact Evaluation of Infrastructure Interventions

[M]. Routledge: New York, 2012.

31. Hoddinott J, Skoufias E. The Impact of Progresa on Food Consumption[R]. International Food Policy Research Institute (IFPRI), 2003.

32. White H, Raitzer DA, Impact Evaluation of Development Interventions: A Practical Guide[M]. Asian Development Bank, 2017.

33. Hur Y S, et al. Impact Evaluation and Implications for Korea's ODA Evaluation System [M]. Social Science Electronic Publishing, 2018.

34. Imai K, King G, Nal C. The Essential Role of Pair Matching in Cluster - Randomized Experiments, with Application to the Mexican Universal Health Insurance Evaluation [J]. Statistical Science, 2009(24): 29-53.

35. Imbens G, Lemieux T. Regression Discontinuity Designs: A Guide to Practice[J]. Journal of Econometrics, 2007, 142: 615-635.

36. Vogel I. Review of the Use of "Theory of Change" in International Development[R]. UK Department of International Development, 2012.

37. Khandker S R, Koolwal G B, Samad H A. Handbook on Impact Evaluation: Quantitative Methods and Practices[M]. The World Bank: Washington D. C. 2010.

38. Krumpal I. Determinants of Social Desirability Bias in Sensitive Surveys: A Literature Review[J]. Quality & Quantity, 2013, 47(4): 2025-2047.

39. McKenzie D. Beyond Baseline and Follow-up: The Case for More Tin Experiments[J]. Journal of Development Economics, 2012, 99(2): 210-221.

40. Wei M. Research on Impact Evaluation of Open Aces Journals[J]. Scientometrics, 2020, 122(2): 1027-1049.

41. Bank T W. Monitoring and Evaluation: Some Tools, Methods, Approaches[M]. the World Bank: Washington D. C. 2004.

42. O'Neill S, et al. Estimating Causal Effects: Considering Three Alternatives to Difference-in-Differences Estimation [J]. Health Services and Outcomes Research Methodology, 2016, 16(1): 1-21.

43. Peersman G, Guijt I, Pasanen T. Evaluability Assessment for Impact Evaluation[R]. A Methods Lab Publication. London: Overseas Development Institute, 2015.

44. Pokropek A. Introduction to Instrumental Variables and Their Application to Large-Scale Assessment Data[J]. Large-scale Assessments in Education, 2016, 4(4): 1-20.

45. Pritchett L, Sandefur J. Context Matters for Size: Why External Validity Claims and Development Practice Don't Mix[J]. Journal of Globalization and Development, 2013, 4(2): 167-197.

46. Ravallion M. The Mystery of the Vanishing Benefits: An Introduction to Impact Evaluation[J]. World Bank Economic Review, 2001, 15(1): 115-140.

47. Manning R, et al. The Impact of Impact Evaluation: Are Impact Evaluation and Impact

Evaluation Synthesis Contributing to Evidence Generation and Use in Low- and Middle-Income Countries? [R]. WIDER Working Paper Series, 2020.

48. Ryan A M, Burgess J F, Dimick J B. Why We Should Not Be Indifferent to Specification Choices for Difference-in-Differences[J]. Health Services Research, 2015, 50(4): 1211-1235.

49. Schaffner J, et al. Evaluation of Secondary School Teacher Training Under the School Sector Development Program in Nepal Grantee Final Report[R]. International Initiative for Impact Evaluation. 2021.

50. Schultz T P. School Subsidies for the Poor: Evaluating the Mexican Progresa Poverty Program[J]. Journal of Development Economics, 2001, 74(1): 199-250.

51. Szekely M. Toward Results-Based Social Policy Design and Implementation[R]. Center for Global Development. 2011.

52. Todd P E, Wolpin K I. Assessing the Impact of a School Subsidy Program in Mexico: Using a Social Experiment to Validate a Dynamic Behavioral Model of Child Schooling and Fertility[J]. The American Economic Review, 2006(5): 1384-1417.

53. Wagstaff A, et al. Extending health insurance to the rural population: An Impact evaluation of China's new cooperative medical scheme[J]. Journal of Health Economics, 2009, 28(1): 1-19.

54. White H. An Impact Evaluation of Indias Second and Third Andhra Pradesh Irigation Projects: A Case of Poverty Reduction with Low Economic Returns[M]. World Bank, 2008.

55. White H. An Introduction to the Use of Randomized Control Trials to Evaluate Development Interventions[J]. Journal of Development Efectivenes, 2013, 5(1): 30-49.

56. Woldridge J M. Introductory Econometrics: A Modern Approach[M]. 5th ed. Mason, Ohio: South-Western, Cengage Learning, 2012.

57. Rahat Z, Colins E. PACE Theory of Change: Discussion Paper[C]. Center for Theory of Change, 2015.

58. 高成. 多重假设检验方法及应用[D]. 湖南师范大学, 2019.

59. 蒋奕. 影响评估最新进展评述[R]. 亚洲开发银行, 2011.

60. 张林秀. 随机干预试验:影响评估的前沿方法[J]. 地理科学进展, 2013, 32(6): 5-13.

图书在版编目(CIP)数据

国际发展影响评估/黄梅波,牛东芳,蔡洁编著. —上海：复旦大学出版社,2023.10
(国际发展学系列)
ISBN 978-7-309-16965-2

Ⅰ.①国… Ⅱ.①黄… ②牛… ③蔡… Ⅲ.①国际合作-研究 Ⅳ.①D812

中国国家版本馆 CIP 数据核字(2023)第 160515 号

国际发展影响评估
GUOJI FAZHAN YINGXIANG PINGGU
黄梅波　牛东芳　蔡　洁　编著
责任编辑/戚雅斯

复旦大学出版社有限公司出版发行
上海市国权路 579 号　邮编：200433
网址：fupnet@fudanpress.com　http://www.fudanpress.com
门市零售：86-21-65102580　团体订购：86-21-65104505
出版部电话：86-21-65642845
常熟市华顺印刷有限公司

开本 787×1092　1/16　印张 13.75　字数 300 千
2023 年 10 月第 1 版第 1 次印刷

ISBN 978-7-309-16965-2/D·1165
定价：58.00 元

如有印装质量问题,请向复旦大学出版社有限公司出版部调换。
版权所有　侵权必究